KB075251

동물원 기행

THE GRAND ZOO(大動物圓)

Copyright ⓒ 2014 by M. Nadia Ho

Korean Translation Copyright ⓒ 2016 by Across Publishing Company.
All rights reserved.
This Korean translation published in agreement with author c/o The Grayhawk
Agency, through Danny Hong Agency.

이 책의 한국어판 저작권은 대니홍 에이전시를 통한 저작권사와의 독점 계약으로 도
서출판 어크로스에 있습니다. 저작권법에 의해 한국 내에서 보호를 받는 저작물이므
로 무단전재와 복제를 금합니다.

동물원 기행

런던에서 상하이까지, 도시의 기억을 간직한 세계 14개 동물원을 가다

The Grand Zoo

나디아 허 지음 · 남혜선 옮김

어크로스

차례

| 일러두기 |

- 주는 모두 옮긴이주이며 본문에서 ■ 기호로 표시했다.
- 책 제목은 《 》, 문학 작품 중 단편이나 영화, 음악 앨범, 미술 작품 등은 〈 〉, 노래제 목은 ' '로 구분했다.
- 고유명사와 일반명사가 결합된 중국 지명의 경우, 고유명사는 외래어표기법에 따라, 일반명사는 우리말로 표기했다. 예) 아청 현, 다싱 시
- 저자가 직접 촬영한 사진과 함께 퍼블릭 도메인, 상업적 사용이 가능한 플리커 사진을 본문에 실었고 필요한 경우에 출처를 표기했다.

두 번째 기린

몇천 년 동안 사람들은 그저 고기와 상아를 손에 넣기 위해 당신을 잡아 죽였습니다. 그런데 문명 시대에 접어들고 나서는 재미로, 아니면 트로피를 얻기 위해 당신을 잡아 죽이기 시작했습니다. 마치 지구상에서 가장 우람하고 강한 생물을 잡아 죽임으로써 인간의 공포, 좌절, 나약함 그리고 불안감을 덜어낼 수 있을 것처럼 말입니다. 이 이기적인 행동을 통해 인간이 다시 강한 남성성을 회복할 수 있을 것처럼, 그래서 인간의 생식 능력에 서광이라도 비출 것처럼.

물론 어떤 사람들은 당신을 쓸모없는 존재라고 부릅니다. 기아가 만연한 곳에서 논밭을 황폐하게 한다면서요. 인간이 해결해야 할 문제는 이미 차고도 넘치는데 코끼리까지 돌봐야 하느냐면서요. 한마디로 당신을 돌보는 일은 우리에게 사치라는 것이죠. 우리는 그럴 형편이 안 된다는 것이죠. 스탈린, 히틀러 그리고 마오쩌둥 같은 독재자들이 개인의 자유는 사치라면서 진보적인 사회는 그런 것을 감당할 여력이 없다고 주장했던 것과 조금도 다를 바가 없습니다. 결국 인권이란 것이 코끼리, 당신과 똑같습니다. 다른 의견을 내고 독립적으로 사고하고 정권에 항거하고 도전할 권리가 '필요성'이라는 이름으로 너무나 쉽게 압살당하고 억압당하니 말입니다.

　　－로맹 가리, 〈친애하는 코끼리 선생에게〉 중에서

　로맹 가리는 1940년 비행기를 몰고 프랑스에서 북아프리카로 날아간 자유 프랑스군의 일원이었다. 아비시니아와 리비아, 벨기에 등지에서 작전을 펼쳤던 그는 코끼리와 마주 보고 누운 채로 죽음의 고비를 넘기기도 했다. 그로부터 수년 뒤 그는 코끼리에게 보내는 러브레터인 〈친애하는 코끼리 선생에게〉에 이때의 기억을 털어놓았다. 코끼리를 가장 잘 이해한다는 미얀마 사람들은 코끼리의 기억이 죽음을 넘어선다고 믿는다. 코끼리는 죽음을 맞이한 뒤에도 전생을 기억한다는 것이다. 그러니 사실 코끼리는 이 편지를 읽을 필요도 없다. 원래부터 다 알고 있고, 다 이해하고 있으니까. 이 편지는 인류에게 읽히기 위해 인류가 만든 잡지 〈라이프Life〉에 실렸다. 한 문학가가 인류에게 전하고 싶은 메시지라는 말과 함께.

　프롤로그에서부터 죽음을 언급하는 일은 어떻게든 피하고 싶었다.

　사람은 누구나 죽음과 관련된 장면 앞에서 고개를 돌리거나 눈을 감고 싶어 한다. 생명을 사랑해 마지않는 영혼에게 이런 장면들은 너무나 끔찍한 이미지로 다가오기 때문이다. 하지만 생명에 대한 사랑에는 죽음을 직시하는 태도도 포함되어야 한다. 머나먼 나라의 기린 한 마리가 내게 일깨워준 교훈이다.

2014년 2월 7일 덴마크의 코펜하겐 동물원. 한 사육사가 전기 총으로 기린 한 마리를 아주 깔끔하게 죽여버렸다. 동물원 측은 기린의 고통을 최소화하기 위해 어쩔 수 없었다면서 이렇게 해야 동물의 사체에 독성 물질이 남지 않기 때문에 대부분의 선진적인 도살장에서 이런 방식을 쓰고 있다고 전했다.

이 기린은 국제 번식 프로그램을 통해 태어난, 생후 18개월의 수컷이었다. 병이 든 것도 아니었고 유전적인 결함도 없었다. 그러나 다수의 기린들과 너무나 비슷한 유전자를 갖고 있다 보니, 앞으로 근친교배가 일어날 위험이 있었다. 게다가 기린은 한 마리의 수컷이 무리의 암컷을 독점하는 습성을 갖고 있다. 동물원 측은 곧 새로 들어올 또 다른 수컷 기린이 순조롭게 번식할 조건을 만들어줘야 했다. 동물원에서 수컷 기린 두 마리는 절대로 평화롭게 공존할 수 없을 터였다. 동물원 측은 죽은 기린에게 새로운 거처를 마련해주기 위해 온갖 노력을 다했지만 적합한 곳을 찾지 못했다고 한다. 결국 동물원 측은 기린이 고통스럽게 사느니 죽는 것이 낫다는 결론을 내렸다. 의혹을 제기하는 사람들 앞에 선뜻 나선 동물원 책임자는 과학과 유전자 개량에 대한 확고하고 강한 믿음을 내비쳤다. 그러고는 기린의 죽음을 직접 구경하려는 관람객을 모았다. 어른 아이 가리지 않고. 관람객들 앞에서 기린이 총을 맞고 쓰러지자 수의사가 즉시 이 거대한 동물의 사체를 해부하고 표본을 만들었다. 관람객들에게 일일이 설명을 덧붙이는 것도 잊지 않았다. 마지막으로 동물원 직원들은 토막 낸 기린의 몸뚱이를 우리 안의 사자에게 던져주었다. 눈앞에 던져진 신선한 살코기를 순식간에 먹어치우는 사자의 입에서 피에 흥건하게 젖은 기린의 반점이 선명하게 보였다.

나도 모든 생명이 먹이사슬 속의 고리라는 것을, 나 역시 거기서 예외가 아니라는 것을 안다. 하지만 이 인위적인 먹이사슬 앞에서 나는 당혹스러움을 감출 수 없었다. 동물 보호론자들이 느낀 분노는 내가 느낀 당혹감보다 훨씬 더 직접적으로 나타났다. 기린이 죽음을 맞이하기 전에는 2만여 명 이상이 인터넷에서 도살 반대 서명에 참여했고 많은 사람이 동물원 밖에서 여러 날 동안 피켓 시위를 벌였다. 동물원 직원들은 살해 위협에까지 시달려야 했다.

죽음보다 더 끔찍한 건 돈이다.

하지만 모든 동물원의 문제는 결국 돈 문제이기도 하다. 두 마리의 기린이 같이 살 수 없다면 한 마리를 따로 살게 할 수는 없는 걸까. 근친교배가 걱정되는 상황이라면 기린들을 따로 살게 하면서 죽을 때까지 번식을 못 하게 할 수는 없는 걸까. 기린을 기르는 데는 돈이 든다. 기린 한 마리가 먹어치우는 풀이 하루에 50킬로그램에 달한다. 기린 한 마리가 차지하는 공간은 140제곱킬로미터나 된다. 게다가 온종일 기린을 돌봐줄 전문 사육사도 있어야 한다. 돈이 있다면 좋겠지만 현실에서는 늘 예산이 부족하고 공간은 좁고 인력도 없다. 그러니까 기린은 죽어야 한다. 물론 돈으로 모든 문제를 해결할 수 있는 것도 아니다. 돈 때문에 포기할 수 없는 원칙이라는 것도 존재하기 마련이다. 실은 몇몇 동물원이 도살 직전의 기린을 받아주겠다고 했었다. 아예 50만 유로에 이 기린을 사겠다고 개인적으로 나선 사람도 있었다. 하지만 코펜하겐 동물원은 이들이 기린을 돌보기 위한 기본 조건을 지속적으로 유지하지 못할 것이라며 모든 제안을 거절했다. 나름 솔직하지 않은가?

많은 사람이 상상하는 것처럼 유럽과 북미 선진국들은 매우 완벽한 동물복지법을 갖추고 있다. 하지만 그 완벽하다는 법이 어디가 어떻게 완벽한지를 아는 사람은 드물다.《해외 동물 복지 관리와 응용(중국농업출판사, 2009)》이라는 책에 따르면 동물 보호는 단순히 그 생존을 보장하는 데서 더 나아가 '존엄사well dying'까지 포함하는 개념이다. 현재 유럽연합과 미국의 동물복지법은 '동물에게 가해지는 불필요한 고통을 줄인다'라는 원칙 하에 운송과 사육, 도살 방식과 도살 자격 등을 매우 자세하게 규정하고 있다. 이 규정에 따르면 전류가 동물의 뇌를 통과할 것이 확실하고 해당 동물이 이미 혼수상태인 상황에서만 전기 충격법을 사용할 수 있다. 나는 진심으로 동물을 사랑하는 모든 사람들, 게다가 죽음이라는 문제에 적극적으로 뛰어들고자 하는 사람들을 존경한다. 고기능 자폐증을 앓고 있는 동물과학자 템플 그랜딘Temple Grandin이 가장 대표적인 인물이다. 그녀는 오랫동안 목축업과 동물 도살 현장을 개선하기 위해 최선을 다했고 동물들이 도축 직전 겪게 되는 공포와 고통을 감소시켰을 뿐만 아니라 산업 효율을 증대시켰다. 그런데 동물 사랑과 육가공업 개선은 서로 충돌하는 이슈일까 아닐까? 과학자로서 그랜딘 교수는 이 문제를 매우 이성적이고 명확하게 직시한다. 그녀는 인간이 먹이사슬의 일원으로 참여하는 한, 육가공업이 사라지는 일은 없으리라는 것을 너무나 잘 알고 있다.

기린이 전기 충격으로 도살당한 그 음울했던 날, 전 세계에서

약 30만 마리의 돼지가 도축되었다. 그렇게 도축된 돼지의 살과 피부 그리고 조직은 각종 식품과 생활용품으로 남김없이 재탄생했다. 같은 날, 약 5000마리의 쥐가 서로 다른 목적의 과학 실험에 사용되었다. 알려진 바에 따르면 돼지와 쥐는 지능이 비교적 높은 편이라 고통도 더 잘 느낀다고 한다. 하지만 이들의 죽음에 대해서는 어떤 이야기도 전해지지 않는다. 기린의 생명이 돼지와 쥐의 생명보다 더 중요한 것일까? 커다란 키에 아름다운 반점, 기다란 속눈썹, 활기찬 눈빛, 얼굴 옆면에 곧추선 버들잎 모양의 커다란 귀, 사람에게 웃음 짓는 듯한 살짝 올라간 입꼬리 때문에 기린은 종종 동물원 포스터의 주연으로 활약하곤 한다. 이게 정말 옳은 걸까? 종종 이런 생각을 한다. 동물의 생존은 결국 인간에게 사랑받느냐 아니냐에 따라 결정되는 것일까? 이 질문에 대한 대답은 어떤 때는 '그렇다'다. 그러나 앞의 기린 도살 사건에서 기린의 생사를 결정지은 것은 바로 유전자 조합이었다.

국제 번식 프로그램 이면에 가려진 동물 살상이라는 현실은 사실 어제오늘의 일이 아니다. 예전부터 줄곧 자행되던 일이었다. 유럽에서 실시하고 있는 인공 번식 프로그램은 생물 다양성 촉진을 최고의 목표로 내세우고 유전자 조합의 희소성을 기준으로 해당 동물의 생명 가치를 평가한다.

공개적으로 죽음에 처해진 그 기린은 도축당한 수만 마리의 돼지와는 달리 이름도 있었다. 바로 마리우스. 이 이름은 패전국이었던 고대 로마를 다시 번영으로 이끌다가 결국 독재자가 되어 죽을 때까지 불법으로 연속 일곱 번이나 집정관을 지낸 가이우스 마리우스$^{Gaius Marius}$ 장군에게서 따온 것이다. 물론 기린 마리우스는 자신의 이름이 어디서 왔는지 몰랐을 것이다. 아무런 병도 없이 건강한 자신이 갑자기 죽어야 하는 이유를 몰랐던 것처럼. 이 이름을 지어준 사람은 마리우스의 도살 날짜를 정한 장본인이기도 했다. 어느 추운 아침, 기린 마리우스는 전기 충격으로 도살되었다. 현장에서는 관람객들의 사진 촬영과 영상 촬영이 허가되었고, 그 결과 대량의 현장 사진과 영상이 이곳저곳으로 퍼져나갔다. 생생하고 자극적인 사냥감을 늘 찾아 헤매는 언론들은 이 소식을 열심히 전하면서도 경고 문구를 잊지 않았다. "주의 : 이 기사에는 끔찍한 사진이 실려 있습니다." 동물의 생살이 왜 끔찍하다는 것일까?

어린 시절 나는 시골 농가에서 여름 방학을 보내곤 했다. 그곳의 가축들에게는 저마다의 운명이 있었기 때문에 가족처럼 사랑받는 강아지에게도 집을 지켜야 한다는 의무가 지워졌다. 밥상에 올라오는 음식은 거저 얻은 것이 아니었다. 나는 아주 어린 나이에 수많은 동물의 본성을 이해하고 가축들이 어떤 죽음을 맞이하는지도 깨달았다. 열 살이 되기 전에 피를 흘리며 죽어가는 닭의 모습을 여러 차례 목격했고 죽은 닭의 뻣뻣한 털을 제거하는 일을 돕기도 했다. 어떤 때는 사람 손에 끌려가는 옆집 돼지의 비명을 듣기도 했다. 즐거운 경험은 아니었지만 그렇다고 해서 이 기억이 내게 어두운 그림자로 남지는 않았다. 나는 어린아이에게도 죽음에 대해 알려주어야 한다고 생각한다. 문제는 장소다. 그리고 동물원은 도살장이 아니다. 도살이 유럽연합의 관련 규정에 따라 진행되었다 하더라도 '동물원에서 건강한 동물을 도살한' 일을 절대 합리화해서는 안 된다. '유전자 과잉'이 동물을 살육하는 정당한 이유가 된다면 빈약한 동물원의 존립 근거가 흔들리기 시작한다. 그것도 아주 심각하게.

　같은 일에 대해 여러 가지 해석이 있을 수 있다. 기린 도살 사건에 대해서도 여러 가지 해석이 나왔다. '죽이다' 혹은 '사살하다'란 단어는 단순하게 그 행위만을 묘사한다. 동물이 병에 걸린 경우라면, 그나마 느낌이 나은 '안락사시키다'라는 말을 사용할 수 있다. 하지만 마리우스는 어리고 건강했다. 코펜하겐 동물원 측은 이 기린을 '처리했다'고 말함으로써 자신들이 마리우스를 죽였다는 느낌을 덜어버렸다. 하지만 생명을 함부로 죽여서는 안 된다는 여론에 따라 대다수 매체는 '도살'이라는 단어를 써서 동물원을 비난했다. 이 경우 과학적 언어의 최고 경지를 보여주는 단어는 '도태'나 '제거'다. 이런 어휘들을 통해 살육은 원대한 이상으로 충만한, 아주 깔끔한 행위로 둔갑한다. 그렇다면 코펜하겐 동물원 측은 이상주의자일까? 그들은 수만 명의 애통함과 위협에 맞서면서까지 연구에 대한 열정을 불태웠던 것일까? 그들은 이 위선적인 세상에 맞서 진리가 얼마나 잔혹한지 보여주고 싶었던 것일까? 코펜하겐 동물원 측은 단호한 태도로 다음과 같이 밝혔다. "과학자에게는 그다지 아름답지 않은 일을 해야 하는 순간도 있다. 더 아름다운 미래를 위해서."
　과학은 이성과 합리를 추구한다. 그런데 이성이 극단에 다다르면 잔혹해진다. 그래서 과학자는 때때로 가장 순수한 영혼을 지닌 채 가장 잔혹한 길로 들어선다. 맬서스Thomas Robert Malthus의 인구론과 다윈Charles Robert Darwin의 진화론은 종족주의로, 의학 연구라는 이름 아래 중국에서 인체 실험을 진행했던 일본군 731부대로, 우생학에 근거한 민족적인 우월감으로 유대인을 대량 학살한 나치주의로 왜곡되었다. '살아갈 가치가 없는' 첫 번째 사람이 죽임을 당할 때 아무도 문제를 제기하지 않으면 결국 두 번째 희생자가 나오게 마련이다. 그리고 그 두 번째 사람이 죽임을 당하게 되면 600만 명에 대한 살육도 현실화되고 만다.

마리우스가 죽고 며칠 뒤, 덴마크의 또 다른 동물원에서 수컷 기린 한 마리를 죽일 계획이라고 발표했다. 곧 들여올 암컷 기린을 두고 두 마리의 수컷들 사이에서 벌어질 충돌을 막기 위해서였다. 죽음을 앞둔 이 일곱 살 난 기린도 이름이 마리우스였다. 만약 이 두 번째 마리우스도 죽음을 맞았다면 이번 일은 기린 두 마리의 죽음으로 끝나지 않았을 것이다. 과학의 이름으로 자행되었든 도덕의 미명 하에 일어났든 죽음을 훈장으로 여기는 것은 결코 올바른 태도가 아니다. 그런데 결국 이 두 번째 마리우스는 화를 피했다. 홍수처럼 밀려든 여론의 압력 때문이 아니라 바로 유전자의 '희소성' 때문이었다. 내가 두 번째 마리우스가 살아남을 수 있었던 이유를 계속 물고 늘어지는 것은 잔인한 일일까? 아니면 어쨌든 마리우스는 살아남았으니 모두 끝난 일일까?

나는 늘 동물원을 향해 길을 나선다. 그곳에서 자아의 변증법적 모순은 일상이 되어버렸다. 결국 마지막까지 나는 답을 얻지 못했다. 하지만 이 세상에는 한 가지 정답만 존재하는 게 아니라고 나는 믿는다. 그리고 정답을 찾는 것이 가장 중요한 일이 아닐 수도 있다. 중요한 건 언제나 깨어 있는 것, 격정에 휘둘리지 않고 사고하는 것, 싸구려 동정과 자기연민에 빠지지 않는 것이다. 다시는 먼 나라 기린의 죽음 앞에 느낀 분노를 엉뚱한 곳에 풀지 않기 위해 지금 당장 할 수 있는 일들도 있다. 예를 들면, 집에서 가장 가까운 곳에 사는 기린을 보러 가는 것. 아니면 당신이 좋아하는 동물을 보러 가는 것. 사람을 포함해서 말이다.

1

보통 사람들을 위한
동물원 티켓

|

London Zoo
런던동물원

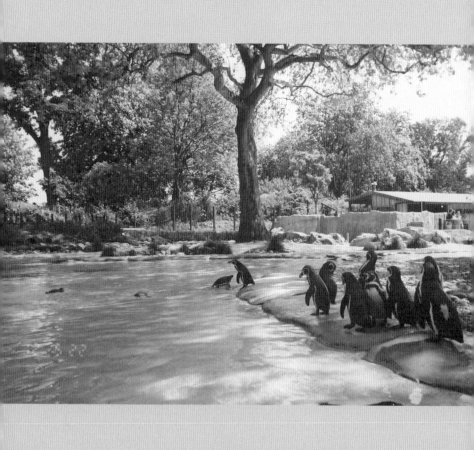

런던 거리를 걷다 보면 이 오래된 제국의 수도 곳곳에서 동물의 흔적과 마주하게 된다.

런던 지하철 '워털루 앤 시티 노선'의 플랫폼에 서보면 106년의 역사를 간직한 지하철 노선이 문명의 퇴적암처럼 다가온다. 이 튜브 형태의 구조물 안에는 19세기 말에 뚫은 지하도, 20세기 초에 확장해나간 지하 연결망, 1972년에 구매한 일곱 량짜리 전동차, 밀레니엄 시대의 산물인 감시 카메라까지 각 시대의 유산이 압축되어 있다. 2005년 7월 7일 52명이 사망한 런던 지하철 폭탄 테러 당시 영국 경찰은 지하철역에 설치되어 있던 감시 카메라 덕분에 네 명의 용의자를 체포했고, 그 뒤 영국 전역에 감시 카메라가 대량 설치되었다. 현재 런던 지하철 노선 전체에 1만 2000대의 감시 카메라가 설치되어 있는데, 미국 언론은 이를 조지 오웰의《1984년》에 등장하는 '빅 브라더'의 현신이라 일컬었다. 내가 고개를 들어 그중 한 대를 바라보는 순간 전광판에 다음과 같은 안내 메시지가 떴다. "다음 열차는 '엘리펀트 앤 캐슬'행입니다."

엘리펀트 앤 캐슬(약칭 E&C)은 1751년 다리가 건설된 직후 교통의 허브가 된 곳으로, 셰익스피어는 희곡 〈십이야〉에서 이곳을 이렇게 언급하고 있다. "여장을 풀기에 가장 좋은 곳은 역시 엘리펀트지." 부모가 세금을 내지 못하고 감옥에 투옥되자 디킨스^{Charles Dickens}는 가죽 공장 냄새가 가득한 이곳에서 가난하고 외로운 어린 시절을 보냈다. 말로 표현할 수 없는 그 악취는 지하철역 남쪽의 사립 커밍박물관^{Cuming Museum}이 소장 중이던 작은 나무 상자에 보존되어 있었으나, 2013년 1월 대화재로 재가 되어 사라져버렸다.

런던 거리의 동물들

엘리펀트 로터리 지하에는 환형環形의 지하도가 복잡하게 뒤얽혀 있다. 일 년 내내 침울하고 음침한 분위기가 이어지는 이곳은 영화 〈시계태엽 오렌지〉의 촬영지이기도 하다. 지하에서 빠져나오기 전에 한 번쯤은 넋 놓고 돌아다녀 봐야 한다. 그러다 바깥으로 발걸음을 내디디면 눈부신 햇살이 이곳의 명실상부한 랜드마크를 휘황찬란하게 비추고 있다. 캐슬을 등지고 있는 진흙 코끼리상은 '엘리펀트 앤 캐슬 쇼핑센터'의 상징으로, 여러 번 페인트칠되면서 한낮의 악몽 같은 붉은색을 덮어쓰게 되었다. 코끼리 등에 설치된 토치카 역시 스티로폼으로 만든 놀이공원처럼 아무런 감동을 주지 못한다. 여기저기 덧대고 때운 흔적이 가득한 이 쇼핑센터는 2005년 〈타임아웃^{Time Out}〉지 가에 의해 '가장 흉물스러운 건축물'로 뽑히기도 했다. 전혀 생기가 없는 쇼핑센터 내부와는 달리 쇼핑센터를 둘러싼 야외 시장은 점점 더 생동감을 더해가며, 갖가지 조악한 생활용품과 해적판 CD의 총본산이 되어버린 지 오래다. E&C가 해로즈처럼 황실 용품을 사기에 좋은 고급 백화점은 아니지만 절대 잊지 말아야 할 사실이 하나 있다. 유럽 최초의 대형 실내 쇼핑센터였던 이곳이 E&C 지하철역과 마찬가지로 100년이 넘는 역사를 간직하고 있다는 점이다. 역의 플랫폼은 얕고, 통로는 좁고 습하며, 에스컬레이터는 없고, 엘리베이터는 느려터진 데다 육중하다. 전기도 툭하면 끊기고, 환승 동선은 엉망진창이다. 하지만 2차 대전 당시 인구 밀도가 높은 E&C가 주요 폭격 목표가 되었을 때 수많은 서민의 생명과 안전을 지켜준 건 다름 아닌 이 길고 좁은 지하도였다. 근처의 '임피리얼 전쟁 박물관Imperial War Museum'은 대폭격 당시 E&C 플랫폼에 가득 누워 있던 피난민들의 사진을 소장하고 있다. 영화 〈어톤먼트〉에서 키라 나이틀리Keira Knightley도 이런 지하철 플랫폼에 아름답게 누워서 폭격을 피했었다.

유물이나 다름없는 이 지하철을 타고 북쪽의 '올드 타운'으로 향했다. 운이 좋은 날이면 골목에서 전설적인 그라피티 작품을 만날 수도 있다. 특히 멋쟁이 런던 가이드라면 멀리서 찾아온 여행객을 데리고 뱅크시Banksy의 작품을 찾아가야 한다. 안타깝게도 그의 대형 작품이 많이 남아있지 않아서 기껏 손바닥 크기의 소품 몇몇이 교회 정원 같은 곳을 장식하고 있는 수준이다. 그래도 열린 마음으로 본다면, 뱅크시 외에도 대단한 그라피티 예술가들이 전 세계 곳곳에서 활약하고 있다는 사실을 알게 된다. 이를테면

거리미술가 로아의 대표작, 〈황새〉.

로아ROA 같은 사람 말이다.

브릭 레인Brick Lane의 낡은 아파트 외벽에 4층 높이로 그려진 '황새Stork'는 로아의 대표작이지만 온갖 젠트리피케이션Gentrification의 물결 속에서 '카레 캐피털 2012Curry Capital 2012' 홍보 간판에 의해 인정사정없이 가려진 상태다. 최근 부동산업계의 가장 뜨거운 유행어인 젠트리피케이션을 나의 방식으로 솔직하고 단순하게 설명하면 어떤 특정 지역에서 지금껏 사회 문제로 여겨지던 이민자들의 특색을 소독·살균해버린 다음 유형화된 화려한 스타일로 해당 지역의 땅값을 올려버리는 과정이다. 젠트리피케이션의 진행 방식은 아주 다양하지만 핵심은 최첨단 유행을 좇는 젊은이들을 모여들게 하는 것이다. 젊음이야말로 최고의 공기청정기니까. 아니면 노점상들을 관리 상태가 양호한 지하 다문화 푸드코트로 한데 몰아버리기도 한다. 인도식과 방글라데시식 카레는 물론이고, 전형적인 이미지에 들어맞는 한국, 베트남, 일본, 타이완 등 아시아 각국의 음식들을 맛볼 수 있는 곳 말이다. 가끔 문화 행사라도 열어주면 해당 지역의 랜드마크가 주요 일간지를 장식하게 된다. 가난한 방글라데시 이민자들의 동네였던 브릭 레인에서 모두 시도되었던 방법들이다. 다만 이번에는 로아의 그라피티를 가려버린 홍보 간판이 주민과 그라피티 팬들의 심한 항의에 부딪히는 바람에 여론에 떠밀린 광고주가 어쩔 수 없이 홍보 간판을 치우고 작품을 원상 복구시켜놓았다. 런던 시민들은 이미 2010년에도 로아의 그라피티 작품을 살려낸 경험이 있다. 당시 해크니 지방정부가 어느 녹음실 외벽에 그려진 3.5미터 높이의 대형 토끼 그라피티를 지우려 하자 건물주가 그 그라피티는 개인 소유의 건물 벽에 합법적으로 그려진 작품이라고 주장하면서 '토끼 보호 운동'을 시작했고 여기에 이웃들이 동조하면서 목표를 이룰 수 있었다. 로아의 손끝에서 나온 동물 그라피티는 유럽 전역과 미국에 널리 퍼져 있다. 창작 규모가 어마어마해서 승강기가 동원되고, 대량의 염료가 들어가며, 전 작업 과정이 모든 행인에게 공개된다. 그라피티가 예술인지는 여전히 논란거리이지만 적어도 전위적인 록 음악과 펑크 문화를 키워낸 런던 거리에서 어떤 그라피티 작품들은 고가의 명화와 다름없는 대우를 받는다.

영어에서는 기중기와 학 모두를 '크레인crane'이라고 부른다. 2012년 올림픽이 열리기 전 런던 도심에서 사방을 바라보면 구름 속까지 곧게 뻗은 크레인들이 곳곳에서 눈에 들어왔다. 줄곧 가장 엄격한 건축 제한 정책을 펴왔던 런던에서 이는 기괴한 풍경으로 다가왔다. 런던은 거주비가 세계에서 여섯 번째로 비싼 도시이지만 전 세계의 100대 고층 빌딩 중 영국에 자리한 것은 단 하나도 없다. 초고층 빌딩이 그려내는 스카이라인 하나 없는 런던은 '장애'가 있는 대도시라고 비난하는 건축주들도 있지만 런던 시장 보리스 존슨Boris Johnson은 전통적인 건축물의 경관, 특히 템스 강변의 런던탑과 세인트폴 대성당을 보호해야 한다고 끊임없이 주장한다. 하지만 오늘 온종일 작업 중인 크레인을 보고 있자니 앞으로 점점 더 많은 고층 건물이 이 도시를 조여올 거라는 예감이 든다. 오늘 크레인이 보이는 곳들은 앞으로 시야를 빼앗긴, 누구도 하늘을 가질 수 없는 땅이 될 것이다. 하지만 부동산업계의 셈법으로는 고층 빌딩에 오르면 세상이 달리 보이는 법이다. 2013년 렌조 피아노Renzo Piano가 설계한 72층 높이의 더 샤드The Shard가 완공되면서 런던은 유럽에서 가장 높은 건축물을 갖게 되었다. 더불어 고층 빌딩을 지으려는 도시 간의 경쟁에도 서막이 올랐다. 이런, 지금 부동산에 대한 장광설만 늘어놓고 있잖아. 원래 동물원 이야기를 하려던 것 아니었어?

조금만 더 가면 곧 동물원이다. 거리의 사람들과 차들은 정신없이 바쁘게 변해가고 길은 걸어 다니기 힘들 정도로 혼잡스러워진다. 끊임없이 변하는 이 세상에서 동물원의 시간은 늘 그 자리에 굳어버린 듯하다. 손오공도 암사자도 자신의 땅을 개발해서 일확천금을 벌겠다는 꿈 따위는 갖고 있지 않을 테니. 바로 이 때문에 동물원은 '자라ZARA', '에이치앤엠H&M', '나이키' 같은 해외 브랜드의 매장이 들어선 도심보다 그 도시의 역사적 성격을 더 잘 보존해낸다.

과학과 계급이라는 전통

영국은 근대화 과정에서 늘 선구자 역할을 해온 나라이고 이는 동물원과 관련해서도 예외가 아니다. 런던동물원은 세계 최초로 대중에게 개방된 동물원이다. 런던동물원은 1828년 세계 최초의 동물학자 협회인 '런던동물학회Zoological Society of London'의 관리 하에 개장됐으며, 창립자는 싱가포르 항구를 세운 토머스 스탬퍼드 래플스Thomas Stamford Raffles였다. 다윈도

《종의 기원》을 쓰기 20년 전에 이미 이 학회에 가입했다. 런던동물학회와 런던동물원의 연결고리는 영국적 전통을 선명하게 보여주는 동시에 생물과학이 발전해온 궤적을 생생하게 드러낸다. 유럽 최초의 코끼리였던 '점보Jumbo'와 영국 최초의 하마가 모두 이곳에 정착했고 태즈메이니아주머니늑대와 콰가얼룩말 등 지금은 완전히 멸종한 동물을 위해 마지막 노력을 쏟아부었던 곳도 런던동물원이다.

리젠트파크 북쪽에 자리한 런던동물원은 36에이커(약 14만 5686 제곱미터)의 면적에 806종, 1만 9178마리의 개체를 보유하고 있다(2013년 현재). 세계 최대 규모다. 이렇게 많은 생물 종을 키우는 데는 어마어마한 돈이 들어간다. 런던동물원 부지의 주인은 인자하고 관대한 영국 여왕이지만 동물원 자체는 국가 예산이 아닌, 학회 회원과 후원자의 후원금, 그리고 입장료 수입으로 운영된다. 런던동물원 홈페이지가 늘 새로운 소식을 업데이트하면서 다른 동물원은 꿈도 꾸기 어려운 마케팅과 홍보 활동을 끊임없이 이어가는 이유는 바로 이 때문일 것이다. 그중 봄과 여름의 야간 이벤트가 특히 인기가 많다. 예를 들면 호랑이 구역 내의 풀밭에서 블루레이 버전으로 〈라이프 오브 파이〉를 관람하는 활동 말이다. 20 파운드(약 3만 4800원)에 한정 판매되는 입장권을 구매한 관람객들은 호랑이가 놀라지 않도록 블루투스 이어폰을 껴야 한다. 런던동물원이 매주 발행하는 웹진에는 감동적이고 흥미진진한 동물의 탄생 소식과 신상품 소식이 가득하고, 심지어 '불 위를 걷는(맞다, 사찰 근처의 장터 축제에서 흔히 보는 불더미 위를 지나가는 정화의식 말이다)' 체험과 결합한 모금 활동도 소개되어 있다. 재치와 흥미가 넘치는, 생태와 보육 개념까지 결합한 활동들이다. 이런 치밀한 기획과 값비싼 입장료를 마주할 때마다 나는 동물 사육과 동물원 경영에서 나타나는 영국인들의 엄격하고 빈틈없는 태도에 감탄하게 된다. 그리고 이런 활동들은 런던동물원이 오래도록 간직해온 하나의 전통을 반복적으로 선명하게 드러낸다. 과학과 계급이라는 전통 말이다.

과학 연구는 원래 엘리트 계급의 영역이었다. 그러나 교육이 보편화한 오늘날 계급은 다른 형식으로 내재화되었다. 더 많은 돈과 시간을 지배할 수 있는 이들에게로 말이다. 나는 인류가 배를 채우고 나서야 동물도 사랑하고 과학도 연구할 마음이 생긴다고 믿는다. 1826년에는 귀족 가문 출신이나 왕실의 후원을 받은 사람들만이 생물과학 연구에 몰두할 수 있었다. 21세기에 들어 수요일 오후 아이를 데리고 동물원에 가서 몇십 파운드를 내고 생태 보육 활동에 참여할 수 있는 사람은 디킨스가 묘사한, 가죽이나 주물러야 했던 가련한 존재가 아니다. 런던동물원은 '세계 제일'이라는 찬란한 이정표 곳곳에서 이렇게 강조한다. "과학과 보육은 거저 이루어지지 않는다." 나는 이 탁월한 계급의 아낌없는 공헌에 감사할 따름이다. 자기들끼리 독점할 수도 있었을 테니까.

유럽 강국들이 제국주의의 깃발을 내걸고 세계 각지를 정신없이 '싹쓸이' 하던 시대, 수많은 귀족들은 물론 부유한 상인과 탐험가들까지도 희귀 동물 수집에 나섰다. 그들은 엄청난 자금을 들여 개인 화원을 세웠고 맹수의 우리 앞에서 산해진미에 향기로운 술을 즐겼다. 하지만 런던의 귀족과 학자들은 돈과 지혜를 모아 생물과학과 조경造景을 연구했다. 사육과 번식을 위한 동물원은 물론 세계 최고의 표본 제작 기술도 런던에서 발달했다. 런던자연사박물관에서는 수천 점의 우수한 표본을 무료로 관람할 수 있고, 평범한 중고품 시장에서도 당장 날개를 펴고 날아오를 것만 같은 매의 표본을 손쉽게 구할 수 있다.

건축가들이 지어준 동물의 집

영국은 19세기부터 20세기까지 식민 통치를 통해 아시아와 아프리카를 약탈했다. 그럼에도 영국이 위대한 과학자들을 키워냈다는 사실은 부인하기 힘들다. 런던동물학회는 세계에서 가장 많은 동물 종을 보유한 동물 연구 기구를 운영하는 것만 목적으로 하지 않았다. 그들은 세상에 존재하는 모든 동물 종을 키우는 일도 학회가 책임져야 한다고 생각했다. 그런 이유로 중미 관계가 악화 일로를 걸을 때도 판다 '치치妲妲'를 받아들였고˙, 유럽 각국 동물원들 간의 교배 사업에도 일상적으로 협력하고 있다.

이런 자랑스러운 전통 덕분에 런던동물원은 오락성과는 거리가 먼 분위기로 유명하다. 동물원 내부에는 다양하고 아름다운 식물들이 자라고, 동선은 새로 구획한 듯 짜임새 있으며, 화장실은 새것처럼 깔끔하다. 평범한 외모의 사육사들은 유머 감각은 좀 부족할지 몰라도 진지하고 빈틈없는 태도로 일에 임한다. 이곳에 오려면 뇌를 충분히 비워두어야 한다. 단 두 발을 떼는 동안 200년간에 걸친 종의 변화를 경험하게 되기 때문이다. 일일이 돌아볼 수 없을 정도로 다양한 종이 존재하고, 동물마다 명확한 표지가 붙어 있으며, 관련 정보도 충실하다. 초·중등학교 선생님이라면 감동의 눈물을 흘릴 정도로.

런던동물원은 생물의 전당일 뿐만 아니라 20세기 유명 건축가들을 위한 명예의 전당이기도 하다. 1913년 피터 미첼^{Peter Chalmers Mitchell}이 설계한, 겹겹이 이어진 산을 형상화한 '매핀 테라스^{Mappin Terraces}'는 현재 영국 2급 국보로 등록되어 있다. 로드 스노든^{Lord Snowdon}■■이 디자인한, 요정 할머니의 모자처럼 생긴 '스노든 에이비어리^{Snowdon Aviary}'는 1962년에 큰 주목을 받았다. 특히 스노든 에이비어리는 가벼운 알루미늄 재질과 장력張力을 활용해 거대한 구조물을 절묘하게 지탱하고 있다. 하지만 가장 유명한 것은 구소련 출신의 망명 건축가 베르트홀드 루베킨^{Berthold Lubetkin}이 이끌던 건축사무소 '텍톤^{Tecton}'이 설계한 '펭귄 풀'이다. 제한된 공간에 두

■ 1957년 중국 쓰촨 성에서 잡힌 치치는 베이징동물원으로 옮겨졌다. 1958년 베이징동물원은 치치를 구소련에 평화 사절로 보냈지만 우여곡절 끝에 다시 중국으로 돌아왔고 이후 베이징동물원은 치치를 오스트리아인 동물 판매상 하이니 뎀머Heini Demmer의 다른 동물들과 맞교환했다. 하이니 뎀머는 치치를 다시 미국의 동물원에 팔았지만 당시 중국과의 적대적인 관계로 인해 미국이 치치의 입국을 거부하자 영국이 거금을 들여 치치를 사들였다. 런던동물원에 정착한 치치는 이후 런던동물원의 스타로 자리매김했으며, 1972년 사망 당시에는 국가 차원에서 죽음을 애도했을 정도로 많은 사랑을 받았다. 현재 세계자연기금 WWF의 마스코트가 바로 치치다. 외래어 표기법에 따르면 '지지'라고 표기해야 하지만 당시 영어로 'chichi'라고 표기했기 때문에 '치치'라는 이름으로 굳어졌다.
■■ 본명은 앤터니 암스트롱 존스Antony Armstrong-Jones. 엘리자베스 여왕의 여동생인 마거릿 공주의 전남편이다. 당시 '로드 스노든'이라는 칭호를 받았다.

런던동물원의 펭귄 풀. 2004년 이후 실사용이 중지되었으며, 영국 정부에서 1급
건축물로 지정하여 보호하고 있다.

개의 나선형 미끄럼틀을 배치해서 펭귄들의 활동 공간을 충분히 확보했을 뿐만 아니라 관람객들도 차례차례 줄지어 걸어가는 펭귄들을 볼 수 있게 함으로써 만족감을 극대화했다. 펭귄 풀은 보는 각도에 따라 형태가 달라지는, 말로는 도저히 그 묘미를 설명할 수 없는 건축 역사상의 명작이다. 펭귄 풀이 처음 공개되었을 당시 소녀였던 엘리자베스 공주가 직접 이곳을 찾아와 펭귄과 악수를 하기도 했다. 1934년에 있었던 오랜 옛일이지만 말이다.

사실 펭귄들은 2004년 오리들이 사는 연못으로 옮겨간 뒤 거장 건축가가 지어준 호화로운 옛집에 돌아갈 생각을 하지 않았다. 그러자 동물원 측은 남미 해안의 경관을 그대로 재현한 새로운 '펭귄 풀'을 만들었다. 이 펭귄 풀은 크기가 원래 펭귄 풀의 네 배에 이르고 물의 깊이는 원래 펭귄 풀의 세 배에 달하는 완전히 개방된 공간이다. 펭귄들은 수영을 마음껏 즐길 수도 있고 해안선 위의 나무 아래서 휴식을 취할 수도 있다. 더불어 관람객들이 헤엄치는 펭귄의 자태를 마음껏 관람할 수 있도록 외곽에 관람용 유리창도 설치했다. 새로운 펭귄 풀의 개장에 맞춰 영국 전역의 지하철역에 대형 광고가 등장했고, 2012년 봄 펭귄들은 정식으로 집을 옮겼다. 사육사들은 소음(주로 현장에 있던 아이들의 응원 소리)을 피하기 위해 헤드셋을 끼었고 펭귄들은 한꺼번에 물로 뛰어들었다. 꽃망울이 피어오르고 새들이 지저귀는 흐드러지게 아름다운 봄날, 가뿐하게 노니는 펭귄들을 보면서 아이들은 흥분의 도가니에 빠져들었고 어른들도 크게 흐뭇해했다. 오직 한 '축하객'만 이런 모습을 받아들이지 못했다. 바로 왜가리였다.

왜가리는 한 번도 본 적이 없는 흑백의 동물을 어안이 벙벙한 눈으로 바라보았다. 이 녀석들이 아무 이유도 없이 자신의 일상에 끼어든 것도 모자라 주객이 전도된 듯 단체로 입수까지 하고 뒤뚱뒤뚱 해안을 돌아다니기까지 하니. 어쩌면 그냥 나만의 생각일지 모르지만 이렇게 오랫동안 멍하니 서 있는 왜가리는 난생처음 보았다. 왜가리는 내가 자신의 사진을 모두 찍은 후에도 꼼짝하지 않았다.

종의 해양 이동은 원래 극히 드문, 수백 년의 기나긴 시간이 걸리는 과정이다. 하지만 항해 시대가 도래하면서 인류가 발명한 각종 운송 수단 덕분에 온갖 동물들이 원래 서식지가 아닌 땅에 대량으로 발을 디디게 되었다. 우리는 이 놀라운 성과를 더할 나위 없이 아름다운 미사여구로 포장하지만 생물을 원래 서식지에서 데려와 우리에 가두는 것은 분명 부자연스러운 일이고 횡포다.

나 역시 이해하기 어려운 이유로 비행기를 타고 바다 건너의 머나먼 섬나라 영국에 왔다. 그리고는 구글 지도를 검색하고 지하철과 버스를 갈아탄 끝에 23파운드 50펜스라는 비싼 입장료를 내고 이곳에 들어왔다. 그렇게 나는 입수하는 펭귄들과 놀란 표정의 왜가리를 사진에 담았다. 그러나 세계 최초의 이 공공 동물원은 내 여정의 첫 번째 역일 뿐이다.

핑크 플로이드의 돼지

　　　　　　　　어린 시절 나는 타이베이와 윈린雲林을 오가는 고속버스 안에서 주거량猪哥亮[■]의 라이브 쇼를 꽤 많이 보았다. 그 덕에 주거량의 전성기를 놓친 요즘 아이들에게 자랑할 거리가 생기기도 했다.

　여자에게 데이트 신청을 하는 남자들은 죄다 영화 〈사랑과 영혼Ghost〉을 보러 가고, 문학청년들이 모여드는 작은 살롱에서는 〈베를린 천사의 시〉를 틀어놓으며, 영화 강의에서는 〈비정성시〉를 보여주던 시절, 비디오 대여점에 가서 '주거량 라이브 쇼'를 빌려달라는 아이가 있었다면 주인아저씨는 분명 그 부모님에게 연락을 했을 것이다. 저질이기는 했지만 주거량이 한번 말을 내뱉으면 민난어閩南語[■■]를 아는 사람들은 다 웃음보를 터뜨렸다. 선생님이나 부모님은 아마 더 크게 웃어대셨을 것이다. 왜냐하면 어른이었으니까. 어쩌면 그게 가장 중요한 이유였겠지.

　나이를 먹은 뒤로는 '저질 취미'라는 것도 명예를 회복한 듯했고, 주거량은 가족 시청 시간대에 프로그램을 진행했다. 유명 가

[■]　1980년대 타이완, 중국, 동남아시아 등지에서 인기를 끌었던 TV쇼 진행자로 주거량은 예명이다.
[■■]　타이완에서 많이 쓰는 중국 방언.

수들이 그를 흉내 내며 존경심을 표하기도 했지만 30분 이내에 19금 발언을 연발하던 주거량의 위력은 이미 많이 사그라진 뒤였다. 민난어로 '주거'는 '호색한'이라는 뜻으로, 주거량의 평생을 받쳐 주었던 재능에 '주거'의 자리는 없었지만 그걸 대신하고 남을 정도로 그는 도박 애호가였다. 사람이라면 누구나 어느 정도는 도박과 성에 끌리기 마련이다. 그래서인지 다들 주거량의 말에 웃음을 터뜨렸지만 그 웃음 속에는 부끄러움이 살짝 묻어 있었다.

'주', 그러니까 '돼지'에 대한 사람들의 감정도 주거량을 좋아하던 마음만큼이나 복잡다단하다.

돼지고기를 좋아하는지 여부와는 관계없이 돼지에 대한 인간의 경멸적인 시선은 그 역사가 유구하다. 심지어 역사책에서도 찾아볼 수가 있다. 가령 《좌씨전》 '정공定公 14년'의 기사를 보면 한 평민이 이런 노래를 부른다. "당신네 암퇘지가 이미 만족했건만 어찌하여 우리네 잘생긴 수퇘지를 되돌려 보내지 않는단 말이오." 남몰래 간통을 일삼았던 위령공의 음란한 아내 남자南子를 암퇘지라고 부른 것이다.˙《구약》은 돼지가 발굽이 둘로 갈라진 데다 되새김질도 하지 않는다는 이유로 부정한 동물로 보았고, 유대교에

■　춘추시대 송나라의 공자였던 조朝는 잘생긴 외모로 위나라 위령공의 총애를 받았지만 사실은 위령공 아내의 내연남이기도 했다. 이후 위령공은 조에 의해 위나라에서 쫓겨나지만 다시 위나라로 돌아오게 되고 결국 조는 진나라로 도망친다. 하지만 이 둘의 내연 관계를 몰랐던 위령공은 부인이 조를 잊지 못하고 그리워하자 위령공은 그를 다시 위나라로 불러들인다. 어느 날 위나라의 공자가 송나라를 지나가게 되었는데, 그때 송나라 사람이 그를 향해 불렀다는 노래의 한 구절이 바로 본문에 언급된 부분이다. 여기서 암퇘지는 위령공의 부인 남자를, 수퇘지는 송나라의 조를 가리킨다.

서도 돼지고기를 먹지 못하게 한다. 중국에서는 돼지를 많이 사육했지만 문인들은 대개 돼지를 저급한 동물로 보았다. '돼지는 그림에 그려 넣지 않는다'는 전통 탓에 돼지는 12년에 한 번 돼지 해가 돌아올 때나 겨우겨우 몇몇 그림에 등장하곤 했다.

돼지를 가장 혐오하는 곳은 이슬람 문명이 지배하는 중동과 이집트 일대다. 기원전 5세기경 헤로도토스가 저술한 《역사》에는 이집트와 중동 각지에서 돼지 혐오가 어떤 방식으로 나타나는지가 기술되어 있다. "이집트인의 눈에 돼지는 부정한 짐승이다. 만약 누군가 길을 걷다가 우연히 돼지를 만나게 되면 그는 바로 강으로 뛰어가 옷을 벗고 강물로 뛰어든다. 돼지를 치는 사람이 토종 이집트인이라고 해도 자기 딸을 이런 사람에게 시집보내고 싶어 하는 사람은 없다……." 과학적으로 분석해보면 중동 각국은 무덥고 건조해서 돼지 키우기에 아주 불리하다. 물이 충분하지 않으면 돼지는 쉽게 병에 걸린다. 그러나 돼지를 가장 많이 키우는 중국과 동아시아 일대는 이런 환경적 제약이 없다. 가축 돼지는 현재 지구상에서 인류 다음으로 숫자가 많은 포유류인 동시에 가장 빨리 도살되는 동물이기도 하다. 돼지는 생후 5개월에서 일 년 사이에 도살된다. 전 세계에서 사육되는 약 9억 6500만 마리의 돼지 중 4억여 마리가 중국에서 살고 있다. 그래서인지 중국에서는 돼지로 사람을 욕하는 전통만큼이나 돼지를 키워 잡아먹는 관습 역시 오랜 역사를 자랑한다. 중국인들이 언제부터 멧돼지를 가축으로 길들이기 시작했는지에 대해서는 명확한 고증 증거가 존재한다. 바로 4000여 년 전에 죽은 돼지의 뼈다. 현재 돼지는 약 400여 품종이 있으며, 타이완에서 식용하는 돼지는 대부분 외래 혼합종이다. 얼굴이 쭈글쭈글한 타오위안 지역의 흑돼지나 귀가 작은 란위 섬의 돼지 등 타이완 토종 돼지는 희귀종으로 모두 '국가보호동물'로 지정되어 있다.

소수의 예외를 제외하면 타이완 민족의 돼지 사랑은 각별하다. 타이완 사람들이 먹지 않는 돼지 부위는 거의 찾을 수 없다. 삼겹살, 목살, 등심, 엉덩잇살에서 시작해서 다리, 족발, 머리고기를 거쳐 마지막에는 혓바닥, 내장, 뱃살까지 다 먹는다. 그릇에서 부글부글 끓는 대화백돈大花白猪[■]의 머리고기와 '톈졔天梯(천국으로 가는 계단)'라고 불리는 잇몸고기는 거의 추상파 예술의 경지다. 돼지로 만든 타이완 음식 말고도 일본식 돈가스, 스페인의 '이베리코 iberico'[■■] 햄, 독일의 돼지 족발 등 모두가 생각만 해도 입에 침이 고이는 맛과 향을 겸비한 훌륭한 음식들이다. 돼지가 없으면 세계 미식의 판도는 지구상의 다섯 대륙 중 하나가 사라져버린 것처럼 완전히 균형을 잃을 것이다.

이렇게 돼지를 좋아하면서 인간은 어째서 돼지를 멸시하고 혐오할까? 돼지에게서 인간 자신의 타락한 면모를 보기라도 한단 말인가? 돼지는 천성 탓에 아무것에도 구속되지 않고 모든 욕망을 분출한다. 외부의 힘이 없으면 돼지는 모든 원시적인 욕망을 무한대로 확대할 것이다. 그런데 인간에게도 이런 욕망이 있다.

■ 중국의 돼지 품종. 영어로는 라지 블랙 화이트 피그Large Black-White Pig로 불린다.
■■ 이베리아 반도의 흑돼지.

사람과 돼지는 모두 먹는 걸 좋아하지만 돼지는 절제를 모른다. 체중이 심각하게 불어나 사지가 골절될 때까지 먹어댄다. 인간도 성욕을 느끼고 호색의 기질을 보이지만 돼지는 절대 무언가를 감추는 법이 없고 상대도 가리지 않는다. 일 년에만 새끼를 세 차례 낳는다. 이러니 돼지를 키우는 사람은 입에서 웃음이 떠날 날이 없을지 몰라도 보수적인 사람들은 곧바로 고개를 절레절레 내젓는다. 돼지는 피곤하면 바로 누워버린다. 땀샘이 없는 돼지는 덥기만 하면 진흙탕을 파고들다 온몸이 진흙투성이가 되어야 상쾌해한다. 오르가슴을 30분 동안 느낀다고 하니, 죽도록 출산을 하지 않으면 우울증에 걸릴지도 모른다. 게다가 돼지는 정말로…… 똥오줌을 잘 싼다. 정말 잘 싼다.

'개는 인간의 가장 친한 친구'라는 말이 이미 일반화되었다. 하지만 집에서 직접 개를 키우지 않는 이상 대부분의 사람은 생활 속에서 개와 관련을 맺을 일이 별로 없다. 반면 완전한 채식주의자에 동물은 죄다 멀리하기로 결심한 사람일지라도 생활 속에서 돼지와 직접적인 '접촉'을 하지 않고 살아가기란 실로 어려운 일이다. 이런 면에서 보면 돼지야말로 인류의 가장 친한 친구이리라.

미모의 네덜란드 예술가 크리스틴 마인더스마는 3년에 걸친 연구와 조사 끝에 《피그 05049》를 출간했다. 이 책에 열거된 185개의 생활용품은 다음과 같은 공통점을 갖는다. 첫째, 이들 모두가 현대 생활의 필수품이다. 둘째, 돼지가 이 필수품들을 위해 묵묵히 공헌하고 있음에도 일상에서 이를 사용하는 우리는 돼지의 존재를 거의 느끼지 못한다. 비누와 샴푸, 로션과 치약의 지방산에서부터 국수의 우화제優化劑, 건축용 콘크리트lättbetong에 들어 있는 재사용 가능한 지방까지. 심지어 기차의 브레이크도 돼지 뼛가루로 만들어지고 가게에서 파는 모든 케이크에는 돼지의 젤라틴이 들어간다. 이밖에도 도자기, 페인트, 솔에도 돼지의 일부가 사용되고, 심지어 다른 고기에도 돼지가 들어가 있다. 돼지 피에 들어 있는 섬유 단백으로 조각난 쇠고기를 이어 붙여 판매용으로 내놓는 공장들도 있다. 이런 고기는 아마 이슬람교나 유대교의 계율에 따라 정결한 음식(코셔)을 먹는 사람들에게는 악몽일 것이다.

이밖에도 성형용 콜라겐과 인공심장판막 역시 돼지에게서 나온다. 돼지가 도대체 얼마나 많은 생명을 살려냈는지, 얼마나 많은 웃음을 짓게 했는지, 배고픔으로 무기력했던 밤을 얼마나 많이 구해냈는지를 생각하면 예를 갖추어 절을 해도 모자랄 판이다. 하지만 신에게 최대한 예를 갖추려면 역시나 수돼지 한 마리는 있어야 하니까. 재미있게도 크리스틴이 연구 중에 알게 된 심장판막 회사에서 포르말린 병에 담긴 돼지 판막을 보내주기로 했다가 나중에 이를 취소했다고 한다. 회사의 고위층이 밝힌 바에 따르면 "대중은 자신들의 상품이 돼지와 관련지어지는 것을 바라지 않는다"는 것이 그 이유였다. 돼지 한 마리의 죽음으로 한 사람의 심장이 다시 뛰게 되는데도 인간은 돼지를 수치로 여긴다니, 돼지 심장이여, 오호통재라.

이미 가동이 중단된, 영국 런던의 배터시 화력발전소는 아마 앨범 표지에 가장 많이 등장한 발전소일 것이다. 록 밴드들이 미친 듯이 앨범을 내던 시절, 런던의 대형 녹음실에 죽치고 있던 대형 뮤지션들이 창문만 열었다 하면 이 발전소가 보였던 까닭이다. 네 다리를 하늘로 뻗은 거대한 수퇘지를 닮은 이 발전소는 훈연한 돼지의 색과 비슷한 시뻘건 담장을 두르고 있고 네 귀퉁이에 굴뚝이 곧게 서 있다. 위로 갈수록 가늘어지는 하얀색 굴뚝에서는 이제 더 이상 연기가 피어오르지 않는다.

이 풍경을 마주한 전위적인 록 음악 팬들은 분명 하나같이 눈을 게슴츠레하게 뜰 것이다. '핑크 플로이드'의 열 번째 앨범 〈애니멀스〉의 표지 속 풍경처럼 이 굴뚝 사이사이에 오동통한 분홍색 돼지가 떠다니고 있지 않은지 제대로 살펴보고 싶은 마음에. 이 표지는 조지 오웰의 정치 우화 《동물 농장》에서 콘셉트를 따왔다. 이 소설에서 돼지가 농장 혁명의 핵심 인물로 등장하다보니, 성공해도 돼지 탓, 실패해도 돼지 탓이다. 돼지는 이상을 등에 짊어진 채, 욕망으로 인해 무한 팽창한다.

1975년 핑크 플로이드는 런던 북부에 있는 3층 건물을 사들이고는 열 번째 앨범을 녹음할 전용 녹음실로 개조했다. 이렇게 대범한 록 밴드가 어떻게 합성 사진 따위를 표지에 넣겠는가? 사진은 당연히 실사여야 했다. 이 표지를 만들기 위해 주문 제작한 분홍색 돼지는 실제 사이즈가 9.1미터에 제작비도 상당히 비싼 풍선으로, 이름은 '앨지Algie'였다. 첫날에는 무사히 촬영을 마쳤지만 이틀날에는 앨범 제작자가 인건비를 줄일 생각으로 풍선을 공중에 띄워줄 전문가를 부르지 않았다. 결국 하늘 높이 떠오른 풍선은 5분도 지나지 않아 흔적도 없이 사라져버렸다. 마침 비행기를 몰고 오던 한 파일럿이 기괴한 돼지가 하늘을 나는 모습을 목격했고 히

드로 공항 측은 이 돼지 때문에 결항 조치까지 취하고 말았다. 결국 이 돼지는 약 60킬로미터 밖에 있는 켄트 주의 농장까지 하염없이 날아가다가 수많은 진짜 동물들 앞에 화려하게 착지하고 말았다. 당시 농장 주인은 엄청나게 화를 냈다고 한다. 이 가짜 돼지를 지켜본 "우리 소가 깜짝 놀라 기절초풍할 뻔했다!"나 뭐라나.

그야말로 개판 '소'판 난장판에도 본전 생각하지 않고 완벽에 완벽을 기한 촬영이었지만 사진들이 모두 별로였기 때문에 결국에는 분홍색 돼지 사진을 발전소 사진 위에 겹쳐 올리기로 결정했다. 나중에 앨범 표지에 정식으로 실린 사진은 합성 사진이었다.

핑크 플로이드의 허세는 1970년대 앨범 제작비로 억만금을 뿌리고도 눈 하나 깜짝하지 않았던 밀리언셀러 록 밴드의 당당함을 보여준다. 하지만 그 시절은 투박함의 끝을 달리던 비판의 시대이기도 했다. 템스 강을 사이에 두고 배터시 화력발전소와 마주 보면서 막 떠오르고 있던 비비안 웨스트우드도 어쩌면 숍 안에서 이 광경을 차가운 눈으로 지켜보았을지도 모른다. 펑크록punk rock과 함께 성장한 그녀의 첫 번째 숍 '섹스'는 보헤미안 스타일의 히피 생활권인 '월즈 엔드World's End'＊에서 문을 열었고, 당시 펑크 음악가들은 항상 록 밴드를 향해 포문을 열곤 했다. '섹스 피스톨스Sex Pistols'의 보컬이었던 자니 로튼Johnny Rotten은 한때 "나는 핑크 플로이드를 증오해I Hate Pink Floyd"라는 문장이 적힌 옷을 입고 공연을 하기

■　1971년 비비안 웨스트우드가 런던 킹스로드에 개점한 숍. 처음에는 '렛잇록Let it Rock', '섹스' 등 여러 이름으로 알려졌다가 나중에 '월즈 엔드'로 바뀌었다.

도 했다. 마찬가지로 핑크 플로이드의 〈애니멀스〉에도 공기가 빵빵하게 들어간 분홍색 돼지로 '냄새나는 돼지 머저리들'을 반격하겠다는 의미가 담겨 있었다. 핑크 플로이드가 보기에 펑크 뮤지션들의 허무주의와 성숙한 록 밴드에 대한 비판은 능력도 없는 주제 모르는 것들의 자아 팽창에 불과했다.

그들이 얼마나 싸웠든 간에 그로부터 30년이 흐른 지금 핑크 플로이드, 섹스 피스톨스 그리고 비비안 웨스트우드 등은 이미 모두 명예의 전당에 오른 예술가가 되었다. E&C에서 344번 버스를 잡아타고 템스 강 건너의 배터시 화력발전소를 지나 신기루 같은 외로운 섬의 모습을 하고 있는 '월즈 엔드'를 바라보고 있으면 이미 지나가 버린 록의 전성기가 되살아나는 기분이 든다.

〈애니멀스〉 발매 직후 '인 더 플레시In the Flesh' 순회공연을 시작한 핑크 플로이드는 탐욕스럽게 생긴 붉은색 돼지 그림을 공연 마스코트로 어디에든 가지고 다녔다. 〈애니멀스〉 다음 앨범이 바로 전 세계를 뒤흔든 걸작 〈더 월〉이었다. 핑크 플로이드는 동명의 순회공연인 '더 월'에는 흑돼지 한 마리를 데리고 다녔다.

핑크 플로이드는 위대한 록 밴드이긴 하지만 멤버들이 돼지를 진심으로 존중한 적은 없다.

핑크 플로이드의 걸출한 음악성이야 두말할 필요도 없다. 아트록art rock의 전통을 이은 〈애니멀스〉는 전체 앨범의 길이가 41분 41초에 달하지만 수록 곡은 겨우 다섯 곡에 불과하다. 그중 '피그스 온 더 윙 1Pigs on the Wing', '피그스, 스리 디퍼런트 원스Pigs, Three Different Ones', '피그스 온 더 윙 2'가 돼지와 연관된 곡들이고 나머지 두 곡은 '도그Dog'와 '쉽Sheep'이다.

　우리가 돼지에게 해줄 수 있는 일이 있다면 거짓 비판을 걷어치우고 다시는 돼지에 빗대어 누군가를 욕하지도, 또 돼지를 교묘한 비유에 써먹지도 않는 것이다. 아니면 다음에 식탁 위에 올라온 돼지고기 한 점을 집어 드는 순간 마음속으로 이렇게 말해주는 것이다. "고마워."

2

혁명이 낳은 산책로

|

Jardin des Plantes Paris
파리식물원

오, 파리! 어떻게 이야기해야 할까? 향긋한 커피 향과 오만함이 공기 중을 떠다니는 도시. 과시가 스포츠이고, 방종이 미덕이며, 느긋함이 권리가 되는 곳. 무신경한 태도가 멋스러움으로 탈바꿈하는 곳. 파리의 마법은 차가운 돌 틈에서 진귀한 꽃송이를 피어나게 하고, 심지어 똥을 금으로 바꾸기도 한다. 《파리에서의 똥 같은 일 년》은 '똥'이란 표현이 들어갔는데도 베스트셀러가 되었다. 물론 파리의 거리는 정말 똥이 많기로 유명하다. 그러나 내가 어떤 먹칠을 하든 파리는 아주 가뿐하게 모든 단점을 매력으로 바꿔버린다. 이건 마술이 아니다. 진짜가 가진 힘이다. 17세기 파리를 중심으로 일어난 '계몽운동'은 전 인류의 지적 각성을 불러일으켰으며, 덕분에 인류는 무지한 계급 숙명론에서 해방되었다. 18세기 내내 르네상스가 파리를 중심으로 일어났고 더불어 '천부인권'에 대한 요구가 거세졌다. 개선문을 중심으로 방사형으로 뻗은 도로처럼, 파리가 문화를 수출하는 방식처럼 파리는 강력한 문화적 메시지를 발산했을 뿐만 아니라

미美와 진리, 자유와 평등에 대한 정의를 내렸다.

파리가 가진 독특한 매력의 근원은 이곳 어디서나 볼 수 있는 게으름과 자기표현에 있을 것이다. 언제나 자신을 최고의 기준으로 여기는 파리식 사고방식 말이다. 파리시립동물원도 이런 게으름과 자기표현에서 벗어나지 않는 사례다. 프랑스에서 관광 수입은 국내 총생산GDP의 70퍼센트를 차지한다. 자동차 산업보다 비중이 훨씬 높은 셈이다. 그런데 외국인 여행자수만 세계 3위인 이 도시에서 '꼬박 2년 반 동안 문을 열지 않는 시립동물원'이 있다. 개축 속도가 대범하고 여유롭기 그지없다. 이 시립동물원의 중건 기간이 얼마나 긴지, 내가 여행을 시작하고 '오카피OKAPI'* 칼럼의 연재를 마치기까지 무려 2년이 지나는 동안 아직도 재개장을 하지 않았다. 뭐, 그래도 상관없다. 파리식물원은 줄곧 그 자리에 있었으니까. '줄곧'이 도대체 어느 정도의 시간이냐고? 378년이다.

이른 아침의 파리식물원

영화 〈라이프 오브 파이〉에서 파이의 아버지는 동물원 원장이고 어머니는 식물학자다. 실제 자연계가 딱 이렇다. 한마디로 "식물 없이 동물도 없다". 만물은 식물로부터 시작되었고 식물이 탄생한 다음 동물이 생겼다. 식물의 광

■   이 책은 저자가 타이완의 온라인 서점이 발행하는 웹진 〈오카피〉에 게재했던 칼럼을 엮은 것이다.

합성 작용이 대기의 산소량을 높이면서 동물이 육지에서 살 수 있게 되었다. 식물학은 인류 최초의 학문으로, 인류가 필요로 하는 식량과 약재로부터 유래했다. 신농씨神農氏[■]는 100가지 풀을 먹어보았고, 각 기후대의 명칭이 식물 이름에서 유래했다. 그럴듯한 동물원 하나를 세우려면 먼저 그럴듯한 식물원부터 세워야 한다. 파리식물원이 바로 역사상 최초의 공공 식물원이었다.

파리에 가면 찾아봐야 할 관광지 리스트에서 파리식물원은 루브르 궁, 뤽상부르공원, 에펠탑, 에투알 개선문, 그리고 (중국인들이 너무 많아 이제는 아예 중국의 일부가 되어버린 듯한) 갤러리 라파예트 백화점보다 한참 뒤처져 있지만, 상관없다. 사람이 없으면 더 좋지.

이른 아침의 파리식물원은 전 세계에서 가장 맑고 산뜻한 외딴섬이다. 막 목욕을 마친 소녀처럼 순수한 공기와 피톤치드가 온실을 가득 채우고 따사로운 수증기가 온실의 유리벽을 뒤덮은 가운데 열대 식물의 푸른 활엽闊葉은 그 윤곽이 흐릿하다. 조깅족의 워킹화가 자갈길 위에 또렷한 발자국을 하나하나 새겨 넣고 지나가면 깊이가 1센티미터도 되지 않는 그 발자국 위로 아침이슬이 느릿느릿 1제곱밀리미터의 소우주를 순환한다. 센 강 왼쪽 기슭에 자리한 파리식물원은 풍부한 식물 종을 보유하고 있으며, 거대한 자연박물관 둘을 좌우에 끼고 있다. 알프스 산맥에 피는 봄맞이꽃

■ 중국 전설에 등장하는 삼황三皇의 한 명으로 중국 민족에게 농사짓는 법을 알려주었으며, 한의학을 창시했다.

에서부터 건조한 사막에서 자라는 레바논의 국목國木 레바논시더까지 온갖 식물을 파리식물원 온실에서 찾아볼 수 있다. 이곳에는 온갖 식물 종이 있고, 사계절 녹음이 가득하며, 시시때때로 꽃이 피고, 새소리와 풀벌레 소리가 끊임없이 들려온다. 오스테를리츠역이 근처에 있어서인지 식물원 바깥에는 엔진을 끄지 않고 배기가스를 내뿜는 관광버스는 거의 없다. 식상한 스노 글로브를 파는 상점도, 소비주의에 딱 들어맞는 '재미난' 풍경도 거의 찾아볼 수 없다. 모든 여행객이 두 손으로 '브이 자'를 그리고 "이야!"라고 외치면서 단체 사진을 찍을 만한 곳도 없다. 어쩌면 이 때문에 이곳의 동물과 식물은 물론이고 이곳을 느리게 산책하는 인간 모두가 자연의 역사와 조용하게 마주할 수 있는 것인지도 모른다. 식물원 동쪽에 있는 파리 국립자연사박물관은 우라늄에 방사성 물질이 함유되어 있음을 밝혀낸 곳이기도 하다. 이 학술 기구는 자연사 연구를 핵심 분야로 하며, 석사 학위도 수여한다. 아마 파리에서 가장 멋들어진 풍경을 자랑하는, 그래서 공부하기는 가장 힘든 곳일 것이다.

동물원에 남겨진 프랑스 대혁명의 그림자

이 식물원 안에 딱히 눈에 띄지 않는 작은 동물원이 있다. 동물원 입구의 나지막한 녹색 매표소 안에는 안경 낀 여인이 붉은 머리카락을 높이 틀어 올리고 목에 스카프를 두른 채 우아하게 근무하고 있다. 입장권은 11유로(약 1

만 4520원)이고 우대권은 9유로(약 1만 1880원)다. 돈을 내고 입장권을 받아든 다음 아직 잠기지 않은 사립문을 열어젖히고 동물원으로 걸어 들어갔다. 21세기인 오늘, 나처럼 선입견에 사로잡힌 무지한 여행객은 이곳에 들어서자마자 이 동물원의 수많은 난해한 디자인에 주목하게 된다. 일단 관람객에게 쉼터로 제공되는 벤치가 뜻밖에도 동물과 등진 방향으로 놓여 있다. 그리고 풀밭에서 햇볕을 쬐고 식사를 하며 애정 어린 눈빛으로 서로를 바라보는 사람들과 느긋하게 새하얀 도화지를 바라보는 미대생들은 도대체 여기서 뭘 하는 걸까? 동물원에 왔으면 동물들을 보고 생물학적 지식이라도 쌓아야 하는 것 아닌가? 그게 아니면 도대체 무엇 때문에 표를 사서 들어온 걸까? 산책을 하고 수다를 떠는 것쯤은 밖에 있는 공원에서도 할 수 있는데. 눈앞에 있는 그 무엇에도 관심을 두지 않는 자기중심적이고 인간 쇼비니즘chauvinism적인 태도에 순간 화가 치밀었다. 모든 책임을 '잘난 척하기 좋아하는 파리 사람들'에게 돌리고 있을 무렵 왼손에 쥐고 있던, 곧 너덜너덜해질 입장권 위에 흐릿하게 쓰인 글자가 눈에 들어왔다. '메나주리 르 주 뒤 자르당 디 플롱츠Ménagerie le Zoo du Jardin des Plantes'.

'메나주리'는 공공성을 포함하고 있는 '주'와는 달리 귀족 소유의 동물원을 뜻하는, 봉건적 색채가 짙은 단어다. 이 봉건적인 단어가 219년의 역사를 자랑하는 동물원의 정식 명칭에 남아 있는 것이 우연인지, 아니면 역사의 흔적을 남기려는 의도인지 모르겠다. 이 자그마하고 보잘것없는 동물원이 계몽운동의 근거지로서 이성의 각성을 불러일으킨 이정표이자 프랑스 대혁명의 산물인 까닭이다. 루이 13세의 약초원으로 개원한 파리식물원은 이후 50년간 대규모 확장 공사를 거치면서 식물학자들의 노력 끝에 학술 가치가 높은 공공 화원으로 탈바꿈했다. 1739년 조르주-루이 르클레르 뷔퐁Georges-Louis Leclerc de Buffon이 파리식물원의 총책임을 맡았다. 탁월한 능력자 뷔퐁은 모르는 것이 없다는 말도 겸손하게 들릴 정도로 박식한 인물이었다. 그는 태양과 혜성이 부딪히면서 행성이 탄생한다는 가설을 제기했고, 인간과 원숭이의 유사점을 연구함으로써 이후 다윈에게 영향을 끼쳤으며, 지구의 나이에 대한 교회의 주장에 도전하기도 했다. 분서焚書 같은 교회의 공격에 맞서면서도 아이작 뉴턴Isaac Newton의 저작을 프랑스어로 번역하기도 했고 스스로도 계몽주의 시대의 중요한 저작을 발표했다. 세상을 뒤흔든 프랑스 대혁명의 소용돌이 속에서 그는 파리식물원의 총책임자로서 전대미문의 수많은 창의적 시도를 현실화했다.

왕실의 정원에서 공공의 동물원으로

프랑스 계몽운동은 '천부인권'의 외침 속에서 전개되었다. 길거리에 얼어 죽은 시체가 뒹굴던 시대, 호화로운 동물원을 짓고 사냥을 즐기며 농작물을 망가뜨리던 귀족들의 행태는 사람들의 원한을 샀고 교회는 종교의 이름으로 학문을 탄압했다. 평민들의 온갖 원한이 일촉즉발의 임계점에 다다른 순간 프랑스 대혁명이 폭발했다. 프랑스 국민회의의 〈인권선언〉은 이렇게 시작한다.

⋯⋯인권에 대한 무지, 망각 또는 멸시가 오로지 공공의 불행과 정부의 부패를 초래하는 유일한 원인이라고 생각하여 인간의 자연적이고 양도할 수 없는 신성한 권리들을 엄숙한 선언으로 제시할 것을 결의한다. 그 목적하는 바는 이 선언을 사회 전체의 모든 구성원들에게 항시 제시함으로써 그들의 권리 및 의무를 끊임없이 상기시키기 위함이며⋯⋯.

귀족 동물원이라는 개념은 1789년 프랑스 대혁명의 화염 속에서 낡고 케케묵은 수많은 것들과 함께 잿더미가 되었다. 그렇다면 베르사유 궁전의 '메나주리'는 어떻게 되었을까? 루이 14세가 여기저기서 수집한 동물들은 또 어떻게 되었을까?

루이 16세와 마리 앙투아네트 왕후가 베르사유 궁전을 떠난 뒤 많은 수의 새가 수수께끼처럼 자취를 감추었다. 이후 이곳에 들어온 자코뱅파 급진주의자들은 원숭이와 사슴을 피혁상에게 넘기는 한편, 물건을 나르거나 전쟁에 쓰일 수도 있는 말과 소, 그리고 양 등 '쓸 만한 동물'만 남겨두었다. 이렇게 골라내고 남은 '쓸모도 없고 처리하기도 난처한' 동물들은 파리식물원에 보내졌다. 당시 파리식물원 안에는 박물관밖에 없었다. 동물원이 없으니, 동물 표본을 만들어 전시하라는 뜻으로 남은 동물들을 보냈던 것이다.

바로 이때 학자들이 목소리를 내기 시작했다. 그들은 살아 있는 동물이 없는 생태 왕국은 완전한 왕국이 아니라면서 국가가 새로운 문명 체제를 출범시키려는 지금, 낡은 사상을 집어 던져야 한다고 주장하고, 문명국가라면 반드시 공공 동물원이 있어야 한다고 지적했다. 이렇게 해서 프랑스 대혁명에서 살아남은 베르사유 궁전의 동물들은 국왕과 함께 황천길에 오르는 대신 식물원에 정착하게 되었다.

혁명이 파리를 철저하게 파괴하고 공화제가 혼란과 공황 상태에서 새로운 방향을 모색해가던 시절, 파리 시내의 수많은 대형 궁전과 중요 건축물들이 '파괴와 점유, 재건과 개명'의 과정을 거쳤다. 심지어 민중은 대학들을 한동안 '폐교'시키기도 했다. 사립학교들이 학문을 독점하는 원흉이자 도구라는 것이 이유였다. 이런 불안한 정세 속에서도 파리식물원과 파리국립자연사박물관만은 처음부터 공공에 개방되었던 까닭에 순조롭게 난관을 헤쳐 나올 수 있었다. 대혁명의 산물인 동물원은 의미가 더욱 남달랐다. 당시 귀족들 사이에는 여기저기서 동물을 '가져오는' 게 유행이었다. 베르사유 궁전에서 운 좋게 살아남은 사자와 얼룩말 그리고 사슴영양 등 수많은 동물이 사실 프랑스 군대가 다른 나라에서 빼앗아온 것들이었다. 왕실 정원이었다가 공공 소유로 탈바꿈한 세계 최초의 메나주리로서 이 동물원의 미래와 운영 방식은 호사가, 박물학자, 민주주의자 사이에서 온갖 논쟁을 불러일으켰다. 사나운 맹수와 온순한 동물들의 비율, 동물로 인한 안전 문제, 동물 관련 법규와 예산, 인력과 경영 방침, 우리에서 기르는 방식 등 현대사회에서도 여전히 토론 거리가 되는 사회 안전과 권익의 문제들이 당시 동물원을 둘러싼 끝없는 논쟁 속에서 싹을 틔웠다. 어떤 의미에서는 이 보잘것없는 동물원이 시민사회의 요람 역할을 했던 것이다.

기나긴 진화의 행렬

'새로운 싹'을 틔운다는 의미에서 파리식물원 부설 동물원의 신생아실은 유난히 이목을 끈다. 담에 둘러싸인 그 자그마한 프랑스식 건물로 들어가면 턱받이를 걸고 줄지어 있는 어린아이들을 볼 수 있다. 아이들은 놀라서 입을 다물지 못하는 새끼 대머리독수리를 빤히 쳐다보다가 어른 대머리독수리의 힘과 거대함에 겁을 집어먹는다. 거대한 어른 대머리독수리를 보다 보면 그 생명의 시작을 잊어버리기 쉽다. 녀석도 작고 허약한 몸으로 알을 깨고 나와 인공조명 아래에서 몸을 벌벌 떨다가 눈에 보이지 않는 자연계의 확률에 따라 비로소 건강하게 자라나서 사납고 흉악한 대형 새가 된다는 사실을 말이다.

우연한 기회에 소형 코끼리 모형을 봤다고 해서 코끼리가 보잘 것없는 존재라고 느끼지는 않겠지만, 그렇다고 특별히 생명의 신성함을 찬양하게 되지도 않을 것이다. 그러나 광활하고 변화무쌍한 자연사박물관 안에 발을 디디는 순간, 그곳은 너무나 현명한 방식으로 어떤 언어보다도 명확한 깨달음을 전해준다. 인간은 이 드넓은 세상에서 미미하고 미약한 존재에 불과하다는 깨달음 말이다. 진화를 주제로 하는 대형 전시관은 2차 대전을 배경으로 한 영화 속의 커다란 기차역과 너무나 닮았다. 수증기가 하늘을 가득 채운 가운데 연인들의 눈물 어린 시선에 담긴 그 커다란 기차역. 하지만 이 기차역은 인간의 짧은 역사가 아니라 기나긴 생명의 진화를 이야기하는 곳이다. 부드러운 빛이 유리 등갓을 통과해 금속 구조물 위로 굴절되고, 진짜 동물과 똑같은 실물 크기의 동물 모

파리 국립자연사박물관의 '진화 전시관' 내부.

형들이 시간의 끄트머리에서 찾아온 동물의 대장정을 보여준다. 맨 앞의 코끼리 뒤로 얼룩말, 코뿔소, 영양, 기린, 하마, 들소까지. 모두 조용히 숨죽이고 있지만 앞으로 살짝 숙인 몸체는 종의 미래를 위해 '내 길을 가겠다'며 자신들의 숙명을 전한다. 아프리카 동물들 뒤로는 공룡의 거대한 뼈대가 아직 세상에 살아 있는 동물들에게 눈인사를 건넨다.

세상에 난데없이 우리 앞에 나타난 종은 단 하나도 없다. 그들은 얼마나 기나긴 여정을 거쳐 이곳까지 왔을까?

겉보기에 파리식물원과 동물원이 변변치 않아 보이는 것은 그들이 목격한 역사상 가장 중대하고 드셌던 변혁 탓이 아니다. 프랑스 대혁명 이후 224년 동안 인간은 서로를 죽이기 위한 살상무기를 발전시켜왔다. 검과 방패가 총과 전투기와 탱크로, 폭탄과 방사능과 독가스와 악의적인 말들로 진화해왔다. 그런데도 이 식물원은 아직 처음 그 자리에 남아 있다.

현대 식물원의 표준이 되었든 세계 최초로 대중에게 개방되었든, 호화롭고 화려한 아름다움에 익숙한 현대 관광객들의 눈에 파리식물원은 평범하기 짝이 없는, 심지어 너무나 전형적이고 엄숙한 곳에 지나지 않는다. 기껏해야 넓고 곧게 뻗은 인도 위에 자갈만 가득한 곳이랄까. 이 자갈길은 아직도 왕후의 마차가 달려오기를 기다리듯 보행자의 발과 값비싼 신발 밑창을 망가뜨리기 일쑤다. 한때 유럽 전역의 식물원들은 너도나도 열을 올려 이곳을 모방했었다. 하지만 이제는 지나가 버린 뒤떨어진 유행이 되어버렸고 '루이비통' 매장 앞에 끝도 없이 늘어선 행렬이 그 자리를 대신하게 되었다.

그럼에도 여전히 오래전의 그 놀라운 시도에 감동하는 이들이 있다. 이 순간 파리식물원과 동물원에게, 그리고 기나긴 진화를 거쳐 우리 눈앞에 도착한 동식물들에게 이렇게 말해야 하지 않을까. "내 눈앞에서 사라지지 말아줘."

거북이가 외로운 이유

느릿느릿 앞으로 향하는 갈라파고스땅거북을 보고 있으면 '영원'이라는 말의 의미에 다가가는 느낌이다.

어쩌면 땅거북은 세상이 너무 빨리 돌아간다고 탓할지도 모른다. 천적이라고는 없는 갈라파고스제도의 거북들에게 기나긴 시간이, 너무나 기나긴 시간이 주어지는 까닭이다. 그러니 천천히 느긋하게 기다려도 된다. 바닷물이 마르고 돌이 썩어 없어질 때까지. 거북은 그때가 되어서야 영원히 잠든다.

《가려진 삶 : 갈라파고스땅거북의 숨겨진 역사》라는 책에 이런 말이 나온다. "갈라파고스땅거북들은 분명 자신에게 먹이를 주는 사육사보다 더 오래 살 것이다."

그렇게 오랜 시간을 살아 있었건만 사람들은 조지가 죽고 나서야 '외로운 조지Lonesome George'에 대해 입을 열었다. 2012년 6월 24일 인터넷과 각종 언론 매체들이 "마지막으로 살아 있던 희귀 갈라파고스땅거북이 외롭게 숨을 거두었다"는 식으로 대충 써낸 기사를 마치 폭탄이라도 투하하듯 쏟아낸 다음 날, 태양은 변함없이 떠올랐고, 갈라파고스제도는 평온을 되찾았으며, 사람들도 일상으로 돌아갔다. 또 다른 뉴스거리를 쫓아.

좀 더 정확한 설명은 이렇다. '외로운 조지'는 갈라파고스땅거북의 유일한 핀타 섬 아종亞種이었다. 그러니 '외로운'이라는 단어를 조지에게 붙여야 할지 말지에 대한 토론은 일단 접어두더라도 조지의 죽음은 분명 한 아종의 영원한 소멸을 의미하는 것이었다.

사실 갈라파고스땅거북 아종과의 슬픈 작별은 처음이 아니다. 1750년경 프랑스령 모리셔스 섬에 살던 땅거북이 있었다. 사람들이 붙인 애칭은 '마리온의 땅거북'. 지구상의 마지막 세이셸 대형 거북이었다. 당시 프랑스 탐험가였던 마르크-조제프 마리온 뒤 프레스네Marc-Joseph Marion du Fresne가 이 땅거북을 세이셸 섬에서 2000 킬로미터 떨어진 모리셔스 섬의 수도 포트루이스로 데려갔고, 땅거북은 그곳에서 행운의 마스코트가 되었다. 원래 모리셔스 섬에도 대여섯 종의 토종 땅거북이 있었지만 마리온이 이 섬에 상륙하기 60년 전에 잇따라 멸종한 상태였다. 이 대형 거북이 세이셸을 떠난 뒤 34년 동안 그의 고향이 '격변'에 휩싸이면서 이 섬 부근에 살던 12종의 모든 땅거북이 전멸하게 된다.

여기서 '격변'이란 바로 '인간의 출현', 그것도 '많은 인간의 출현'을 의미한다. 《20세기에 사라진 동물들》이라는 책을 보자. 이 대형 거북의 이름을 '마리온의 땅거북'이 아닌 '마리온'이라고 잘못 표기하고 있기는 하지만 이 책이 다양하게 인용하고 수록한 옛 항해 일지는 상당히 흥미롭다. 예를 들어, 1708년의 항해 일지를 보자. 수개월 동안 인도양을 항해하다 드디어 섬에 오른 선원들은 이 섬에 사는 수많은 대형 땅거북을 보고 놀라움을 감추지 못한다.

이 땅거북들의 등을 밟고 간다면 백 보를 걸어도 땅에 발을 디딜 수가 없다. 땅거북들은 밤이 되면 은밀한 장소에 서로 모여든다. 그러면 길은 거북 껍데기로 짜 맞춘 격자무늬 도안이 되어버린다. (저자의 다급한 외침 : 제발 거북 등을 타거나 밟지 말아주세요!)

이 책도 거북을 행동이 느리고 치명적인 공격력을 갖추지 못한 반면, 살에 단백질이 풍부하고 식용 기름도 짜낼 수 있는 동물로 설명한다. 먹이를 먹지 못하고 물을 마시지 않아도 몇 개월은 버틸 수 있는 이런 대형 거북이야말로 항해 중에 부패하지 않는 식량 창고나 마찬가지라고 말한다. 이 때문에 이런 거북이 중요한 자산으로 여겨진다는 것이다. 기록에 따르면 1732년부터 40년 동안 이 섬 한곳에서만 무려 28만 마리의 거북이 죽임을 당했고 1800년에는 12종의 대형 거북이 정식으로 멸종을 고했다. 남아 있는 거북은 프랑스 군대가 마스코트로 남겨둔 '마리온의 땅거북'뿐이었다. 자식을 남겨야 한다는 스트레스도, 죽음에 대한 위협도 없었다. 이렇게 홀로 남겨진 땅거북은 식민지에서의 연이은 승전과 패전은 물론이고 다른 종의 거북과 도도새의 멸종을 목격했다. 그러다 마지막 순간 포대에 올라 전경을 바라보다 미끄러져 떨어지는 바람에 죽음을 맞이했다. 향년 120세.˙ 사람들 말로는 '마리온의 땅거북'은 단 한 번도 높은 곳에 올라가고 싶어 하지 않

■ 이 책에서는 '마리온의 땅거북'이 120세에 세상을 떠났다고 나와 있으나 마리온이 인간에게 발견되었을 때 이미 150세였으며, 200세 가까이 되어 세상을 떠났다고 기술한 자료들도 있다. 따라서 이 땅거북이 실제 몇 년을 살았는지에 대해서는 오차가 있을 수 있다.

았다는데. 그렇다면 그날 무슨 외침이라도 들려온 것인지도 모른다. 아니면 아주 오래전, 그러니까 120여 년 전에 처음 이 세상에 왔을 때의 기억이 되살아났거나.

서로 다른 아종의 땅거북이라 해도 외형상으로는 별다른 차이가 없다. 하지만 모든 아종의 소멸은 생물에게 돌이킬 수 없는 비극을 불러온다. 외로운 조지가 속해 있던 핀타 섬 아종을 보존하기 위해 사육사들이 암컷 혼혈 거북을 셋이나 데려와 조지를 유혹해보았지만 외로운 조지는 혼혈 아가씨에게는 별 관심을 보이지 않았다. 그러다 2009년 교배에 성공해 24개의 알을 낳았지만 단 하나도 부화하지 못했다.

조지가 죽고 나서 갈라파고스 국립공원을 찾은 BBC 기자 헨리 니콜스는 동물 사육에 대한 기본 상식도 없고 종에 대해서도 무지한 이류 블로거나 쓸 만한 감상문을 써냈다. 니콜스는 '죽은 조지를 좀 닮은' 사육사 파우스토 예레나Fausto Llerena가 너무나 가슴 아파하면서 "조지는 내 가장 친한 친구였습니다!"라고 말했다고 전한다. 그러면서 섬의 보물이었던 조지의 뒤를 이을 새끼 거북 600마리를 낳은 디에고를 이렇게 부정적으로 그린다.

자식을 많이 낳았을지는 몰라도 디에고는 조지처럼 스타 자질은 없다. 디에고에게는 조지의 고요함도 비장감도 없다. ■

■   Henry Nicholls, "Giant tortoise death casts shadow over Galapagos Islands", BBC News, 6 August, 2012.

사육사 예레나도 디에고의 팬이 아닌 게 분명하다. 그는 말한다. "디에고의 영역으로 들어가면 디에고가 다가옵니다. 하지만 전혀 우호적이지 않아요. 한 번은 디에고에게 물리기도 했답니다."

1975년 디에고가 미국에서 이 섬으로 보내졌을 당시 디에고가 속해 있는 에스파뇰라 아종은 수컷 두 마리와 암컷 두 마리밖에 남아 있지 않았다. 하지만 디에고가 수컷으로서의 매력을 당당히 보여주면서 잠시나마 거북 가문의 번창을 염려할 필요가 없게 되었다. 사람과 가까웠던 온순한 조지는 핀타 섬 아종의 운명을 어깨에 짊어진 채 결국 되돌릴 수 없는 말로를 맞이하고 말았다.

스페인어로 '갈라파고Galápago'는 민물 거북을 뜻한다. 구글 번역기가 왜 이 단어를 중국어로 '돼지'를 뜻하는 '저豬'로 번역하는지 모를 일이다. 생명을 가진 종은 모두 평등하고 돼지는 결코 거북보다 열등하지 않다. 거북을 돼지라고 부르는 것은 강하고 용맹한 수컷 거북이 번식을 위해 쏟아부은 노력을 '스타 자질이 부족하다'고 비난하는 행태와 다를 바가 없다. 종 우월주의의 연장선에 있는 작태일 뿐이다. 아마 이런 작태야말로 예부터 오늘날까지 거북이 외로운, 그리고 앞으로도 외로울 이유일 것이다.

3

적응하는 공원

Jardin d'Acclimatation Paris
파리 다클리마타시옹 공원

어쩌면 인생이란 회전목마 같은 것이 아닐까. 음악이 끝나도 우리는 아무 데도 가지 못하고 원래 자리에 서 있다. 머리만 어지러울 뿐.

파리 길거리를 천천히 걷다 보면 회전목마를 자주 보게 된다. 지하철역 바깥, 삼거리 중앙, 작은 공원에서 반짝반짝 빛을 내면서 노래를 부르는 회전목마는 싱그러운 파리에서 빼놓을 수 없는 풍경이다. 딩딩당당 하며 되풀이되는 음악 소리에서 어쩔 수 없이 유년 시절과 작별을 고해야 하는 쓸쓸함이 묻어난다. 하지만 플라스틱 말을 타고 빙빙 도는 아이들은 아직 쓸쓸함이 뭔지도 모른 채 미친 듯이 소리만 질러댄다.

아이들이 만들어낸 혼란의 틈바구니에서 작은 천사 그림이 그려진 여덟 개의 나무판이 우아한 포물선을 그리며, 회전목마를 감싼 돔이 빙글빙글 돌아간다. 그 원의 중심에서 동그랗고 탄탄한 엉덩이를 뽐내는 작은 말이 온몸 가득 희망을 싣고 푸르른 하늘을 향해 도약한다. 이 말은 알고 있어야 한다. 자신이 영원히 이곳에 있어야 한다는 것을. 어디에도 갈 수 없다는 것을. 말은 늘 승전의 욕망과 결합한다. 어린 남자아이는 본능적으로 가장 거대한 목마에 타고 싶어 한다. 안전한 대신 멋은 없는 동화 속의 마차는 여자아이나 엄마에게 줘버리고. 하지만 가장 멋진 말을 차지한다고 해도 음악이 끝나면 흑마와 백마 사이의 거리는 변함없이 1.5미터다.

놀이공원과 회전목마

　　　　　　　　온갖 최첨단 기술로 무장한 다양한 매체가 국경에 상관없이 오락거리를 제공하는 이 시대에도 회전목마는 여전히 모든 놀이공원에 붙박이처럼 서 있다. 어느 곳의 변두리일 수도, 어린이집의 한가운데일 수도 있다. 아니면 분수대를 대신하는 장식으로 서 있을 수도 있다. 사람들의 마음속에는 변두리의 야간 놀이공원이든 이류 순회 서커스단이든 회전목마가 '놀이공원'이라는 네 글자보다 더 '놀이공원'의 상징으로 남아 있다. 바닐라아이스크림의 맛과 오리지널 감자 칩의 맛처럼 말이다. 회전목마는 커피숍의 블랙커피처럼 인기 상품은 아니지만 그 장소의 분위기를 결정한다. 회전목마는 아무리 유행에 뒤처졌어도 은퇴하지 않는다.

　미국에서는 회전목마를 '메리 고 라운드^{mrry-go-round}'라고 부른다. 즐겁게 빙글빙글 돈다는 뜻이다. 대중음악이 이런 이미지를 상당히 많이 차용한다. 가령 금발에 환한 미소가 인상적인 '아바^{ABBA}'

부터 짙은 화장에 장발이 인상적인 헤비메탈 그룹 '머틀리 크루Mötley Crüe'까지 모두 '메리 고 라운드'라는 제목의 노래를 불렀다. 하지만 대부분이 글자 그대로 깊이가 없이 얕은 곡들이다. 그에 비해 회전목마를 뜻하는 다른 단어 '캐러셀carousel'은 좀 더 깊은 사연을 갖고 있다.

'캐러셀'은 '소형 전투'라는 뜻의 스페인어와 이탈리아어 단어에서 유래했다. 회전목마의 주인공은 소나 양, 돼지나 개가 아니라 말이다. 맨 처음 이 회전판 위로 진짜 말이 달렸던 까닭이다. 루이 14세는 밤이 되면 광장에서 '마술 발레'를 감상했다. 대규모 기마병들이 횃불을 들고 말에 올라 질서 정연하게 늘어선 다음 음악에 맞춰 나란히 발걸음을 내딛곤 했다. 이게 바로 회전목마의 전신이다. 그런 마술 발레가 열렸던 곳이 바로 루브르 궁 앞에 있는 '카루젤 광장'이다. 이곳은 프랑스어로 회전목마를 뜻하는 단어가 유래한 장소이기도 하다.

회전목마는 참 오묘해서 따뜻함과 슬픔이 마음속에서 동시에 움트고, 미칠 듯한 기쁨과 공포가 함께 춤추게 한다. 영화에서 회전목마가 나오는 장면은 십중팔구 슬프고 처참하게 끝나버린다. 따뜻하고 희미한 전등불 아래에서 천진난만한 아이들의 웃음소리와 말소리가 틈틈이 귓속을 파고든다. 하지만 행복한 순간은 잠시일 뿐이다. 작은 백마에 달린 장식이 음악에 따라 오르락내리락하면서 파도를 헤치며 열심히 앞으로 나아간다. 아름다웠던 추억을 불러일으키는 감동의 메커니즘이다.

영화 〈페이스 오프〉의 첫 장면에서 주인공은 회전목마를 타고 빙글빙글 돌다가(우위썬 감독의 영화이니 당연히 느린 성가가 흘러나와야겠지) 바로 그 회전목마 위에서 사랑하는 아내를 잃는다. 일본 드라마 〈가정부 미타〉의 여주인공은 매주 휴일마다 혼자 놀이공원에 가서 패스트푸드를 3인분 시켜놓고 온종일 앉아 있다. 영화 〈플레이스 비욘드 더 파인즈〉에서는 라이언 고슬링Ryan Gosling이 고독한 (하지만 멋진) 뒷모습을 보여주며 온통 아이들 세상인 범퍼카와 대관람차, 회전목마를 지나 목숨을 담보로 도박을 벌이는 모터 사이클장에 들어선다. 스턴트의 신에게 내일은 없는 법. 회전목마는 공포 영화에서도 자주 이용된다. 1951년 앨프리드 히치콕은 영화 〈열차 안의 낯선 자들〉에서 지금까지 누구도 넘볼 수 없는 명장면을 만들어냈다. 회전목마가 속도를 잃자 극의 분위기도 원심력을 따라 상승하면서 파멸의 끝자락을 향한다. 정신없이 지나가는 회전목마의 회전대 위에서 두 남자 주인공이 격투를 벌이다. 그런데도 회전목마를 타고 있는 어린아이는 무서워하기는커녕 오히려 신나서 어쩔 줄을 모른다. 옆에서 그 모습을 본 아이의 어머니는 비명을 지르며 무너진다. 용감한 직원이 위험을 무릅쓰고 정신없이 돌아가는 회전대 아래까지 기어가서 수동으로 목마를 정지시키는데도 양복을 입은 신사들은 그 옆에서 쓸데없는 흰소리나 내뱉을 뿐이다.

적응하는 공원

사실 파리 다클리마타시옹 공원
도 꽤 코미디 같은 장소다.

불로뉴 숲 동북쪽에 자리한 이 동물공원은 부유한 파리 16구와
이웃하고 있다. 전체 면적은 20헥타르(약 1만 제곱미터)로, 타이완
의 다안삼림공원大安森林公園보다 조금 더 크다.▪ 동물이 있는 어린이
놀이공원 또는 다양한 놀이기구가 배치된 동물공원 정도로 볼 수
있다.

'자르당 다클리마타시옹Jardin d'Acclimatation'은 직역하면 '적응하는
공원'이라는 뜻이다. 153년의 역사 동안 여러 차례 변경되기는 했
지만, 어쨌거나 적응이라는 단어가 이 공원의 정식 명칭에서 사라
진 적은 단 한 번도 없었다. 그런데 적응이란 뭘까? 진화가 몇 대에
걸친 다수 개체의 선택이라면, 적응은 단일 동물이나 식물이 '자신
의 수명 내'에 서식지의 기후와 자연조건에 맞게 자신을 조정해나
가는 것, 쉽게 말하면 '사는 곳의 풍토에 익숙'해지는 것이다.

나폴레옹 시대에 세워진 '적응하는 공원'은 설립 초기에는 확실
히 연구 목적이 강한 동물원이었다. 그러나 설립 그다음 해에 원
장이 세상을 떠나는 뜻밖의 불상사가 발생했다. 뒤를 이어 프로이
센-프랑스 전쟁이 발발하면서 파리는 1870년부터 1871년까지 프
로이센 군대에 포위당했다. 파리 시내의 식량 문제가 심각해지면

▪   서울 여의도공원이 파리동물공원보다 조금 크므로(22.9헥타르), 파리동물공원의 면
적을 가늠해볼 수 있다.

서 곳곳에서 기근이 발생하자 파리 시민들은 시궁쥐까지 잡아먹었다. 당시 왕실 소유의 수많은 동물원 측은 동물이 당연히 '나라를 위해 희생해야 한다'고 생각했다. 이때 칼을 들고 나타난 유명 셰프가 바로 알렉상드르 에티엔 쇼롱Alexandre Étienne Choron이고 그의 손에서 나온 전설적인 프랑스 소스가 바로 '쇼롱'이다.

프로이센-프랑스 전쟁이 끝난 뒤, 역시나 코미디 같은 제3공화정 시대가 열리게 된다. 해외 식민지가 패전에 충격을 받은 프랑스인들의 자신감을 회복시켜주기라도 했는지, '적응하는 공원'은 다시 시대와 환경의 변화에 적응하면서 '인간 동물원'으로 변모했다. 이곳에 '전시'된 아프리카 누비아Nubia, 부시먼Bushmen 그리고 아마줄루AmaZulu 등의 소수민족들은 이민족에 대한 파리 시민들의 넘쳐나는 호기심을 만족시켜주었다. 이곳은 이런 역사로 인해 악질적인 인종 차별 공원이라는 악명을 얻게 되었는데, 이게 겨우 20세기 초의 일이었다. 프랑스 역사학자들에 따르면, 대공황이 유럽을 휩쓸기 직전인 1929년은 유럽인들이 번영을 누린 마지막 해였다. 그리고 바로 이해에 파리 시정부 소유였던 모든 공원 녹지가 파리 16구 관할로 이전되었다.

1950년대에 이르자 사람들의 보편적인 의식 수준이 올라갔고 공공 휴식 공간에 대한 수요도 점점 증가했다. 이에 따라 '적응하는 공원'에서는 또다시 수리와 개축이 이어졌다. 여기에는 산책로를 늘리고 놀이기구를 줄이는 안도 포함되었다. 이 과정에서 몇몇 사슴들이 '사라지게' 되었다. 도대체 사슴들이 어떻게 사라진 것인지는 명확하지 않지만 이곳에서 일어났던 역사적 사건에 비추어보면 십중팔구는 비관적인 상황이 아니었을까 싶다. 1960년대에서 20세기 말에 이르는 시기는 당대 건축의 각축전이 벌어진 시대로, 이는 '적응하는 공원'도 예외가 아니었다. 동물원에 남아 있던 소수의 온순한 동물들은 사방에 들어서는 고층 건물들을 조용히 바라보았다. 그렇게 시시각각 하늘을 덮기 시작한 건축물들은 모두 거장들이 설계한 작품들이었다. 이런 식으로 이 동물공원은 20세기의 마지막 40여 년 동안 현대화와 소비주의에 차차 적응해가며 오늘날의 모습을 갖추게 되었다.

2012년 초여름 이 동물공원의 모습은 이랬다. 원내에는 같은 수의 가짜 동물과 진짜 동물이 존재하고, 시멘트 면적이 녹지 면적을 압도하며, 삼바 몇 마리는 철조망을 두른 가짜 산속에 살고 있다. 어린이들이 동물을 만져볼 수 있도록 개방된 구역은 아이와 동물의 비율이 10대 1이다. 보드랍고 가느다란 머리카락에 온순한 표정을 지은 채 행복한 유년 시절을 보내는 아이들은 다행히도 동물만큼이나 사랑스럽다. 이렇게 귀여운 아이들이 너무나도 간절한 눈빛으로, 말이나 낙타에 올라타고 싶다고 하면 어떻게 거절해야 한단 말인가? "지금은 동물의 권익이 역사상 유례가 없을 정도로 높은 시대야. 유럽에 있는 대부분의 동물원은 이미 동물을 타거나 동물에게 먹이를 주거나 동물 쇼를 공연하는 등의 '자연스럽지 않은' 관람 프로그램을 폐지했단다"라고 말할까? 걱정할 필요 없다. 여기서는 마음껏 유년 시절의 추억을 되새겨볼 수 있으니.

입장료 3.5유로(약 4600원)를 내고 2.9유로(약 3800원)짜리 놀이

파리 다클리마타시옹 공원에 들어선 놀이기구.

© Marc Lagnea

시설 1회 이용권만 사면 된다. 놀이 시설 이용권 15장이 들어 있는 자유이용권도 35유로(약 4만 6200원)밖에 되지 않으니, 이걸 사면 8.5유로(약 1만 1200원)를 절약하는 셈이다. 표 한 장으로 즐길 수 있는 것이 아주 많다. 낙타를 타고 화원을 거닐 수도 있고, 나귀나 말을 타고 동물공원을 돌아볼 수도 있으며, 알록달록하고 기괴한 모양의 회전식 중국 용을 타볼 수도 있다. 그것도 아니면 엄마와 함께 빙글빙글 돌아가는 커피 잔에 앉아 신나게 비명을 지를 수도 있고. 가정에 대한 의무를 다하기 위해 이곳을 찾은 아빠라면 이곳 매점에서 맥주를 판다는 사실 정도는 슬쩍 알려드리겠다. 이외에도 동물공원 안에는 양궁장, 거울의 방, 미니 열차, 인형극장, 과학관, 미술관, 한국식 정원(한국과 프랑스의 우의를 다지기 위한 곳이다)도 있다.

이곳에서는 다양한 유료 워크숍이 열리기도 한다. 어른과 아동을 위한 워크숍이 모두 열리지만 특히 눈길을 끄는 것은 아동을 위한 워크숍 커리큘럼이다. 요리, 원예, 연극, 미술, 서예, 색채 실험, 향수, '메이크 업 포에버Make Up Forever(화장 워크숍)'까지 다양한 커리큘럼을 보고 있노라면 루이 14세 시대 궁정 여인들의 살롱에라도 와 있는 듯한 착각이 들었다. 아들딸을 미남미녀로 변신시키느라 바쁜 사람들 틈에서.

이렇게 과거를 그리워하는 분위기 속에 있다 보면 지난 50년간 여성주의와 동물복지가 이룬 모든 진보를 지워버리며, 원시적인 본능이 무한 분출되었던 1960년대로 돌아간 기분이 든다. 드라마 〈매드 맨〉의 돈 드레이퍼Don Draper가 코닥 광고주들 앞에서 프레젠

테이션을 하면서 당시로서는 획기적이었던 세계 최초의 슬라이드 영사기를 탁자 위에 올려놓았던 1960년대 말이다. 1962년 출시된 세계 최초의 슬라이드 영사기의 이름이 바로 '캐러셀', 즉 '회전목마'였다.■

인생의 어떤 순간

　　　　　　　　노스탤지어^{nostalgia}는 그리스어로 '과거의 상처가 남긴 고통'이라는 뜻이다. 그래서 노스탤지어는 기억보다 강렬하게 마음속 깊은 곳에 자리한 찌를 듯한 고통이다.

슬라이드 영사기는 우주선이 아닌 타임머신이다.

영사기는 우리를 과거로 돌려보내기도 하고, 또 미래로 데려가기도 한다. 생각만 해도 가슴 아픈 바로 그 순간으로 당신을 데려간다. 그래서 그냥 돌아가는 릴^{reel}이 아니라 캐러셀, 즉 '회전목마'인 것이다. 영사기는 우리를 어린아이처럼 돌리고 또 돌려서 어린

■ 〈매드 맨〉은 1960년대 뉴욕의 광고회사를 중심으로 당시 직장 내의 권력 싸움과 광고인들의 사투를 담았다. 1960년대 미국 사회를 사실적으로 그려냄으로써 1960년대 패션과 문화에 대한 폭발적인 관심을 불러일으키며 새로운 복고 붐을 불러왔다는 평을 받는다. 여기 언급된 장면의 배경은 이렇다. 당시 모든 최첨단 기술이 집약된 슬라이드 영사기 출시를 앞두고 있던 코닥은 이 제품을 가장 혁신적이고 미래지향적인 제품으로 이미지화한 광고 콘셉트를 원한다. 하지만 이 프로젝트를 맡은 돈 드레이퍼는 반대로 사진이라는 제품이 가진 '노스탤지어'를 통해 제품과 사용자 사이에 깊은 감정적 유대를 만든다는 방향으로 콘셉트를 잡고는 절대 되돌아갈 수 없는 인생의 행복했던 시절로 데려다준다는 의미로 이 프로젝트 영사기에 '캐러셀', 즉 '회전목마'라는 이름을 붙인다. 돈 드레이퍼는 이 프레젠테이션을 위해 테이블에 영사기를 올려놓고 자신의 가족사진을 넣어 돌리기 시작한다. 그와 가족들의 행복했던 한때가 담긴 사진들이 영사기 속에서 돌아가는 가운데 돈의 순탄치 못한 개인사가 맞물리면서 극적인 효과가 배가된다.

시절의 옛집으로, 우리가 사랑받았던 그곳으로 데려다준다.

　인간은 늘 기억을, 지나간 순간을 미화한다. 영사기라는 신기한 기계 위에는 검은색 원형 판이 있고 앞에는 열기를 내뿜으며 빛을 발하는 영사기 램프가 보인다. 찰칵, 당신은 그녀와 함께 갔던 놀이공원으로 돌아간다. 다시 찰칵, 당신은 터지는 폭죽 아래에서 그녀와 첫 키스를 나누던 여름날로 돌아간다. 그리고 다시 찰칵, 당신과 그녀는 끝도 없이 막힌 크리스마스의 도로 위에서 첫눈을 맞이한다. 또 한 번의 찰칵, 당신과 그녀가 교회에서 걸어 나온다. 교회 계단 위로 끌려 올라가는 그녀의 면사포가 햇살보다 눈부시다. 다시 찰칵, 아들이 태어났다. 또다시 찰칵, 아들이 동물원에서 코끼리를 보고 흥분 어린 비명을 지른다. 찰칵, 아들이 태어나서 처음으로 바다를 본다. 바다를 향해 미친 듯이 내달리는 아들을 어떻게든 막아서야 한다. 찰칵, 뒤 한 번 돌아보지 않고 초등학교로 향하는 아들의 뒷모습. 찰칵, 아이의 학예회 시간에 늦은 당신. 찰칵, 아이의 중학교 졸업식에도 가지 못한 당신. 찰칵, 집을 떠나는 아이를 위해 열었던 바비큐 파티도 놓쳐버린 당신…… 주변으로 퍼져나가는 희미한 영사기 빛 속에서 콧날이 시큰해지는 슬픔이 갑자기 찾아오고 누군가는 조용히 눈물을 흘린다. 무엇 하나 신기할 것도 없는 평범한 정지 화면들 속의 색감은 밝고 화려하고, 화면 입자는 거칠고 크다. 그런 사진들 속에는 유난히 흐릿한 사진이 몇 장 들어 있게 마련이다. 사진을 찍을 당시 너무 크게 웃고 떠드느라 초점이 흔들린 것이다. 사진은 비록 흐릿하지만 거기 담긴 기억은 너무나 또렷하다. 이제 곧 사라질 그 풍경들, 그러니까 집에서 열었던 생일파티, 동물원, 놀이공원, 늦여름의 해변, 정원의 플라스틱 풀장은 언제나 뒤늦은 후회의 '플래시백flashback' 속을 나란히 거닐고 있다.

플래시백을 우리 식으로 말하면 기억의 '주마등走馬燈'이다. 말을 통해 인생의 어느 순간을 되돌리려는 것은 동서양의 공통점인 모양이다. 그러다 결국 인생의 마지막 날이 되면 사람들은 모두 똑같은 것을 떠올리겠지. 바로 사랑하는 사람.

우리가 '회전목마' 위에 인생의 주마등을 틀어놓으려면 그 검은색 원형 판에 35밀리미터짜리 슬라이드를 140개 넣어야 한다. 140개에 달하는 인생의 편린 가운데 한두 개는 분명 동물원이나 회전목마와 관련된 기억이겠지. 유년 시절과 작별을 고하는 고통이야말로 가장 보편적인 상실감이지만 사랑에 대한 갈망은 계속 이어질 것이다. 회전목마의 끝까지.

이 세상에서 사람을 고통스럽게 하는 것도 결국 사랑뿐이리라.

'적응하는 공원'을 방문하고 일 년쯤 지난 뒤에야 서툰 프랑스어로 어느 불가사의한 문서를 읽다가 이곳의 소유자가 원래 루이비통-모엣 헤네시Louis Vuitton-Moët Hennessy라는 중요한 사실을 알게 되었다. 세계 최대의 명품 기업이자 핸드백의 제왕인 루이비통의 모회사 말이다. 루이비통 휘하의 재단과 세계 최고의 건축가 프랭크 게리Frank Gehry가 함께 손잡고 '적응하는 공원'에 세계 최고의 미래지향적인 건축물을 세우고 있다. 2014년 개관 예정이란다.

종종 이 동식물공원에 '적응하는 공원'이라는 이름이 붙여졌을 때를 생각해본다. 그 뒤 100여 년 동안 계속될 이 공원의 어정쩡

하고 모호한 위치가, 끊임없이 이리저리 치이고 뒤흔들릴 운명이 이미 그때 결정되었는지도 모른다. 지금도 뭔가 거칠면서도 진실한 미감美感으로 이 공원은 계속 적응해나가고 있다. 그렇게 적응하며 존재하고 있다.

파리에서 가장 사나운 개

만약 파리가 사람이라면 분명 여인일 것이다.

어느 정도 나이가 있지만 전혀 늙어 보이지 않기에 젊음이 부럽지도 않고 영원히 늘씬한 몸매를 유지하는 그런 여인. 모두가 입을 모아 말랐다고 말하는데도 그 정도는 되어야 딱 좋은 거라고 여기는 여인. 어떤 때는 하이힐을 신고 잠들 것이고 평상시에도 고개를 쳐들고 사람을 내려다보겠지. 검은자보다 흰자가 더 많이 보이게 눈을 치켜뜨고 어깨를 으쓱이는 건 그녀에게 일상적인 체조나 마찬가지다. 이렇게 같이 지내기 어려운 여자라니! 하지만 이와 동시에 이 여인은 역사상 가장 성공한 패션 리더이기도 하다. 그녀는 현실을 무시하는 재주가 있고 많은 사람의 요구를 묵살하는 데 능하다. 오직 자기 자신의 내면에만 귀를 기울이고 허영과 미에 대한 탐닉을 극단적으로 밀어붙인다. 그래서 오늘날 모든 사람이 파리가 아름답다고 믿는다. 심지어 파리에 가보지 않은 사람도 '파리는 곧 낭만'이라는 생각이 머릿속에 주입되어 있다. 조명 기둥을 따라 빙글빙글 도는 영화 속의 '부유한 백인 미녀들', 길거리에서 키스를 나누는 가난한 남녀들, 빛과 그림자 사이에 놓인 커피와 책들, 모델 뺨치는 몸매에 최신 유행 패션을 자랑하는 사진 속 행인들, 오만함이 하늘을 찌르는 예술 전공 학생들, 미슐랭의 별 세 개와 샴페인, 마카롱, 헤밍웨이와 카뮈, 피카소와 샤넬, 강 왼쪽 기슭에서의 산책……. 이런 아름답지만 전형적인 이미지들이 하나같이 파리 여행객을 실망시킬 준비를 하고 있는 것만 같다.

파리 사람들은 파리의 공인된 단점도 대범하게 인정한다. 심지어 자랑스러워하기도 한다. 세상에서 자기들이 가장 잘난 그들에게 파리 이외의 프랑스는 시골이고, 파리 이외의 전 세계가 이류 도시에 불과하다. 같은 파리 시민들 사이에서도 서로가 서로를 거슬려 하는 일이 다반사다. 파리에 네가 먼저 왔는지, 아니면 내가 먼저 왔는지 입 밖에 내지는 않더라도 서로 곁눈질해가며 끊임없이 싫어하는 티를 낸다. 파리에서 나고 자란 토종 파리지엥 사이에서도 서로서로 인정하지 않는 경우가 흔하다. 상대방이 이민자라는 둥, 영원히 '진짜' 파리지엥이 될 수 없을 거라는 둥.

1999년 인구 조사에 따르면 170만 명이 잠재적인 무슬림(이슬람 국가에서 이주했거나 부모 중 한 사람이 이슬람 국가 출신인 사람)이라고 한다. 만약 모로코 출신의 무슬림이 파리에 정착해 20년을 살면서 아이도 둘이나 낳고 지금은 그중 막내가 고등학생이라면 대부분이 억지로 동의하기는 한다. 그 사람들은 파리지엥이라고. 하지만 많은 사람이 강조할 것이다. '그렇지만 진짜 파리지엥은 아니라'고. 피부가 아주 하얗지 않고, 멋진 옷을 걸치지 않았으며, 담배 피우는 자세가 우아하지 않고, 센 강 좌안에서 책을 읽지 않는 사람은 파리지엥이라 불릴 자격이 없다는 법률 규정이 있는 것은 아니다. 하지만 파리나 문화 같은 단어들이 등장하는 축제 포스터들에 나오는 사람은 죄다 날씬하고 지적인 백인 여성(예산이 허락한다면 분명 소피 마르소를 섭외하겠지)이다.

미국 제일의 대도시 뉴욕은 어떤 사람을 원주민으로 인정하느냐는 문제에 대해 상당히 대범한 태도를 보인다. 설사 며칠 전에 뉴욕에 온 사람이라도 스스로가 뉴욕 사람처럼 살고 있다고 생각하면 뉴요커다. 그러면 어떤 사람이 좀 대범하지 못하냐고? 뉴욕에서 나고 자란 사람들이 좀 그렇다. 하지만 그렇게 심각하게 받아들일 것은 없다. 어쨌거나 당신은 뉴욕에 살고 있으니까(기운 내시길).

유럽 제일의 대도시 파리는 뉴욕처럼 많은 외부인을 받아들였다. 1차 대전이 끝난 직후에는 독일, 러시아, 동유럽의 난민들이, 2차 대전 당시에는 도망친 유대인들이 대거 몰려들었다. 2차 대전이 끝난 뒤에는 유럽 각지의 가난뱅이, 부랑자, 기회주의자, 오갈 데 없는 사람들이 대거 유입되었다. 그들은 주로 포르투갈, 폴란드, 모로코, 튀니지, 터키 출신이었다. 21세기가 코앞에 다가왔을 무렵 파리를 찾아온 이주민들은 대부분 아프리카와 프랑스령 카리브 지역 출신이었다. 그들은 모국어가 프랑스어이기는 하지만 부드럽고 달콤한 억양이 아닌, 좀 딱딱하고 억센 아프리카식 프랑스어를 구사한다. 말할 때 침도 살짝 튄다. 억양은 고칠 수 있어도 '하얗지 않은' 피부색을 가진 이들은 언제나 '이민자'라는 꼬리표를 달고 살아야 한다. 정치인들은 '이민자'라는 단어에 비하의 의미가 담겨 있지 않다고 강조하지만 요즘 같은 시대에 누군가 무대에서 내뱉는 '이민자'라는 단어에는 늘 '잡초, 암적인 존재, 불량배'라는 의미가 숨어 있다. 그런데 이 '불량배들'이 파리의 변두리에서 팔팔하게 살아 숨 쉬는, 놀랍도록 아름다운 문화 현상을 창조해냈으니, 바로 '프렌치 힙합'이다!

유럽 문화가 엘리트들이 피워낸 꽃이라면 미국 문화는 들불도다 태워버리지 못한 거리의 잡초다. 위대한 미국 문화는 모두 밑바닥에서 나왔다. 재즈와 록의 모태인 블루스는 남부 흑인들의 피눈물이 스며든 목화밭에서 탄생했고 힙합은 1970년대 뉴욕 남부 브롱크스 길거리에서 시작되었다. 집이 너무 좁아 밖으로 나온 흑인 소년들은 휴대용 카세트라디오를 어깨에 짊어지고 길거리에 누군가 세워둔 캐딜락 위에 앉아 블록 파티bloc party를 열었다. 디제잉, 길거리 댄스, 그라피티는 가난한 청년들의 왕성한 에너지를 담아냈고 더불어 도시 한구석의 삶이 맨얼굴을 드러냈다. 그 뒤 30년 만에 힙합은 금지곡에서 나이트클럽의 지정곡으로 변신했고 밑바닥에서 벌이던 항쟁은 부를 과시하는 '블링블링한bling bling' 삶으로 바뀌었다. 어마어마한 상업적 성공을 거둔 몇몇 힙합 곡들은 세계 각지에서 인종과 관계없이 젊은이들로부터 사랑받게 되었고, 힙합 안에서도 다양한 계파가 생겨났다. 그중 갱들의 폭력적인 일상을 주로 묘사하는 게 바로 갱스터 랩gangsta rap이다.

(한때) 록이 일종의 삶의 방식이었듯, 힙합 역시 일종의 삶의 방식이다. 갱스터 래퍼들은 툭하면 감옥에 가고 총에 맞는다. 목숨이 붙어 있는 동안 이 암흑의 역사는 금배지가 되어준다. 뉴욕 갱스터 랩의 빅 스타인 50센트는 몸에 아홉 번이나 총알이 박혔다.

그중 한 알이 아예 얼굴을 뚫어버리는 바람에 사랑니를 잃고 혀가 부어오르는 등 죽다 살아났다. 그 뒤 에미넴^{Eminem}이 제작자로 나선 50센트의 앨범 〈겟 리치 오어 다이 트라인〉은 세계적으로 1000만 장 이상의 판매고를 올렸다. 얼굴을 뚫고 나간 총알이 영구적인 후유증을 남기면서 말을 하거나 노래를 부를 때마다 이 사이로 바람이 새고 발음이 어눌해졌지만 오히려 이게 50센트의 트레이드마크가 되어버렸다.

힙합을 제외한 어떤 장르의 음악도 자기 자신을 악랄한 개에 즐겨 비유하지 않는다. 하지만 갱스터 래퍼들은 다들 미친 개가 되려고 난리다. 갱으로 살다 보면 개와 가까워지게 마련이다. 그 바닥을 누비려면 사나운 개 한 마리 정도는 옆에 끼고 다녀야 한다. 물건을 날라주고, 빚도 받아주고, 위험에서 지켜주고, 친구도 되어준다. 믿을 만한 데다 말이 새어나갈 염려도 없으니 모든 것을 갖춘 환상적인 동반자라고나 할까. 갱들은 핏불, 카네 코르소, 로트와일러, 불마스티프, 프레사 카나리오 등 다섯 종의 개를 가장 좋아한다. 이렇게 공격성이 강한 대형 견들은 일단 한 번 물면 물러서지 않는다. 사냥한 먹이를 다 먹어치우고 입까지 깔끔하게 닦아낸 뒤에야 손을 놓는다. 충성심 강한 사나운 개를 끌고 길거리로 나서면 지나가던 사람들이 겁을 집어먹고 길을 돌아갈 정도니, 정말 폼 하나는 기가 막히게 난다. 물론 거리의 우두머리가 되려면, 다른 사람들이 경외심을 갖게 하려면 개 한 마리로는 어림도 없다. 사람 자체가 사나운 개 같아야 한다. 누구든 의심스러우면 날카로운 이를 드러내며 침을 흘려야 하는 것이다. 당신은 자기 목숨도 눈 한 번 깜빡이지 않고 내팽개치는 늑대 같은 인간이라는 것을, 한 번 물면 죽을 때까지 놓지 않는 작자라는 것을 사람들이 한눈에 알아채게 해야 한다.

어쨌거나 길거리에서 살려면 거칠어야 하고 거칠어지기 위한 첫걸음은 바로 그에 걸맞은 별명을 갖는 것이다. 주류든 언더그라운드든 힙합 가수들 사이에는 별명을 쓰는 길거리 전통이 이어지고 있다. 별명이야말로 그 가수의 정체성을 드러내는 상징으로, '빅 숀Big Seon', '빅 보이Big Boi'처럼 '빅'이 들어간 별명이 제일 많고, '50센트', '에이셉 라키A$AP Rocky' 등 돈과 관련된 별명들이 그 뒤를 이으며, '스눕 독Snoop Dog', '바우와우Bow Wow', '팀 독Tim Dog' 등 스스로 개를 자처하는 별명도 적지 않다. 물론 타이완의 힙합 가수 '엠시 핫도그MC Hotdog'도 잊어서는 안 되겠지.

미국에서 나오긴 했지만 프랑스에도 당연히 갱스터 랩이 있다. 드넓은 파리의 변두리 지역에서 걷잡을 수 없이 퍼져나가는 중이다. 매일 마약 거래가 이루어지고 폭동에다 경찰을 습격하는 사건까지 빈번히 일어나는 변두리 지역들이 프렌치 래퍼들을 키워내는 온상이 되어준다. 전 세계 갱들의 관심사는 엇비슷하다. 돈, 총기, 섹스, 마약, 경찰, 죽고 죽이는 전쟁, 지위 약탈, 영역 강탈 등등. 프렌치 힙합이 음악적으로 창의적인 면모를 보여주었다고 하기는 어렵다. 대부분 미국의 갱스터 랩을 그대로 복제하는 수준이지만 이를 부끄러워하는 기색도 없다. 가끔 샹송과 아랍 민요, 아프리카나 카리브 지역의 토속 음악 등 독특한 요소를 결합한 곡들이 있기는 하지만 대부분은 거기서 거기다. 다만 문제는 가사다.

아주 기이한 현상이 하나 있다. 프랑스를 제외한 유럽에서는 본토 힙합을 발전시킨 나라가 하나도 없다는 사실이다. 아마 시에 곡을 붙이는 것을 중시하는 프랑스인들의 문화와 관련이 있을 수도 있고, 방송국에서 내보내는 노래 중 40퍼센트 이상은 반드시 프랑스어 노래여야 한다는 법 규정과 관련이 있을 수도 있다. 물론 프렌치 힙합에는 정통 프랑스어뿐 아니라 아랍어와 다양한 아프리카 방언이 혼합되어 있고 심지어 프랑스 사람들도 못 알아듣는 속어와 은어도 사용된다. 프렌치 힙합은 수많은 사회적 차이, 문화적 장벽, 이주민과 다문화, 경찰과 민간인의 충돌, 탈식민주의 등을 담아낸다. 단 한 번도 샹들리에 아래 빛나는 무대에 올라본 적이 없는 노래들이지만 주류 문화의 의도적인 경멸이 프렌치 힙합의 비주류성과 원시적 질감을 유지해주는 것인지도 모른다. 그래서 프렌치 갱스터 랩은 갱스터 랩의 발원지인 미국에 비해 노골적인 피비린내를 풍기고 수식어가 훨씬 적으면서도 훨씬 폭력적인 서사 스타일을 보인다.

갱스터 랩의 주제는 대동소이하다. 하지만 힙합 문화는 이런 대동소이함 속에서 누구도 알지 못했던 파리 소년들의 지하 조직을 보여준다. 〈바이스〉지의 특파원이 용감하게도 파리 변두리에서 가장 어두운 뒷골목으로 들어가 '파리에서 가장 거친 래퍼들을 만나다'라는 제목으로 취재한 적이 있다.

주차된 차는 누군가에 의해 반드시 박살 나버리는, 가로등 하나 없는 거리. 지나가는 사람도 없고 주민들은 문을 굳게 닫아건 그 길거리에는 두서너 명씩 패거리를 지은 젊은이들이 길모퉁이를 지키고 있다. 외부인이 들어오면 다들 다가와 마약을 살 것인지 묻는다. 촬영 카메라가 보이면 전구를 내던지고 욕을 해대면서 침으로, 온몸의 근육으로 당신을 위협한다. 이곳의 하루하루는 무채색이다. 뱅상 카셀Vincent Cassel의 초기 작품인 〈증오〉처럼 온통 흔들리는 흑백 화면이 가득하다. 이 흑백 화면은 울퉁불퉁 튀어나온 자갈길 아래로, 습하고 어두운 창고 입구로, 황폐한 나이트클럽으로, 수도도 전기도 들어오지 않는 수많은 작은 방들로 이어진다. 그냥 평범한 중학생들로 보이는 아이들이 낡은 소파에 앉아 시간을 때우고, 더러운 침대 매트리스 위에는 패스트푸드 포장지들이 너저분하게 흩어져 있으며, 울퉁불퉁한 바닥에는 부패한 비둘기 사체가 눌어붙어 있다. 소년들은 이 비밀 아지트에서 보이지 않는 청춘의 미래가 주는 갑갑함을 풀고 세 명이 한 조가 되어 힙합 노래를 만든다. 이러고 있으면 자신들이 정말 '쿨'해 보이고, 여자아이들도 좋아한단다. 하지만 이 비밀 아지트는 금녀의 구역. 〈바이스〉의 여성 특파원이 소수의 예외였을 뿐이다. 말과 노래를 뒤섞어 떠들어대는 소년들은 꽤 어리숙해 보이지만 가사 속의 글자 하나하나가 신선한 탄환처럼 소년들의 여리디여린 입술 사이에서 터져 나와 흙벽과 진창 위로 떨어져 내린다. 소년들의 등 뒤로 희미한 불빛이 들어오는 어둡고 습한 터널은 '삼총사'가 철가면을 몰래 탈옥시키던 지하 수로를 연상시킨다.●

● 알렉상드르 뒤마 페르Alexandre Dumas Père의 소설 《삼총사》에서 삼총사가 철가면을 쓰고 감옥에 갇혀 있던 루이 13세의 쌍둥이 형 필리프를 탈출시키는 장면을 일컫는다.

언제나 가장 비싸고 우아한 외투를 두르고 있는 도시가 파리이지만 전 세계에서 가장 강하고 용맹했던 군중을 낳은 곳도, 가장 격렬했던 혁명이 일어난 곳도 파리라는 사실을 지워버릴 수는 없다. 1789년 프랑스 대혁명 당시 시민들은 바스티유 감옥을 함락시켰다. 1848년 프랑스 시민들은 시 정부를 포위했고, 국민병은 노동자와 학생들 편에서 정부에 총부리를 겨누었으며, 결국 샤를 루이 나폴레옹 보나파르트^{Charles Louis Napoléon Bonaparte}(나폴레옹 3세)를 대통령으로 천거했다. 1968년 5월 학생운동이 일어나자 전국 노동자들의 파업이 이어지고 사회 경제가 마비 상태로 치달으면서 샤를 드골^{Charles de Gaulle}의 독재가 종언을 고하는 데 간접적인 영향을 끼쳤다. 갇혀 있던 거친 개들이 온순해지는 기적 따위는 절대 일어나지 않는다. 그들은 점점 미친 듯이 발광하면서 언제든 자신들을 가둔 철창을 탈출해 모든 것을 뒤엎을 순간을 기다릴 뿐이다.

모코비^{Mokobé}처럼 주류 시장에서 성공을 거둔 뒤 정장을 입고 오페라하우스에서 인기 절정의 여배우들과 함께 공연하는 프랑스 래퍼들도 있다. 아니면 족시아처럼 파리 변두리에서 부상한 래퍼도 있다. 그는 늘 형제들과 함께하며 거리의 시인을 자처하다가 파리 도시재생계획예술촌인 르 상카트르^{Le Centquatre}의 입주 작가가 되었다. 이들은 점점 더 '진짜 파리지앵'이 되어가는 것처럼 보인다. 이와 동시에 젊은 갱스터 래퍼들도 부상하고 있다.

서른 살이 된 래퍼 타이판이 쓴 '개'의 가사는 인터넷 시대 다문화의 특징을 보여준다. 동양의 12간지를 인용하고, 러시아와 일본의 핵발전소를 언급한다. 반핵을 외치면서도 거칠게 굴고, 갱으로서의 냉혹한 삶을 드러내는 동시에 인간에 대한 따뜻한 관심을 전한다. 이제 이런 래퍼를 지지하는 이들은 갱들이나 주변인들만이 아니다. 그들 말고도 도시의 절망한 청소년들이 있다. 어마어마한 수의 청소년들이 작은 방에서 이어폰을 끼고는 그들을 구원할 컴퓨터 스크린을 응시하고 있다.

요즘 파리 시가지를 걸어 다니다 보면 영업 중인 가게를 대놓고 뒤덮어버린 대형 그라피티가 쉽게 눈에 띈다. 파리의 어두운 힘은 이미 눈앞까지 당도했다. 그 원시적이고 적나라한 힘을 직시할 엄두를 내지 못한 사람들은 전 프랑스 대통령의 부인 카를라 브루니의 가늘고 보드라운 속삭임 속으로 뛰어든다. 그래야 깊은 밤, 편안히 잠들 수 있을 테니. 하지만 울랄라^{oh là là}! 사실 그녀도 '이민자'인 걸, 이탈리아인이잖아.

투우사의 붉은 피

　　　　　　　1936년 스페인 내전이 한창이던 8월의 어느 날, 시인 페데리코 가르시아 로르카는 고향 그라나다의 하늘을 바라보았다. 투명에 가까운 맑은 에메랄드빛 하늘을. 그는 길 위에, 총살장으로 가는 길 위에 있었다. 두 다리를 움직일 필요도 없었다. 누군가 그의 몸을 끌고 가고 있었다. 발꿈치가 산비탈의 석판 위에 문대졌고 산꼭대기 작은 집의 하얀 벽에 반사된 햇빛은 한층 더 밝아졌다. 이 안달루시아의 찬란한 아름다움은 영원히 그의 가슴 깊은 곳에 머무를 터였다.

> 뿔이 다가오는 걸 보고도
> 그는 눈을 감지 않았다.
> 그러나 무서운 어머니들이
> 머리를 쳐들었다.
> 그리고 목장을 가로질러
> 수많은 목소리들이 솟아올랐다.
> 하늘의 투우들에게 소리치며
> 창백한 안개의 목동들한테 소리치며
> ―〈이그나시오 산체스 메히아스의 죽음을 애도하는 노래〉 중에서

파시스트 정권에 의해 총살당할 무렵 로르카는 겨우 38세였다. 생전에 출간한 책은 네 권뿐이었고 위에 인용한 시가 그의 마지막 작품 중 한 편이다.

'피의 스포츠'는 인류 문명만큼이나 유구한 역사를 지나왔다.

중세 유럽에서는 고아한 신사들이 우승컵을 쟁탈하기 위해 숲에서 여우를 잡으러 다녔다. 이렇게 잡은 여우를 키우다가 사냥날이 되어서야 풀어주고 다시 사냥했다. 이 사냥터는 중세 버전의 골프장이었다. 귀족과 관리들이 말 위에서 국가 대사를 '상의'하는 동안 건강한 부하들과 사냥개가 여우를 잡았다. 그들은 잡아온 여우나 토끼를 그물에 담고는 이렇게 말했다. "축하드립니다. 경하드립니다. 보십쇼. 참으로 보기 좋게 살이 올랐습니다!" 승리의 영광은 당연히 귀족에게로 돌아갔지만 귀족들은 손끝 하나 더럽히지 않았다.

풍요롭고 평화롭던 1960년대의 미국 서안. 베이비붐 세대 사이에서 '문어 레슬링Octopus Wrestling'이 유행했다. 혼자 또는 조별로 대회에 참가해 대형 문어를 얕은 물에서 육지까지 질질 끌고 가는 게임이었다. 이렇게 잡아온 문어의 무게를 달아 가장 무거운 문어를 잡은 사람이 승리를 거머쥐었다. 문어 레슬링은 TV를 통해 중계되면서 매년 열리는 성대한 축제로 자리매김하게 되었다. 이 대회에서 잡힌 문어는 사람들이 먹거나 수족관에 보내거나 바다로 되돌려 보냈다. 똑같은 고기잡이 경기라도 조상들을 모시기 위한

■ 페데리코 가르시아 로르카, 정현종 옮김, 《강의 백일몽》, 민음사, 2003, 101~102쪽.

고기잡이는 이런 피의 스포츠 명단에 이름이 오르지 않는다. 타이완의 아메이阿美족은 쌀을 수확한 뒤 고기잡이 축제인 '밀라디스Miladis'(아메이족의 각 블로그에서 사용하는 명칭이나 날짜와는 좀 차이가 난다)를 열고 잡은 물고기를 다 같이 맛있게 먹는다. 요즘에는 술을 곁들인 진수성찬을 먹은 다음 해변에서 단체로 아메이족의 전통 춤인 '아메이 차차'를 추는 의식도 곁들여진다. 이 축제는 풍요로운 삶과 가족의 화합을 축하하는 의식이다.

'피비린내 난다'라는 단어는 생명을 죽이는지 죽이지 않는지와는 상관없이(수렵 민족에게 풀만 먹고 살라고 하는 것은 합리적이지 않으니까) 동기에 의해 정의된다. 피비린내 나는 경기 중 첫 번째는 오락과 놀이, 그리고 경쟁의 방식으로 진행되는 고기잡이와 사냥이다. 성취감을 위해 동물을 고통스럽게 죽이는 경우 '피비린내 난다'고 한다. 두 번째는 아예 '스포츠'라고 부를 수도 없다. 악랄한 시골 사람들의 악랄한 취미에 지나지 않는, 동물 학대에서 즐거움을 느끼는 활동이다.

영국에서는 한때 '수탉 던지기'가 유행했었다. 사람들은 수탉을 기둥에 묶어놓고 죽을 때까지 무거운 물건을 닭에게 던졌다. 1737년 한 잡지에 게재된 글은 이런 운동이 프랑스 갈리아Gallia 인들에 대한 원한에서 비롯되었으며, 수탉은 갈리아 인의 대용품에 지나지 않는다고 분석했다. 이는 각 문화에서 쉽게 관찰되는 현상이다. 17세기에서 18세기까지 유럽 대륙 몇몇 지역에서는 '여우 던지기'가 유행하기도 했다. 넓은 공간에서 두 사람이 한 조가 되어 평평하게 펴진 그물 양끝을 잡는다. 경기가 시작되면 미리 우리에 가

뒤둔 여우를 풀어준다. 그리고 장내를 정신없이 뛰어다니는 여우를 낚아채 하늘로 내던져야 한다. 가장 높이 내던진 사람이 이기는 것이다. 여우를 건물 2층 높이까지 던져 올린 것이 최고 기록으로 남아 있다. 이런 피비린내 나는 경기는 '동물'에게 치명적이었고 때로는 참가자 중에도 사상자가 나왔다. 이 경기의 팬이었던 폴란드의 '강건왕' 아우구스트 2세는 초대형 경기를 개최하기도 했는데, 당시 여우 647마리와 토끼 533마리, 오소리 34마리와 들고양이 21마리가 죽었다고 한다. 왕실의 힘은 정말 대단하고도 대단하다.

피비린내 나는 경기 중 세 번째는 개싸움, 닭싸움, 물고기 싸움, 귀뚜라미 싸움처럼 '동족상잔'의 싸움을 붙여놓고 구경하는 경우다. 이런 게임은 보통 도박과 관련되어 있다. 이 '동물 선수'를 사육하는 도박꾼들은 경기가 시작되기 전까지는 세계 동물 보호 단체의 친선 대사를 맡겨도 좋을 만큼 자애롭게 동물을 보살핀다. 필리핀 소설 《내 아버지의 웃음소리》에 등장하는 세르지오 삼촌은 도박꾼이다. 이 가족은 수탉을 살뜰히 보살피는데, 아침이 되면 곡식 창고까지 가서 닭을 배불리 먹인다. 어머니가 가족을 위해 사둔 고기를 몰래 닭에게 먹이기도 하고 적포도주나 위스키를 먹이기도 한다. 수탉의 다리가 점점 튼실해지자 이들은 닭에게 신선한 피를 먹이기 시작한다. 붉고 신선한 피를 마신 투계가 사람에게도 덤벼들자 '코치'인 삼촌은 매우 기뻐하면서 침 뱉은 손으로 수탉에게 직접 안마를 해준다. 이렇게 애정을 쏟아부은 이유는 다름 아닌 투계의 호전적이고 용맹한 유전자를 도발하고 끌어올리기 위해서다. 그러다가 일단 경기장에만 서면 사랑 가득했던 삼촌의 두 눈은 시뻘겋게 변한다. 양쪽 주인들은 자기 닭을 상대에게 끌고 가서 상대 닭의 목을 쪼아 피를 보게 한다. 닭싸움의 시작을 알리는 의식이다.

그렇게 닭을 풀어놓은 다음 닭 주인들은 침묵 속에서 상대를 응시한다. 다시 벨 소리가 울리면 전투의 서막이 올라간다.

공포는 공격성을 발동시키는 최고의 촉매제다. 사람도 동물이다. 사람이 사람과 겨루는 권투 경기도 시작은 이와 비슷하다. 하지만 끝은 전혀 다르다. 링 위의 선수는 자기가 무엇을 위해, 그리고 누구를 위해 경기를 하는지 안다. 상대 선수의 이름도, 경기 규칙도, 경기 중 상대를 죽여서는 안 된다는 것도 안다(맞아요, 제발 상대를 죽이지는 말자고요, 네?). 코치가 수건을 던지면 기권한다는 의미라는 것도 안다. 조금 있으면 죽을 듯한 고통이 찾아올 테고 피도 흘릴 테지만 어쨌거나 다들 집에 돌아갈 수 있다는 걸, 여기서 죽을 필요가 없다는 걸 안다. 하지만 싸움판에 내던져진 동물에게 감동적인 결말은 가당치도 않다. 경기가 끝난 뒤 록키처럼 상대방을 얼싸안고 "당신, 정말 잘 싸웠어"라고 울음을 터뜨리는 결말 따위, 코가 시퍼렇게 변하고 얼굴이 퉁퉁 부은 채로 챔피언 벨트를 높이 쳐든 가운데 오색 꽃다발이 쏟아지는 영광스러운 장면 따위는 없다. 싸움판에 내던져진 동물들은 모두 처참한 결말을 맞이한다. 승패를 가르려면 둘 중 하나는 꼭 죽어야만 한다. 돈을 벌기 위해 주인들은 수탉에게 아편도 먹인다. 그러면 닭은 한쪽 날개를 잃고도 아무런 고통을 느끼지 못한다. 동물 싸움의 추악함은 인간의 즐거움을 위해 동물의 생명을 희생시킨다는 점에 있다. 동물들은 투지에 불타오르지만 정작 자신이 왜 이 전쟁에 나서야 하는지, 무엇 때문에 희생돼야 하는지 모른다.

　온종일 투계와 술, 그리고 노래에만 빠져 사는 필리핀 시골 남자조차도 소에게는 절대 태만하지 않다. 아시아 각국의 농촌에서 소는 가장 값어치 있는 가축이다. 심지어 (어느 집) 아들보다도 더 돈이 된다. 닭과 돼지, 양과 거위가 모두 '소비상품'인 시대에 밭을 가는 소는 귀하디귀한 '재테크 수단'이다. 소는 농사도 짓고, 물건도 나르고, 타고 다닐 수도 있다(좀 느리지만 말이다). 세르지오 삼촌이 아예 투계를 그만두고 동네 이장 선거에 출마할 때도 소는 아주 중요한 역할을 한다.

"형님, 제가 승산이 있어 보이세요?" 삼촌이 물었다.

"소는 끌고 왔나?" 아버지가 물어보셨다.

"마당에 있어요."

"그럼 이긴 거지."

"형님, 그걸 어떻게 아세요?"

"네가 가진 소가 열 마리 아니냐?"

"맞아요!" 삼촌이 말했다.

"그거면 충분해." 아버지가 말씀하셨다.▪

▪　시골에서 소는 부의 상징이다. 형인 시메온이 소 열 마리를 끌고 오라고 한 건 부의 상징인 소를 보여주면 마을 사람들이 동생에게 표를 줄 거라고 생각했기 때문이다.

인간은 선사시대부터 소를 중시했다. 한편으로는 소를 신성한 대상으로 숭배했고 다른 한편으로는 소를 제물로 바치기도 했다. 스페인의 투우를 비판하기 전에 우리가 반드시 알아야 할 사실은 투우가 결코 소에 대한 경시가 아니라 숭배에서 비롯되었다는 점이다. 어쩌면 표면적으로는 로마의 원형 경기장에서 벌어진 경기와 비슷하다. 원형 경기장에서 검투사는 아무리 용맹해봤자 자기 뜻대로 살 수 없는 노예에 불과했고, 로마 귀족에게 노예란 동물과 다를 바 없었다.

하지만 투우는 다르다. 몇 세기 동안 투우장에서는 중대한 변화가 일어났다. 투우사와 소의 거리가 크게 가까워졌다. 이는 다른 피비린내 나는 경기와는 다른 근본적인 차이를 불러왔다. 투우사는 그 어떤 피비린내 나는 스포츠에서도 일어날 수 없는 일을 해냈다. 바로 인간의 방어선을 열어젖혔다는 것. 스스로 안전도를 낮춰버린 것이다. 투우는 두 종의 생물 사이에서 벌어지는 격투 가운데 가장 공정한 경기다. (물론 여전히 불공평하기는 하다. 소는 자결권이 없으니까.)

투우사 가문에서 태어난 프란시스코 로메로Francisco Romero는 말에서 내려와 바닥에서 경기를 치른 최초의 투우사였다. 1726년의 일이었다. 1892년에 태어난 후안 벨몬테Juan Belmonte는 역사상 가장 위대한 투우사라는 영예를 얻었다. 그는 소를 향해 대담하게 큰 걸음을 내디디면서 근대 스페인 투우의 새로운 문을 열어젖혔고 이로써 투우사와 소의 거리는 몇 센티미터로 가까워졌다. 이런 진형陣形 속에서 인간과 소, 그리고 붉은 천의 춤사위는 더욱 감정을 고조시켰지만 동시에 소와 투우사는 더 쉽게 부상을 입게 되었다. 그럼에도 불구하고 투우 경기가 예술의 경지에 오르기를 바랐던 투우사들은 계속해서 위험한 경기를 펼쳤다.

벨몬테는 헤밍웨이와 각별한 친구 사이였다. 위대한 소설가였던 헤밍웨이는 온몸이 상처로 가득한 인체 표본 같았다. 총상에 골절까지 온갖 부상을 입었던 그는 피가 흐르는 상처에 너무나 익숙했다. 어쩌면 그 때문에 피비린내에 대한 공포와 증오를 넘어 투우의 본질에 관해 이야기할 수 있었을 것이다. 그는 투우를 주제로 한 《오후의 죽음》에서 이렇게 설명했다. "광적인 격정을 불러일으키는 일은 그게 무엇이든 똑같이 광적인 반대에 부딪히게 된다."

헤밍웨이는 평생 참전의 어두운 그림자 속에서 고통받았다. 오랫동안 불면에 시달렸고 자살 충동도 겪었다. 1962년 헤밍웨이가 술을 마시고 권총으로 자살하자 투우사 벨몬테는 이렇게 말했다고 한다. "잘했군." 그리고 일 년도 지나지 않아 벨몬테 역시 '남자답게'(본인이 남긴 말이라고 한다) 총을 들어 자살했다.

나 같은 소시민은 이해하기 어려운 일이지만 나라를 위해 몸을 불사른 일본의 무사들을 상상해보자. 그들은 극단의 시대에 극단의 충격을 받으며 살았다. 그들이 무엇을 추구했는지 우리로서는 도저히 알 수 없다. 그래서 한때 신의 이름으로 바다를 휩쓸고, 유럽의 전장을 호령하며, 최초로 전 세계에 식민 제국을 건설했던 스페인 민족이 투우라는 격렬한 전통을 갖게 된 것이 그리 이상하지 않다.

하늘과 별의 암호만큼이나 이해하기 어려운 앙토넹 아르토의《잔혹연극론》에서 그나마 내가 알아들은 문구가 있다. "정신적 관점에서 잔혹성이란 엄격함을 의미한다. 또한 돌이킬 수 없는 결정이나 적용, 거역할 수 없는 절대적이고도 확고한 태도를 의미한다."[■]

사랑과 죽음을 쫓는 격렬함, 그 자체의 아름다움은 무사도처럼, 투우처럼 이제는 이미 지나간 이야기가 되어버렸다. 스페인에서 관광 수입이 가장 높은 지역인 동시에 바르셀로나가 자리하고 있는 카탈루냐 지방은 2012년 스페인 최초로 투우 경기를 금지하는 법안을 통과시켰다.

예술가와 문학가는 투우의 비창^{悲愴}한 아름다움뿐 아니라 잃어버린 생명에도 애도를 표한다. 그저 앞으로는 오직 고야^{Francisco de Goya y Lucientes}와 피카소의 그림을 통해서만 장엄한 투우를 감상할 수 있기를, 아니면 헤밍웨이의 책을 통해서만 투우라는 예술을 추억할 수 있기를 바랄 뿐이다.

하지만 우리 모두 잘 알고 있다. 무사도와 투우 정신이 쇠락한 지금까지도 새로운 잔혹이 계속해서 탄생하고 있다는 것을. 우리 인간들이 이 방면에서 보이는 뛰어난 능력은 의심할 필요도 없으니.

그래서 우리는 앞으로도 계속 잔혹에 관해 이야기하게 될 것이다.

■   앙토넹 아르토, 박형섭 옮김,《잔혹연극론》, 현대미학사, 1994, 150쪽.

4

전쟁과 냉전의 그늘

|

(West) Berlin Zoo

(서)베를린동물원

베를린동물원의 정식 명칭은 '초로기셔 가르텐 베를린Zoologischer Garten Berlin'이다. 도심지에 자리한 동물원 중에도 베를린동물원처럼 교통 중심지에 있는 경우는 유일무이하다. 록 음악과 영화, 문학과 전쟁의 포화 속에 단골로 등장하는 동물원이기도 하다.

베를린 장벽이 무너진 다음 해인 1990년 록 밴드 U2가 〈아흐퉁 베이비〉라는 앨범을 녹음하기 위해 베를린을 찾았다. 밴드의 보컬 보노Bono는 그곳에서 이런 이야기를 듣게 된다. 2차 대전 중 이 동물원의 울타리가 야간 폭격을 당하면서 황량하고 적막한 도시에 내려앉은 파편 더미 속에서 동물들이 이 세상을 떠나지 않으려는 영혼들처럼 불빛 속을 떠돌아다녔다는 것……. 이 초현실적인 풍경에 감동한 보노는 앨범의 첫 곡에 '주 스테이션Zoo Station'이라는 제목을 붙였다. 베를린동물원의 이름을 붙인 기차역을 의미했다. 이 앨범을 녹음한 녹음실이 있는 곳과 동물원을 연결하는 지하철 이름이 U2U-bahn 2이기도 하다. U2선을 타고 동물원역에서 내린 다음 지하철역 밖으로 발을 디디는 순간 미소를 지은 채 입으로는 무언가를 씹고 있는(맞다, 되새김질을 하는 거다) 라마를 동물원 울타리 너머로 볼 수 있었다. 멀리 보이는 노란색 점들은 노란색 조끼를 입고 단체로 소풍 나온 유치원생들이 분명했다. 마침 아이들은 줄을 지어 기린을 올려다보고 있었다. 마치 아주 오래전부터 이런 풍경이, 이런 평온이 줄곧 이곳에 자리하고 있었던 것처럼.

하지만 역사의 숨결이 가득한 이곳은 한때 잿더미였다. 당시 인간과 조류, 동물과 수목 등 이 동물원의 모든 생명체가 파괴되었고 이후 재건된 것이 오늘날의 베를린동물원이다.

이 동물원은 1844년 문을 열었다. 독일 최초이자 유럽의 아홉 번째 동물원으로, 대부분 국왕 프리드리히 빌헬름 4세가 기증한 동물들로 채워졌다. 당시 공공 동물원은 완전히 새로운 개념이었다. 베를린동물원은 국왕과 제후들이 서로 힘을 겨루던 사냥터도 아니었고, 동물들이 휴식을 취하던 황실 정원도 아니었으며, 동물을 사고파는 곳도 아니었고, 동물들의 서커스 공연장도 아니었다. 같은 해 장차 철학자로 성장할 니체가 라이프치히 근교에서 태어났고, 파리에서는 마르크스와 엥겔스의 만남이 이루어졌다. 영국 철강 산업의 연간 생산량이 300만 톤에 이르렀고, 익명으로 출간된 베스트셀러 《창조의 자연사적 흔적》이 11쇄를 찍으면서 5년 뒤에 출간될 다윈의 《종의 기원》의 앞길을 열어주기도 했다. 그리고 바로 이해에 진귀한 동물을 같이 팔던 생선 가게에서 카를 하겐베크Carl Hagenbeck가 태어났다.

울타리 없는 동물원

도시계획이 아직 초기 단계에 머물던 19세기 후반에는 동물원 근처에서 인적을 찾기 힘들었다. 그 때문에 베를린동물원은 설립 이후 25년 동안 최악의 경영난에 허덕였다. 아무도 동물원에 관심을 두지 않았다. 그러다 1869년에야 조금씩 나아지는 기미가 보였다. 1902년 동물원 지하를 지나가는 첫 번째 지하철 노선 U2가 개통되었고 공업 발달과 함께 베를린 인구도 빠르게 증가하여 270만에 달했다. 동물 번식을 연구하던 수많은 과학자가 베를린동물원에 모여들었는데, 당시 동물원이 보유한 동물의 종 수가 런던 왕립학회와 맞먹었다.

베를린동물원이 개장하던 해에 태어난 카를 하겐베크는 동물 판매상이자 조련사, 탐험가이자 동물원 원장으로 일생을 보냈다. 열네 살이 되던 해에 아버지로부터 바다표범 몇 마리와 북극곰 한 마리를 받은 이래 그는 평생 동물과 함께하게 된다. 카를 하겐베크는 동물 포획에 천부적인 자질이 있었다. 아프리카에서 독일로 잡아온 낙타만 수천 마리였고, 진귀한 새와 짐승들을 아프리카 수단의 왕과 맞교환한 적도 있다. 그는 자신의 이름을 내걸고 서유럽의 대도시에서 동물 전시회를 열다가 마침내 뉴욕에까지 진출했고 심지어 아프리카에서 데려온 '순수 자연 상태의 인종'을 '인류 동물원'이라는 이름으로 전시하기도 했다.

동물에 대한 하겐베크의 열정은 잔혹하기 그지없었지만 그는 분명 현대식 동물원에 어마어마한 유산을 남겼다. 그가 개장한 하겐베크동물원은 역사상 최초로 동물 전시 구역에 울타리를 세우는 대신 도랑을 파서 동물원을 보다 야생 환경에 가깝게 만들었다. 훗날 많은 동물원이 이 방식을 모방했는데 이는 베를린동물원도 마찬가지였다.

《위대한 개츠비》와《서부전선 이상 없다》로 대표되는 황금시대, 베를린도 런던이나 파리와 마찬가지로 재즈의 시대Jazz Age ■를 구가했다. 베를린동물원은 1929년의 대공황을 견뎌낸 끝에 대대적인 리모델링 기회를 잡았다. 이때 동물원 측은 울타리를 치는 대신 도랑을 팠을 뿐만 아니라 녹음이 가득한 개방형 전시를 통해 기존의 이국적인 풍경이 가득한 거대 건물에서 벗어났다.

전쟁과 냉전의 그늘

1941년 첫 번째 폭탄이 베를린동물원에 떨어졌다. 동물원 대공포탑 안에는 고사포, 기관총, 85개의 병상, 14곳의 박물관에 소장되었던 예술품이 숨겨져 있었다. 베를린 함락 당시, 이 대공포탑 주둔군은 끝까지 결사 항전했다. 전시에 총 764대의 영국 전투기가 베를린 상공으로 날아와 폭탄을 떨어뜨렸다. 그 결과 시가지의 90퍼센트가 파괴되었고, 1만여 명이 목숨을 잃었으며, 150만 명이 집을 잃었다. 어느 순간 포화가 멎었지만 동물원은 이미 초토화된 뒤였다. 3715종 가운데 살아남

■ 미국 경제가 가장 호황을 누렸던 '광란의 1920년대Roaring Twenties'를 일컫는 말로, 스콧 피츠제럴드Francis Scott Fitzgerald는 이 시대를 '재즈의 시대'라고 명명했다. 물질적 풍요와 전쟁의 참화, 엄청난 소비와 불법이 횡행하던 시기였다.

베를린동물원의 코끼리관. 높은 울타리를 세우는 대신 도랑을 파는 방식으로
설계되었다.

은 동물은 사자 두 마리, 하이에나 두 마리, 아시아코끼리 한 마리, 코뿔소 한 마리, 개코원숭이 열 마리, 침팬지 한 마리, 황새 한 마리, 넓적부리황새 한 마리 등 모두 91마리뿐이었다.

1945년부터 1989년까지 냉전 중에 베를린은 동과 서로 분단되어 각 진영에 속해 있었다. 서베를린은 동독 영토의 중앙에 외로운 섬처럼 떠 있었다. 서베를린을 지나가는 모든 기차는 동독국영철도에서 운영했고 정차하는 역은 딱 하나, 동물원역뿐이었다.

데이비드 보위가 2013년에 발표한 '웨어 아 위 나우?Where Are We Now?'는 오래된 타임머신처럼 우리를 U2 선에 태우고 베를린의 아름다웠던 지난날로 데려간다. 이 여정에는 너무나 많은 기억이 실려 있다. 그래서 이 여정은 길다. 아주 아주 길다. 이 노래에서 보위가 보여주는 해 질 녘의 슬픈 감성은 베를린에서 맞이했던 36년 전의 청년기와 대비를 이룬다. 1981년 영화 〈동물원역의 아이들Christiane F.〉은 이 '민주화된 외로운 섬'의 사회 문제를 수면으로 끌어올렸다. 동물원역 앞은 아름다운 경치와 지저귀는 새소리로 가득하지만 지금도 역 뒤편에는 마약을 하는 가출 청소년들이 모여든다. 깊은 밤 타락한 청춘들은 상점의 진열장을 부수고 들어가 돈을 훔친 다음 영화 삽입곡이었던 데이비드 보위의 '스테이션 투 스테이션Station to Station'을 따라 거침없이 내달린다. 영화 속의 소녀 크리스티아네는 실존 인물이다. 그녀는 자서전으로 엄청난 인기몰이를 하면서 청소년들의 색다른 우상으로 떠올랐다. 텔레비전에 출연했고, 앨범을 출시했으며, 승마 선수로 데뷔하기도 했다. 어려서부터 동물을 좋아했기 때문이다.

1970년대의 서베를린은 전 세계에 영향을 끼친 다양한 B급 문화의 요람이었다. 자유롭지만 공허했던 이 외로운 섬은 안락하면서도 퇴폐적인 공간이었다. 이렇게 단절된 곳이었음에도, 서베를린의 재건을 지원하려고 서독 각지에서 날아온 항공편은 한 번도 중단된 적이 없다. 축구장 717개 크기의 티어가르텐공원도 이 기간에 녹음을 되찾았고 베를린동물원 역시 소액의 기부금을 모아 원래 자리에 재건되었다.

베를린동물원이 가르쳐준 것

독일이 통일된 뒤, 서베를린의 베를린동물원과 동베를린의 '티어파크Tierpark'는 기능적으로 통합되기 시작했다. 소나 노루 같은 발굽 동물들은 비교적 넓은 티어파크로 옮겼고 상대적으로 '도시화'된 원숭이들은 베를린동물원으로 이동시켰다. 베를린동물원은 도심의 교통 중심지에 있는 유일무이한 정식 동물원이었기 때문에 유럽에서 관람객이 가장 많은 동물원이 되었고(2012년 기준 방문객은 연 300만 명) 언론의 주목도 가장 많이 받았다. 처음부터 주식회사 형태로 출발한 베를린동물원은 나중에 동물원의 스타로 떠오른 '아기 북극곰 크누트Knut•'가 데뷔한 그해 165년 역사상 가장 높은 수익을 올렸다. 그러나 태어나자마자 어미 곰에게 버림받은 크누트는 어느 봄날 쏟아지는 카메라 플래시 속에서 아무 예고도 없이 연못으로 들어가 돌연사했다. 겨우 네 살이었다. 이후 언론들은 북극곰을 인위적으로 사육해서는 안 된다며 동물원을 향해 비난을 퍼부었다. 그러나 바로 그해 동물원에서 사육 중인 생물은 이미 1000여 종이 넘은 상태였다. 그중에는 자연계에서는 이미 번식이 불가능해진 멸종 위기종도 포함되어 있었다.

크누트의 죽음으로 들끓었던 여론이 잠잠해진 다음 해, 판다 '바오바오'가 대나무 잎으로 둘러싸인 곳에서 조용히 죽음을 맞았다. 사람들은 바오바오의 죽음을 애통해했지만 큰 비난은 일지 않았다. 바오바오는 1980년 중국이 서독으로 보낸 '외교 사절'이었다. 이 외교 사절 덕분에 당시 베를린 사람들이 제일 처음 배운 중국어가 바로 '바오바오'였다. 일종의 '종마種馬'였던 바오바오는 수많은 암컷 판다와 맞선을 봤지만 결과는 모두 실패로 돌아갔다. 베를린동물원의 대나무가 중국 대나무보다 덜 푸르긴 했지만, 바오바오는 한 번도 배를 곯아본 적 없이 서른 네 살까지 살아 '역사상 가장 오래 산 판다'라는 기록을 남겼다. 외로운 일생을 보낸 바오바오. 하지만 판다는 원래 외로운 삶을 즐기는 동물이니까.

■　2006년 12월 5일에 태어난 크누트는 태어나자마자 어미 곰에게 버려졌다. 크누트를 안락사시켜야 할지, 사람이 키워야 할지 고민하던 중 이 소식이 독일 언론에 의해 알려지면서 크누트를 살려내라는 여론이 들끓게 되었고 결국 사육사가 크누트를 키우기 시작했다. 그 후 크누트가 자라는 모습이 언론과 인터넷을 통해 샅샅이 공개되면서 크누트는 엄청난 인기를 누리게 된다. 동물원 방문객이 급증한 것은 물론 온갖 팬시 상품에 노래까지 만들어져 저작권료 수익을 올리는 등 크누트는 독일 최고의 인기 스타로 급부상했다. 당시 크누트의 인기가 얼마나 대단했는지 독일의 다른 동물원들도 비슷한 아기 북극곰 스타를 키울 정도였다. 그러나 그렇게 사랑받던 크누트도 시간이 지나 몸집이 커지면서 아기 티를 벗기 시작했다. 더 이상 '귀여운 아기 북극곰'이 아닌 크누트에게 사람들의 관심은 시들어갔다. 그러던 어느 날, 크누트는 수많은 관람객 앞에서 연못에 들어간 뒤 돌연사했고 이후 부모처럼 크누트를 키웠던 사육사 토마스 되르플라인Thomas Döerflein까지 심장 발작으로 돌연사하면서 전 세계적으로 큰 반향을 불러일으켰다.

오늘날의 베를린은 전형적인 21세기의 국제화된 대도시다. 도심의 인구가 350만 명으로, 1제곱킬로미터당 3900명이 살고 있다. 그중 30퍼센트는 터키와 중동, 동유럽과 아프리카 출신의 이주민들이다. 자연을 간직한 교외 지역이 남아 있지 않은 베를린에서 버스를 타고 쉽게 갈 수 있고, 영화 표 한 장 값에 입장권을 살 수 있는 이 도심 동물원은 일상에 지친 영혼들이 가장 손쉽게 위로를 얻을 수 있는 곳이다. 1제곱킬로미터가 안 되는 동물원 안에는 1만 9480여 종의 동물들이 함께 살고, 거기에 매일 8000여 명의 관람객들이 몰려든다. 이 동물원에서는 동물이든 사람이든 소음과 오염된 공기 그리고 좁은 공간에 적응해야 한다. 반드시 다른 동물, 다른 인종과 풀밭을 공유해야 하고, 어떤 본능 또는 어떤 욕망은 포기해야 하며, 심리적인 스트레스와 불임, 고독과 생로병사의 고통을 견뎌내야 한다. 어떻게 보면 이 비좁은 지구에서 만물은 결국 평등하게 태어나는 것인지도 모른다.

베를린동물원이 내게 가르쳐준 것이 무엇인지 말해야 한다면, 이렇게 말하겠다. 세상에는 전쟁도 앗아갈 수 없는 것들이 있다는 걸 가르쳐주었다고.

사랑에 빠진 실버백 고릴라

사람들이 말했다. 실버백 고릴라 보키토가 사랑에 빠졌다고.

'실버백'은 고릴라의 품종이 아닌 일종의 위계를 나타내는 말로, '성년의 수컷' 고릴라를 뜻한다. 열두 살이 되어야 등의 털이 은백색으로 변하기 때문에 '실버백 고릴라'라고 부른다.

실버백 고릴라는 무리 중 가장 강한 남성성을 상징하며, 고릴라 대가족의 중요한 일들을 결정한다. 그중에도 특히 먹이와 성생활에 대한 분배권을 갖고 있다. 실버백 고릴라의 권위는 거구의 체격과 어마어마한 힘에서 나온다. 화난 실버백 고릴라 중에는 맨손으로 철근을 구부리거나 2센티미터 두께의 강화유리에 구멍을 내는 녀석들도 있다. 모두 동물원 관람객들이 실버백 고릴라의 성질을 잘못 건드렸다가 민사 손해배상으로까지 이어진 실제 사례들이다.

보키토는 고릴라속 중에서 가장 흔한 서부고릴라로, 1996년 베를린동물원에서 태어났다. 체중 180킬로그램에 키는 1미터 80센티미터가 넘고, 사람들의 보살핌을 받으며 자랐다. 이렇게 인위적으로 평화로운 환경에서 자라 실버백 고릴라가 되었지만 그의 핏속에는 여전히 지존의 패기가 넘쳐흐른다. 열 살 때는 도망친 '전과'도 있다. 이후 보키토는 거처를 옮겨 네덜란드 로테르담동물원에 들어갔다. 2007년 5월의 어느 휴일, 4미터 높이의 고릴라 구역 울타리를 넘어간 보키토는 마침 미소를 머금고 자신을 바라보던 한 여성을 매섭게 공격했다. 여인을 물고 때리고 내동댕이치더니, 아예 몇십 미터 끌고 다니기까지 했다. 화들짝 놀란 관람객들이 옆에 있던 식당으로 숨어들자 보키토는 식당 문까지 부수고 안으로 들어가 계속 난동을 부렸다. 동물원 직원이 마취 총으로 다급히 제압할 때까지도 행패는 계속되었다. 제일 먼저 공격당한 여성은 전신에 다수의 골절상을 입었고 물어뜯긴 곳은 100군데가 넘었다. 다행히도 여성은 급히 병원으로 이송되어 목숨을 건졌다. 이후 이 사건은 TV 토크 쇼의 핫이슈로 등극했다. TV에 출연한 영장류 전문가, 생물학자 그리고 철학자들은 탈의실에 모여 운동팀 주장과 퀸카가 헤어진 이유가 뭔지 이러쿵저러쿵 쑤군거리는 여고생들처럼 떠들어댔다.

부상을 입은 여성은 사건이 일어나기 일 년 반쯤 전, 그러니까 보키토가 이 동물원에 들어온 그 시점부터 보키토를 자주 찾아왔다. 알려진 바로는 일주일에 평균 네 차례나 찾아와 유리를 사이에 두고는 보키토와 애정 어린 눈빛을 주고받았다고 한다. 동물원 직원이 막기도 했지만 여성은 제멋대로 굴었다. 사건 이후 인터뷰에서 여성은 이렇게 말했다. "제가 미소를 지어 보이면 그도 저를 향해 웃었어요. 우리 둘은 마음이 통하는 사이였어요."

유명 TV 사회자는 보키토가 사랑에 빠진 게 분명하다고 말했다. 유리 너머 자신을 바라보던 여성을 사랑하게 되었다는 뜻이었다. 그런데 유리 너머의 그녀를 차지할 수가 없어서 잔혹한 방식으로 자신의 사랑을 드러냈다는 것이다. 실버백 고릴라인 보키토는 자신의 분노와 힘을 어떻게 통제해야 하는지도 모를뿐더러 사실 통제할 필요조차 느끼지 못했다는 것이다.

하지만 동물원 원장은 이렇게 말했다. "그런 일은 있을 수 없습니다. 실버백 고릴라는 그런 행동을 하지 않기 때문입니다. 실버백 고릴라는 연애를 하지 않습니다. 사람이 웃어준다고 웃어주지도 않고요." 실버백 고릴라는 연애를 하지 않는다. 그는 정복하고 소유하고 통제한다. 고릴라는 일부다처제다. 당시 보키토에게는 이미 아내가 둘이나 있었고 원한다면 세 번째 부인도 얻을 수 있었다.

이 사건의 주인공이었던 사람과 동물이 모두 무사했기 때문에 언론과 대중은 이 재미난 사건을 마음껏 즐겼다. 광고주들은 보키토의 이미지를 유행시켰다. 광고회사 DDB 암스테르담은 '보키토 안경Bokito Kijkers'을 2000개 만들어 보험회사에 납품했다. 안경알에 왼쪽 위를 향하는 눈 도안을 붙임으로써 '아니, 아니, 나는 널 보고 있지 않아'라는 뉘앙스의 가상 이미지를 만들어낸 것이다. 이 안경을 쓰면 고릴라를 똑바로 바라봐도 맞을 일은 없을 것이다. 보키토 안경은 그해 칸 국제광고제에서 '프로모션 상품 부문 동상'을 수상했다.

이외에도 '보키토 프루프Bokito-proof'라는 단어가 각종 동물용품 광고와 TV 프로그램에 대거 등장했다. 실버백 고릴라의 공격을 견뎌낼 정도의 내구성과 강도를 갖춘 제품을 뜻하는 이 단어는

2007년 네덜란드 최고의 유행어로 떠올랐다. '고릴라와 마음을 나누었다'고 알려진 여성에게 동정적이었던 여론은 조롱 어린 논조로 변해버렸다. 매체들은 그녀가 사람의 시선으로 동물을 바라보았다고 비웃었고, 혼자 착각하다 고릴라를 사랑하게 되었다고 빈정거렸다. 하지만 동물원 원장은 보키토가 이 여성에게서 감정적인 영향을 받은 건 확실하다고 인정했다. "왜냐하면 그 여성이 늘 보키토에게 등을 돌린 채 자리를 떴기 때문입니다." 그녀는 보키토와 수없이 눈빛을 주고받은 다음 자리를 떠버렸다. 이런 행동이 보키토에게 큰 좌절을 느끼게 했고 이런 좌절이 쌓이고 쌓이다가 분노로 변해버리면서 걷잡을 수 없이 폭발해버렸다는 것이다.

거리 유지야말로 안전을 위한 최고의 수칙이다. 사람에게든 고릴라에게든 마찬가지다. 시설을 완비한 동물원이라면 고릴라와 사람 사이에 강화유리 하나만 설치할 것이 아니라 중간에 도랑을 파놨어야 한다. 타이베이시립동물원처럼. 타이베이에 사는 실버백 고릴라 '바오바오寶寶'는 햇빛이 내리쬐는 오후, 풀밭에 얌전히 앉아 아름다운 역삼각형의 몸매를 드러낸다. 조용히 앉아 있는 모습이 꼭 명상이라도 하는 듯하다. 그 순간, 바오바오가 천천히 고개를 돌리며 자신을 찾아온 관람객들을 빙 둘러본다. 아마 바오바오 눈에는 '아무런 위협도 되지 않는, 한주먹거리도 되지 않을 비쩍 마른 고릴라들'이 우습게 보일 것이다. 녀석이 손으로 대충 뜯은 작은 풀꽃을 천천히 입에 넣고 씹어댔다. 이 풍경을 보고 있자니, 사카모토 류이치의 곡 '어 데이 어 고릴라 기브스 어 바나나A Day a Gorilla Gives a Banana'가 떠올랐다.

1986년 일본 '파르코' 백화점의 광고 음악으로 '어 데이 어 고릴라 기브스 어 바나나'가 처음 흘러나왔다. 그해 28회에 걸친 '미디어 반 라이브Media Bahn Live' 일본 순회공연에서 사카모토 류이치는 이 곡을 전형적인 테크노 팝 스타일의 전자 음악으로 선보였다. 그로부터 10년 뒤인 1996년 '사카모토 류이치 트리오 월드 투어' 타이완 공연장에서 나는 처음으로 그의 연주를 라이브로 들었다. 공연 뒤에 구매한 앨범이 〈1996〉이었고 타이완 발매 버전의 첫 사운드트랙이 바로 이 곡이었다. 1분 40초 길이의 단순하지만 전혀 단조롭지 않은 이 곡을 시작으로, '래스트 엠퍼러The Last Emperor', '셸터링 스카이The Sheltering Sky', '워더링 하이츠The Wuthering Heights', '메리 크리스마스 미스터 로렌스Merry Christmas Mr. Lawrence' 등 영화에 삽입된 명곡들이 줄줄이 이어진다. 이 경쾌한 삼중주들은 언제나 내 귓속을 맴돌았고 세계 각지의 주상복합 건물에서도 늘 누군가 이 곡들을 흥얼거리는 소리가 들려오곤 했다. 2012년 사카모토 류이치는 새로 조직된 트리오 '스리Three'와 함께 이 곡들을 새롭게 해석해 연주했다.

'어 데이 어 고릴라 기브스 어 바나나'는 사카모토 류이치의 수많은 레퍼토리 중에도 구체적인 풍경을 전하는 드문 작품이다. 하지만 구체적인 형상이 오히려 사람을 끌어당긴다. "고릴라가 과연 누구에게 바나나를 주었을까?" 사카모토 류이치에 따르면 이 곡은 '프랑스 인상주의 색채'의 영향을 받았다고 한다. 어차피 인상주의라면 이 제목이 도대체 무슨 뜻인지 쓸데없이 파고들지 말고 그냥 이 곡을 통해 찰나의 고요함 속에 깃든 빛과 그림자를 충분히 만끽해보자. 삶에는 찰나의 순간 사라질 일상의 풍경이 가득하다. 보키토의 이야기를 들었다면 꼭 기억하자. 만약 어느 날, 고릴라가 바나나를 건네주면 절대로, 절대로 등을 돌리고 곁을 떠나서는 안 된다는 사실을. 고릴라가 건넨 선물을 잘 받아들이되, 절대로 고개 들어 그의 눈을 똑바로 바라봐서는 안 된다는 사실을.

오카피의 얕은 잠

이 책에 수록된 글들은 〈오카피〉라는 웹진에 칼럼 형식으로 연재되었다.

많은 사람이 오카피가 실존하는 동물이라는 사실을 모른다. 그냥 뭔가 귀여운 이름이라고만 생각하거나 줄무늬 상의를 걸친 환상 속의 동물을 상상하곤 한다.

하지만 오카피는 실존하는 동물이다. 중국어로는 '훠쟈피霍加狓' 또는 '어우카피루歐卡皮鹿'라고 부르는데, 학명은 '오카피아 존스토니Okapia johnstoni'다. 그중 앞의 '오카피아'는 현지인이 이 동물에 붙인 이름이고, 뒤의 '존스토니'는 1901년 우간다를 식민 통치했던 영국 총독 해리 해밀턴 존스턴Harry Hamilton Johnston의 이름에서 따왔다. 전해지는 말에 따르면 오카피의 두개골 뼈를 처음으로 손에 넣은 유럽인이 바로 해리 존스턴이라고 한다. 어쨌든 쉽게 볼 수 있는 이름도, 흔히 쓰는 글자도 아니긴 하다.

총독에게 아첨하기 위해 식민주의식 명명법을 쓴 탓에 많은 사람들이 오카피를 근대에야 발견된 특이한 동물이라고 착각한다. 하지만 사실 콩고민주공화국의 토착민들은 일찍부터 이 동물에 대해 잘 알고 있었다. 그들이 덫을 놓아 잡던 동물 중 하나가 오카피였다. 고대 이집트인들도 오카피에 대해 알고 있었다. 그들이 남긴 벽화 유적에 오카피와 생김새가 똑같은 동물이 등장한다. 국제신비동물학회International Society of Cryptozoology에서는 한때 오카피의 늠름한 모습을 협회의 상징으로 쓰기도 했지만, 이후 오카피가 실존하는 동물이라는 사실이 확인되면서 오카피는 신기하기는 해도 신비하지는 않은 동물이 되었다. 오카피가 국제신비동물학회의 정신에 어울리지 않는 동물이 되자 학회는 마스코트를 '빅풋Big Foot'으로 바꿀 수밖에 없었다.

오카피의 생김새에 대해서는 이도저도 아니게 생겼다고 말할 수도 있고, 또 이것도 닮고 저것도 닮았다고 생각할 수도 있다. 얼룩말의 엉덩이에 말의 몸통 그리고 사슴의 뿔(수컷)과 발굽을 갖고 있으며, 기린처럼 웃는 얼굴을 하고 있다. 그 기다란 얼굴에서 둥그스름한 혀가 굴러 나올 때는 정말 개미핥기와 비슷해 보인다. 일찍이 오카피에게 이름을 붙여준 탐험가는 이 동물을 말속에 집어넣었고, 목동들은 오카피의 엉덩이와 다리의 얼룩무늬를 보고 뭔가가 말과 교배해서 몰래 낳은 새끼로 보기도 했다. 모두 합리적인 의심이다.

1901년 한 동물학자가 오카피의 두개골 뼈와 가죽을 빙하시대 짧은 목 기린의 화석과 비교해보고 나서야 오카피가 아직 멸종하지 않은 기린의 친척이 분명하다는 결론을 내렸다.

온화하고 선량한 얼굴로 작은 엉덩이를 살짝 치켜든 채 유유자적 걸음을 옮기는 오카피의 모습만 보지 말길 바란다. 오카피는 평생 깊은 잠을 자지 않는다. 야생의 밀림 속에서 지위도 보잘것없다. 달리기가 가장 빠른 것도 아니고 공격력과 방어력은 아예 없는 데다 몸에 살은 많고 엉덩이에는 푸른 숲에서 잘 보이는 흑백의 얼룩무늬까지 있다. 그러다 보니 육식동물들에게 아예 "날 잡아 잡수"라고 말하는 꼴이다. 그래서 오카피는 깊이 잠들지 못한다. 서 있든 앉아 있든 5분마다 잠에서 깬다. 이런 식으로 계속해서 찔끔찔끔 자는데도 하루 수면 시간은 한 시간이 안 된다. 만약 5분 동안 오카피의 얕은 잠과 함께해줄 곡을 한 곡 고른다면 난 존 케이지의 '4분 33초'를 고르겠다.

'4분 33초'는 아방가르드 작곡가인 존 케이지의 가장 유명한 작품으로 전곡이 3악장으로 되어 있다. 음표 하나 없는 이 곡에 어떤 악기든 합주나 독주의 형식으로 들어갈 수 있다. 1956년 8월 29일 초연 당시 독주를 맡은 이는 실험주의 음악가 데이비드 튜더^{David Tudor}였다. 튜더가 무대에 올라 피아노의 뚜껑을 닫았다. 곡의 시작을 알리는 상징적이고 아주 중요한 동작이었다. 어느 정도 시간이 지나자 그는 다시 건반 덮개를 열었다. 1악장이 끝났다는 표시였다. 이런 식으로 3악장까지 총 4분 33초가 소요되었다. 사람들은 한때 이 곡을 '4분 반 동안의 정적'이라고 불렀다. 하지만 이렇게 말한 사람들은 상식의 함정, 논리의 오류에 빠진 것이었다. 이상하지 않은가? '정적'이 정말 정적이라면 이 곡은 결코 '들을 수가 없을 테니까'.

그해 존 케이지는 이렇게 말했다.

"사람들이 핵심을 잘못 짚은 겁니다. 완벽한 정적이란 존재하지 않지요. 근본적으로 음악을 들을 줄 몰라서 고요를 들었다고 착각하는 겁니다. 사실 사람들은 생각지도 못했던 소리를 넘치게 들었습니다. 1악장에서는 건물 밖을 스쳐가는 바람 소리가 들렸고, 2악장에서는 지붕 위로 떨어지는 빗방울 소리가 들렸지요. 3악장에서는 사람들이 수군대는 소리와 연주장 밖으로 나가는 소리가 들렸고요. 사람들은 스스로 온갖 흥미로운 소리를 내고 있었던 거예요."

이후 57년 동안 이 곡에 대한 논란은 가시지 않았다. 작곡가인 존 케이지는 악기 연주라는 틀을 넘어 음악을 새롭게 정의해야 한다고 믿는다. 그의 시도는 성공적이었을까? 매번 변함없이 제기되는 관중들과 평론가들의 끊임없는 질의와 분노, 그리고 논쟁, 문외한들이 생각도 없이 쏟아내는 "이런 건 나도 만들어"라는 말이 현대 음악가 존 케이지의 성공을 반복적으로 반증한다. 그는 이의를 제기했고 누구나 당연히 여겼던 규범을 깨부쉈다. 일상적이고 고정적인 답을 뒤흔든 것이다. 눈앞의 피아노에서 피아노 선율이 울려 퍼지지 않는다고 해서 음악이 존재하지 않는다고 생각해서는 안 된다. 4분 33초라는 시간 동안 음악성은 분명히 존재한다. 피아노 뚜껑을 여닫는 소리, 피아니스트가 악보에 따라 땀을 닦는 소리, 연주자가 스톱워치를 누르는 소리, 관중들이 불안한 모습으로 두리번거리고 수군거리고 목을 가다듬는 소리, 짜증난 누군가가 자리를 떠나면서 의자가 제자리로 팅겨 올라가는 소리 등등. 그러나 정적 역시 존재한다. 소리의 앞뒤에, 소리와 소리 사이에. '음악가가 연출해낸 4분 33초 동안의 소리와 정적의 혼합체'라는 말이야말로 이 곡에 대한 가장 정확한 묘사일 것이다. 소리와 정적의 유일한 공통점은 바로 지속 시간이다. 이 세상에는 4분 33초 동안의 소리도, 4분 33초 동안의 정적도 존재한다. 그런데 소리의 조합이 '음악'일까? 2013년 'TED×맨체스터 대학 TEDxUniversity of Manchester'에서 철학과 교수 줄리언 도드는 '4분 33초'가 음악이 아니라고 생각하는 이유에 대해 이렇게 설명했다.

"연주란 연주자가 작곡가의 의지에 따라 만들어내는 소리입니다. 하지만 이 '곡'에서 당신이 듣게 되는 소리는 작곡자의 의지대로 진행되지 않습니다. 왜냐하면 이 곡에서는 작곡자가 소리를 내지 말라고 했기 때문입니다."

심오한 철학 문제는 접어두고 표면적인 예술의 개념으로 돌아가 보자.

음표 없이 음악을 만들 수 있다면 세상에 정적보다 더 조용한 잡음도 있다고 말할 수 있다. 눈동자를 몇 번 굴리면, 컴퓨터 화면을 몇 번 바꾸면, '페친'들이 읽고도 댓글 하나 달아주지 않는 글을 페이스북 타임라인에 몇 개 올리면 5분은 지나간다. 5분이 지나면 선잠을 자던 오카피는 다시 눈을 번쩍 뜰 것이다. 만약 오카피를 위한 '4분 33초'를 고른다면 콩고민주공화국 이투리 열대우림에서 나는 소리야말로 오카피에게 가장 적합한 '소리와 정적'의 조합일 것이다. 20데시벨 이상의 음량은 수면에 영향을 미칠 수 있다. 그런데 아프리카 우림에서 자라는 나무는 뿌리에서 꼭대기까지 층별로 여러 생태계가 나타난다. 그 나무에 숨어 있는 곤충과 새들이 얼마나 큰 소리를 낼까? 대략 40~60데시벨이다. 낡은 에어컨이 내는 잡음 수준인데, 이보다 더 시끄러울 수도 있다. 푸른 나뭇잎과 밝은 햇빛이 어우러진 이 대형 디스코텍에서 5분간 제대로 잠을 자고 싶은 오카피에게 필요한 것은 사전적인 의미의 정적이 아니라 정적보다 더욱 조용한 '푸른 잡음'이다. 그러니 오카피의 선잠을 위해 모든 숲과 초원을 보호해주시길.

베를린동물원에서 다섯 살 난 오카피를 보았다. 이름이 스티브였다. 예상대로, 녀석 역시 혼자서 어슬렁거리며 여린 관목 잎을 씹고 있었다. 엉덩이가 동그랬다. 당시에는 전혀 예상하지 못했다. 17일 뒤에 멀리 떨어진 콩고민주공화국 이투리의 오카피야생동물보호구역이 민병과 밀렵꾼의 공격을 받으리라는 것을. 그래서 오카피 열네 마리가 모두 죽고 사육사를 포함한 여섯 명이 피살되리라는 것을.

■ 2012년 6월 24일 코끼리 밀렵꾼 모건이 이끄는 반군 마이마이 심바MaiMai Simba가 오카피야생동물보호구역을 공격한 사건을 말한다.

전쟁 중의 동물원

엄마가 이런 이야기를 해주신 적이 있다. 1959년 8월 7일, 물난리가 난 그날 밤, 엄마는 졸린 몸을 이끌고 허둥지둥 나무로 올라가 하룻밤을 지내다가 지세가 좀 더 높은 친척 집으로 피신했다. 새벽녘이 되어 홍수의 기세가 사그라들자 엄마는 가족과 함께 겁에 잔뜩 질린 채 집으로 걸어갔다. 대참사가 휩쓴 집 앞에 도착했지만 엉망진창이 된 집을 보기가 두려웠는지 다들 문 앞에서 들어갈 엄두를 내지 못했다.

바로 그때 무슨 소리가 들렸다. 문 안쪽에서 나는 소리였다.

개 짖는 소리였다. 가족이 키우던 개가 물에 휩쓸려가지 않고 살아남아 가족들보다 먼저 집에 돌아와 있었던 것이다.

"개 짖는 소리에 한숨 놓았지."

죽음의 위협 앞에 선 사람들에게 살아 있는 동물은 아주 강력한 진정 작용을 불러일으키며, 마음을 위로해준다.

에밀 쿠스트리차 감독의 〈언더그라운드〉는 내 마음속의 영원한 넘버원이다. 영화가 시작되고 10분 동안 발칸 반도 스타일의 몽환적인 세 가지 실화가 촘촘히 전개된다. 첫째, 사람들이 술을 마시는 가운데 행진 악대와 장전된 리볼버가 동시에 등장하고, 둘째, 일에 집중하지 않고 딴생각을 하던 창녀가 창밖에 포탄이 날아다니자 하던 일을 멈춰버리며, 셋째, 극악무도한 파시스트 대군이 시내 동물원을 폭격하면서 동물들이 오갈 데 없는 신세가 된다.

발칸 반도에서 폭발음과 총성이 들려오지 않은 날이 있었던가? 감독은 뜻밖에도 세르비아의 수도 베오그라드 시내의 동물원을 무대로 선택했다. 동물원의 선량한 관리인 이반은 한쪽 다리를 절룩거리고 말을 더듬지만 모든 동물에게 마음을 다해 사랑을 쏟는다. 이반은 언제나 그랬듯 이른 아침 동물들에게 먹이를 챙겨주다가 군용기가 떨어뜨린 폭탄에 이 작은 동물원이 파괴되는 모습을 목격한다. 울타리는 쓰러지고 동물들은 죽거나 버둥거린다. 또는 부상을 입고 도망친다. 이반은 가까스로 살아남은 조랑말과 엄마를 잃은 검은 원숭이 소니를 품에 안고 화염에 휩싸인 길거리에서 울며 도망친다. 때마침 건달 블랙키 아저씨도 여길 지나간다. 아주 위풍당당한 발걸음으로. 사방이 온통 폐허가 되어버렸지만 '반파시스트를 위한 휘황찬란한 미래'를 향한 블랙키의 기세는 조금도 흔들림이 없다. 세상사에 전혀 구속받지 않는 이 호방한 남자는 양복을 쫙 빼입고 최고급 시가를 피우고 있다. 손목에는 노란 눈의 검은색 고양이까지 올려놓은 채.

블랙키는 시가를 입에서 떼고는 울부짖는 이반을 위로한다. "울지 마라. 이 몸이 동물원 하나 지어주지. 자, 이 돈으로 저 애(검은 원숭이) 우유 값이나 해. 울지 말라니까. 독일 사람들한테 비웃음거리가 된단 말이야."

그다음 내가 영원히 잊지 못할 장면이 이어진다. 블랙키가 정말 존경스러운 동작을 선보인다. 검은 고양이의 폭신한 뒷목을 붙잡은 채 그 털로 오른쪽 신발을 닦은 다음 왼쪽 신발도 닦아버린다 (이 장면이 나오기 몇 분 전, 동물원에서 탈출한 코끼리가 블랙키의 가죽구두 한 켤레를 가져가버린 탓에 블랙키가 이 신발을 이만저만 아끼는 게 아니다). 구두닦이용 수건 신세가 된 고양이는 화가 치밀어 미친 듯이 소리를 질러대다가 구두를 다 닦은 블랙키가 놓아주자 아무 일도 없었던 것처럼 그 자리를 떠나버린다.

전쟁은 아군이 적군을 먼저 폭격하면 적군이 아군을 폭격하는 식으로 진행되지 않는다. 사실 당시 세르비아동물원을 폭격한 독일도 동맹국 공군에 의해 베를린동물원을 폭격당했다. 지금 사람들로 붐비는 베를린동물원은 두 번의 세계대전을 거치면서 원래 자리에서 두 번이나 중건되었다. 원래 인간과 전쟁 그리고 동물의 사이는 끝도 없는 윤리 논쟁으로 점철된 관계다.

〈코끼리 하나코〉는 역사적 실화를 바탕으로 한 일본 드라마다. 이 드라마 역시 2차 대전이 끝나가던 때를 배경으로 한다. 당시 일본은 눈앞에 패전을 맞고 있었다. 군 측은 미국이 일본 영토에 폭탄을 투하하면 일단 동물원을 폭격할 테고, 그 바람에 맹수들이 탈출하면 심각한 안전 문제가 발생할 테니 미리 예방 조치를 하라고 한다. 그러고는 우에노동물원의 사육사에게 8월 31일 전에 맹수들을 '처결'하라면서 총알을 아끼기 위해 독살을 하라고 한다.

코끼리는 사람을 잡아먹지 않지만 힘이 워낙 세서 심각한 피해를 끼칠 수도 있으니 사자, 호랑이와 마찬가지로 반드시 죽어야 한다. 하지만 코끼리들이 어찌나 똑똑한지 독약을 넣은 음식은 입에 대지도 않는다. 사육사 요시오카 료헤이吉岡亮平(소리마치 다카시反

町隆史 분)는 어쩔 수 없이 먹이 공급을 멈추고는 굶어 죽어가는 코끼리 세 마리를 눈물로 지켜본다. 코끼리는 아주 천천히 고통스럽게 죽음에 이르고 시민들이 '장렬히 희생당한' 동물들을 위해 추도식을 마치자 남아 있던 두 마리 코끼리 하나코花子와 톤키唐吉마저도 마지막 숨을 몰아쉰다. 그 거대한 몸체를 허약해지게 만들어 죽음으로 내모는 건 인간과 동물 모두에게 역사상 가장 기나긴 고통의 시간이었을 것이다. 우에노동물원의 사육사는 슬픔을 견디지 못하고 고통스레 묻는다.

"동물이 좋아 사육사가 된 우리가 이제 동물을 죽이고 있네요. 왜 이래야 하는 건가요?"

2년 뒤, 일본은 패전하지만 동물원은 폭격을 피한다. 하지만 코끼리는 이미 사라진 뒤다. 그러던 어느 날, 한 초등학생의 편지가 신문사에 도착한다. 10엔(약 100원)을 동봉한 초등학생의 편지에는 자신의 여동생이 코끼리를 본 적이 없으니, 이 10엔으로 코끼리를 사달라는 내용이 담겨 있었다.

얼마 지나지 않아 일본 정부는 태국에서 아기 코끼리를 사온다. 동물원 측은 이 코끼리에게 다시 하나코라는 이름을 붙인 다음 비참하고 끔찍했던 기억에서 벗어나지 못한 사육사 요시오카에게 맡긴다. 오락거리가 없던 전후 시대, 새로운 하나코는 수많은 어른과 아이들에게 위로가 되어주지만 코끼리 우리에 침입한 주정뱅이가 하나코에게 밟혀 죽는 사건이 발생하면서 코끼리와 인간의 우정과 신뢰에 완전히 금이 가고 만다. 사람들은 하나코를 무서워하고 하나코도 사람을 두려워한다. 요시오카가 아무리 애를 써도 상황은 갈수록 나빠질 뿐이다. 도대체 왜 이러는 걸까? 다시 예전으로 돌아갈 수는 없을까? 하나코가 인간에 대한 믿음을 잃었다기보다는 요시오카가 인간에 대한 믿음을 완전히 잃어버렸다고 말하는 게 맞을 것이다.

하나코를 보고 있으니 다른 코끼리가 떠오른다. 바로 타이완에서 가장 유명한 백전노장, 린왕林旺 할아버지다. 매년 린왕 할아버지의 생일을 축하해주던 아이들은 잘 몰랐을 것이다. 린왕이 젊었을 때는 온순하고 참을성 많은 성실한 병사였다는 사실을. 당시 국민당 군대가 중국과 인도 국경의 산악 지대에서 일본군이 남긴 한 무리의 코끼리를 발견했다. 그중 한 마리가 린왕으로 그때 이름은 '아메이阿妹'였다. 이 코끼리들은 인도차이나 반도에서 쓰촨까지 걸어갔다. 그렇게 걷는 내내 묘기를 부리고 얻은 양식으로 목숨을 부지했고 무거운 몸을 끌고 중국 대륙을 반이나 이동한 것도 모자라 각종 화물과 무기까지 싣고 다녔다. 그는 배를 타고 타이완에 상륙한 뒤에야 퇴역해 동물원에 입주했다. 그리고 린왕은 외국에서 데려온 젊은 신부 마란馬蘭을 만나 퇴역 군인으로서의 새 삶을 시작했다.

1969년 쉰 살 린왕의 대장에 혹이 생겼다. 당시 의학 수준으로는 거대한 코끼리를 전신 마취할 방법이 없어 수의사와 동물원 직원들이 린왕을 꽁꽁 묶고는 사람도 코끼리도 극도로 괴로운 무마취 상태에서 혹을 제거했다. 그 뒤 린왕은 성격이 변해버렸다. 누굴 봐도 분노를 터뜨렸고 특히 사육사와 수의사를 최고로, 가장, 제일 싫어했다. 아무리 지능이 높은 코끼리라고 해도 자신에게 극도의 고통을 주었던 사람들이 사실은 자신의 목숨을 살리기 위해서 그럴 수밖에 없었다는 사실을 이해할 수 없었을 것이다.

목숨은 건졌지만 성격이 포악해진 린왕은 평온한 말년을 보내지도 못했다. 1968년 타이베이시립동물원이 이전하게 되었을 때 린왕을 상자에 들어가게 하느라 수십 명이 속임수를 써야 했다. 또한 무자에 마련한 새집에 들어간 뒤에는 노인이 다 된 린왕이 공중전화 부스를 마란으로 잘못 보고 걷어차는 바람에 오랫동안 상처를 치료해야 했다. 무자의 새집은 '하겐베크식' 동물원이었다. 위안산과는 달리 철조망 대신 도랑을 설치한 덕분에 주변이 실제 자연환경과 더 유사했고 시야도 훨씬 좋았다. 새로 이사한 무자 집은 공간도 더 넓고 공기도 더 신선했지만 린왕은 마음의 변화를 보이지 않았고 심각한 관절염으로 고통받았다. 늘 분노에 차서 자기 자신에게 상처를 입히거나 마란을 다치게 했다. 한번은 마란을 도랑으로 밀어버린 적도 있었다. 하지만 2000년 마란이 먼저 세상을 떠나자 오랜 짝을 잃은 린왕은 더 의기소침해졌다. 린왕은 여든여섯 살에 세상을 떠나면서 문헌에 등재된 세계 최장수 코끼리가 되었다. 다사다난한 일생 동안 그는 누구보다 가혹한 운명을 짊어졌다. 전쟁을 목격했고 전쟁의 후유증을 떠안았음에도 그래야 하는 진짜 이유가 무엇인지 평생 몰랐다.

이는 인류가 얼마나 잔인하게 동물을 해쳤는지 고발하는 우화가 아니다. 결국 모든 전쟁의 절대다수의 희생자는 어쨌거나 인간이고 린왕의 이야기는 그냥 좀 더 극적인 이야기일 뿐이다. 이야기를 해놓고도 좀 이상하다. 완화*에 거주하는 퇴역 군인이 대장

암에 걸려 마취 없이 수술을 받은 뒤 툭하면 젊은 동남아시아 출신 아내를 때렸다는 이야기에는 아무도 신경 쓰지 않을 테니까.

다시 〈언더그라운드〉로 돌아가 보자. 2차 대전 당시 폭격당한 세르비아동물원은 철조망을 두른 구식 동물원이었다. 폭격으로 동물의 집이 무너져 내리는 동시에 동물들을 가두었던 우리도 난간도 모두 사라져버린다. 그다음 장면에서 상처를 입은 호랑이 옆에 아주 쇠약해 보이는 백조가 피를 흘리고 있다. 다친 호랑이는 점점 더 사납게 백조에게 소리를 지르고 백조는 아무런 위력도 없는 부리로 호랑이를 쪼아댄다. 그러자 호랑이가 입을 크게 벌려 백조를 먹어치운다.

감독 에밀 쿠스트리차의 비범함은 겨우 5초밖에 안 되는 시간 동안 우리가 늘 잊고 사는 자연계의 원시적인 본질을 풀어냈다는 점에 있다. 즉 세상은 '인간'과 '동물'의 두 종으로 나뉘는 것이 아니라는 사실을 직시했다는 점이다. 호랑이와 백조는 동시에 고난을 겪지만 그로 인해 둘이 서로 의지하고 돕는 일은 일어나지 않는다. 폭탄이 동물원의 외벽과 난간을 무너뜨린 순간 인위적인 문명의 질서도 같이 파괴된다. 약육강식의 법칙은 전쟁 중에 더욱 노골적으로 실현되며, 잔혹은 일상사일 뿐이다. 그리고 모든 동물은 늘 배가 고프다.

누군가는 인간이야말로 같은 종을 죽이는 유일한 동물이라고 말한다. 내가 보기에 이 역시 오만에 가득한 말이다. 인간은 그렇

■ 퇴역 군인들이 집단 거주하는 타이완의 한 지역.

게 독특한 존재가 아니다. 다른 개를 무는 개를 본 적이 없나? 암컷 사마귀는 아예 수컷 사마귀의 머리를 물어버리지 않던가? 게는 자기 다리를 먹어버리기도 하는데! 생존 공간이 극단적으로 줄어들면 생존은 본능이 된다. 그리고 이 본능을 위해 수백만 가지 방법이 동원된다.

운 좋게도 전쟁이 일어나지 않는 평화롭고 축복받은 땅에서 살고 있는 덕분에 이렇게 극단적인 생각은 하지 않아도 될지 모른다. 〈라이프 오브 파이〉에서 중년이 되어가는 파이가 단 한 번도 바다에서 표류해본 적이 없고 굶주린 맹수와 얼굴을 마주한 속수무책의 상황을 겪어본 적도 없는 작가에게 던진 말처럼 말이다.

"당신이 믿고 싶은 버전은 뭔가요? 중요한 건 그겁니다."

5

동물들의 단체 생활

|

(East) Tierpark Berlin

(동)베를린동물공원

나는 베를린동물공원[■] 안쪽에 있
는 실내 우리 앞에 서 있었다. 유난히도 촘촘한 철조망이 이곳이
맹수 구역임을 알려주었다. 이렇게 촘촘한 철조망 사이로도 그 안
에 있는 동물의 얼룩무늬가 여전히 또렷하게 눈에 들어왔다. 이
세상에 하나뿐인, 이상하리만치 연약하면서도 아름다운 동물의
털가죽이었다. 야생에서는 이미 멸종된 타이완구름표범이 이곳에
서는 신생아까지 셋이 모여 가정을 꾸리고 있었다.

새끼 타이완구름표범은 그냥 장난꾸러기 새끼 고양이나 다름없
다. 엄마에게 제일 높은 나뭇가지까지 올라간 모습을 보여주고 싶
어서 짧은 앞다리를 뻗어 나무로 올라가다가 허공에서 뒷다리를
두 번 휘젓더니 결국 엄마 품에 떨어지고 말았다. 녀석은 아무리
생각해도 모를 일이다. 나는 왜 날 수가 없을까? 엄마는 졸고 있는

■   공식 명칭은 티어파크 베를린Tierpark Berlin(독일어로 '베를린 동물원'을 뜻한다)이나,
앞서 소개한 (서)베를린동물원과의 연관성을 드러내고자 '(동)베를린동물공원'이라는 번
역어를 선택했다.

데도 새끼는 절대 포기할 수 없다는 듯이 작은 공간의 무한한 가능성을 탐색한다. 아빠는 이미 편안한 귀퉁이를 차지한 채 깊은 잠에 빠져 있다.

그 자리에 얼마나 오래 서 있었는지 모르겠다. 우리 밖에는 나 말고 프랑스에서 온 10대 커플과 휠체어를 탄 베를린 시민 그리고 그를 안내하고 있는 동물원 자원봉사자도 있었다. 얼마의 시간이 흐른 뒤, 나는 누군가 눈물을 흘리고 있다는 걸 눈치챘다. 전 세계에서 찾아온, 서로 아무런 상관없는 사람들이 몇 분 동안 동시에 이 자리에 서서 표범의 장난스러운 동작을 넋 놓고 바라보고 있었다. 누구도 말을 꺼내지 않았다. 작은 소리가 이 평화로운 분위기를 망치지 않도록. 우리야 측정할 수 없는 자연의 힘 속에서 평범하기 그지없는 한 가족의 풍경을 지켜본 정도였지만 종의 처지에서 보면, 생명을 잇는다는 것은 얼마나 어려운 일인지.

베를린 장벽이 무너진 후

소련 점령 시기에 세워진 베를린 동물공원은 유럽에서 면적이 가장 넓은 시내 동물원으로, 아름다운 경관을 갖추고 있다. 다른 왕립식물원들과 비교하면 상당히 젊은 공원인 셈이다. 담장과 울타리 등 인간의 '인내심을 시험하는' 설비들이 이미 구시대의 상징이 되어버린 20세기 중엽에 기초 설계가 이루어진 덕분에 이 동물원의 동물들은 오늘날 세상에서 가장 사치스러운 무언가를 누리고 있다. 바로 공간이다.

〈굿바이, 레닌〉은 동독과 서독이 통일되던 해를 배경으로 하는
영화다.

　　의사 : 지금 어머님 상태로는 어떤 자극도 감당이 안 될 겁니다.
커너 씨, 다시 말씀드리지만 어떤 자극도 안 됩니다.
　　알렉스 : 어떤 자극도 안 된단 말이죠.
　　의사 : 그렇습니다. 자극을 받으면 돌아가실 거예요.
　　알렉스 : 동서독 통일 같은 걸 말씀하시는 건가요? (신문 1면을 집
어들며) 이런 것도 '자극'이라고 할 수 있나요?

　　알렉스의 어머니는 평생 동독 공산당에 헌신했다. 혼수상태에
서 깨어난 어머니가 그렇게도 사랑해 마지않았던 조국이 이미 사
라졌다는 사실을 모르도록 알렉스는 영화 감독을 꿈꾸는 두 친
구와 함께 고민에 고민을 거듭한 끝에 동독 시절의 일상을 그대
로 재연한 연극을 벌인다. 가짜 TV 뉴스를 만들고, 아이들을 고용
해 '청소년 선봉대^{Junge Pioniere}'■의 노래를 부르게 하고, 어머니가 읽
어보실 가짜 공문까지 만든다. 무너져버린 베를린 장벽은 세계 최
대의 기념품 공급처가 되어버리고, 오랫동안 만나지 못하다 다시
만난 동서독 사람들은 기쁨에 환호한다. 언론의 자유가 찾아오고,
사람들은 저마다 코카콜라를 한 병씩 손에 들고 있다. 반쯤 무너
져버린 인민공사와 버려진 옛 건물들은 어떻게 찍어도 독특한 분

■　　동독에 있었던 청소년 대상의 대중 정치 조직.

위기를 내뿜는다. 시장경제 체제가 온 유럽을 휩쓸고 모든 도시의 땅값이 배로 치솟는 가운데 독일을 하나로 묶어주었던 꽃장식도 빛이 바래기 시작하고, 정체성의 뿌리를 잃어버린 동베를린 사람들은 과거를 그리워하기 시작한다.

나는 9년 전 처음 독일을 찾았다. 베를린은 거주 비용이 가장 낮은 '서방' 도시로, 유럽 각국에서 젊은 예술가들이 모여들고 있었다. 다들 주머니는 텅 비었지만 혈기는 왕성했다. 버려진 고딕 양식 교회 안에서 밤을 새워 춤을 추다가 아침이 되면 맥주로 보드카의 숙취를 쫓곤 했다. 그 당시의 베를린은 가난뱅이 청년들에게 드넓은 공간을 허락했다. 청년들은 베를린에서 살고, 놀며, 연애했고, 어쩌다가 가끔 창작을 하기도 했다. 당시 부동산업자들은 이렇게 말하곤 했다. 창의적인 일을 하면서 예술적 감수성을 발산하는 사람이라면 생활 인프라가 완비되고 사람들의 의식 수준도 높은 서베를린에 살아야 하지만 놀고, 먹고, 친구들을 만나려면 강렬한 자극이 가득한 동베를린으로 가야 한다고.

베를린 장벽이 이 도시를 둘로 나누었던 시절, 동베를린은 무겁고 우울하면서도 슬픔과 어둠을 간직한 이미지였다. 그러나 장벽이 무너져 내린 뒤, 역사의 무게는 자연스레 예술의 재료가 되어버렸고 휘황찬란한 빛과 상처는 스탈린식 건물의 한구석으로 숨어들었다. 쇠락의 아름다움이 그대로 남아 있는 베를린. 이 도시의 희로喜怒에는 쇠락이 남긴 뜨거운 피와 살의 온기가 남아 있고 사람들은 베를린의 이런 쿨한 섹시함을 우러른다. 돌바닥 틈새에는 늘 예리한 유리 조각이 끼어 있다. 전날 밤 지나가던 사람이 품에 안고 있다가 실수로 바닥에 떨어뜨린, 반만 차 있던 술병의 흔적이다. 지금의 동베를린에서 살다 보면 매일 밤 집으로 돌아가다 계단 복도를 지나칠 즈음, 어느새 등골이 서늘해진다. 저 모퉁이의 끝없는 어둠 속에 서 있는 이는 영화 〈베를린 천사의 시〉에 나오는 검은 외투를 입은 그 천사일까, 아니면 웃고 있지만 웃고 있지 않은 첩보원일까?

루 리드의 베를린

얼마 전 세상을 떠난, 전 세계 음악 팬들은 물론 음악 팬이 아닌 사람들조차도 그리워하는 록스타 루 리드가 1973년에 발매한 앨범이 바로 〈베를린〉이었다. 어둡고 무거우면서도 실험성이 강했던 이 한 편의 록 오페라는 듣는 이의 정신력을 시험하는 한 소절 한 소절로 가득하다. 마약에 찌든 커플의 절망적인 숙명을 낭만적이면서도 폭력적으로 풀어낸 앨범이다. 팬들은 하나같이 넋이 나가 어떤 반응도 보이지 못한 채 그저 눈물을 떨구며 욕만 해댈 뿐이다.

당시의 루 리드는 '벨벳 언더그라운드'를 막 떠난 상황이었다. 결코 아름다운 이별은 아니었다. 게다가 당시 그는 자신이 참여한 앨범으로, 노란 바나나가 표지 이미지로 들어간 〈벨벳 언더그라운드 앤 니코〉가 역사상 가장 중요한 록 음반의 반열에 오르리라는 것도 예감하지 못했다. 이뿐이 아니었다. 당시 이 앨범을 들으며 자신의 길을 헤쳐나간 끝에 체코 대통령이 된 팬도 있었다.[■] 당시의 루 리드는 술과 마약에 절어 사는 미성숙한 인간이었고 막 결혼한 첫 번째 아내와는 걸핏하면 싸웠다. 아무런 선택의 여지가 없던 당시 그는 갓 음악계에 뛰어든 초보 연주자들을 데리고 길거리 공연에 나섰다가 도중에 멤버 전원을 내쫓아버리기도 했고, 나중에는 아예 데이비드 보위와 싸움을 벌이기도 했다.

당시 그는 베를린에는 가본 적도 없었다. 베를린은 그에게 하나의 개념에 지나지 않았다. 아침이면 예술가가 마주할 수밖에 없는 자신의 어두운 면면 같은. 베를린은 한 사람을 집어삼킬 수도, 또 새로 태어나게 할 수도 있는 도시였다. 〈베를린〉은 거의 팔리지 않았고 음악 평론가들로부터도 외면받았다. 이 앨범을 '한바탕의 재앙'이라 평했던 〈롤링 스톤Rolling Stone〉지는 6년 만에 '과장되고 퇴폐적이며' '역사상 가장 우울한 앨범 가운데 하나로서 그 기이한 아름다움을 두려운 자태로 드러냈다'고 재평가했다. 그해 루 리드가 발매한 재즈 앨범 〈벨스The Bells〉가 너무 끝내줬기 때문에 음악 평론가도 갑작스레 〈베를린〉이 얼마나 대단한 앨범이었는지 깨달은 것인지도 모르겠다.

<hr />

■ 체코의 바츨라프 하벨Vaclav Havel을 가리킨다. '벨벳 언더그라운드'의 열광적 팬이었던 그는 이들의 음악으로부터 큰 영감을 받으며 반체제운동을 했다고 한다. 대통령 취임식에 '벨벳 언더그라운드'의 보컬이었던 루 리드를 초대하는 파격으로 더욱 화제에 오르기도 했다.

사회주의의 이상을 담은 동물원

독일민주공화국(동독)이 성립되면서 공식적으로 45년간에 걸친 동서독의 정치적 분단이 시작되었고, 기차역 옆에 있던 오래된 베를린동물원은 서베를린에 속하게 되었다. 그해 동베를린에서는 군경과 시민들이 함께 '프로이센 봉건주의 타파' 운동을 시작했고, '첫 번째 사회주의 도로'인 드넓은 '카를 마르크스 알레Karl-Marx-Allee'가 동베를린을 가로지르게 되었다. 1953년 이 길을 지나간 구소련의 탱크 부대는 독일에서 일어난 첫 번째의 대규모 노동운동을 진압했고 2년 뒤에는 이 길의 동쪽 끝에서 동물원이 문을 열었다. 서방에 대항하는 하나의 상징으로서 특별한 의미가 있는 동물원이었다.

수많은 봉건적 요소로 특징지어지는 오랜 역사의 베를린동물원과 달리 동독 건축가는 사람의 그림자가 사라져버린 왕립식물원을 모든 시민을 위한 휴식 장소로 설계했다. 동물공원의 동물들은 인조 암석과 폭포 등 상대적으로 자연과 비슷한 환경에서 살아가고 있고 가운데 자리한 거대한 옛 사냥터에는 보드라운 푸른 잔디가 융단처럼 깔려있다. 운하와 나무가 철조망을 대신했고 군주제 시절부터 그곳에서 자라던 나무들은 다행히도 살아남았다. 학자들의 연구와 구획 끝에 동물원 측은 말굽 동물들과 조류를 거대한 옛 사냥터에 풀어놓고 함께 키우기로 했다. 그 위를 내달리는 동물들을 보고 있자면 전신에 상쾌한 기운이 감돈다. 단체 생활 속에서 공통의 이상과 신념을 실천했던 동베를린 사람들처럼 동물공원의 동물들도 질서 정연한 단체 생활을 하고 있다. 인위적인

베를린동물공원 중앙에 자리한 낙타 초원. 홍학이 함께 살고 있다.

자연 경관 속에서 사육사는 시간표에 맞춰 먹이를 챙겨주고 동물들이 야성을 잃지 않도록 과학적인 방법으로 동물행동풍부화^{animal} environment enrichment 훈련을 진행한다.

도시의 새로운 표정

2012년 6월의 어느 이른 아침, 잠에서 깨어난 나는 빈틈없이 완벽하게 90도로 꺾어진 창문턱을 바라봤다. 창문턱은 내가 엄격하고 실용적인 나라에 와 있음을 말해주었다. 만약 신에게 삼각자를 빌릴 수 있다면 독일 사람들은 아마 구름층의 형상까지 규격화할 것이다. 베를린의 아파트에 짧게 머무르는 동안 초여름이 찾아왔지만 2.5미터 높이의 천장은 높이 솟은 사면의 커다란 창과 함께 냉기를 내뿜었다. 그 아래에 걸린 단순하고 가벼운 조명 장식에는 절전용 전구가 들어 있었다. 화장실과 욕실은 따로 있었는데, 새하얀 욕실에서는 잡냄새 하나 나지 않았다. 수십 년간 반질반질 윤이 나게 닦여온 황동 문손잡이를 돌리고는 녹색, 갈색, 투명 유리병이 분리 수거된 곳을 지나자 맞은편 길거리 식당의 남자 종업원이 앞치마를 두른 채 식탁보의 무늬에 맞춰 식기와 물컵을 늘어놓는 모습이 보였다.

버스가 예술 문화 공간인 '타헬레스^{Tacheles}'를 지나갔다. 이 낡은 국영 건물은 한때 부호, 군인, 나치주의자의 손에 차례로 넘어갔다가 펑크 예술가들에 의해 24년 동안 점거되었다. 이제는 '평화롭게 이전'되어 조용히 숨을 고르며 환골탈태를 준비하고 있다.

이 건물은 땅값 상승의 최대 공신이기도 하다. 주변을 둘러보면 서점과 사진 스튜디오, 미술관, 디자인 작업실, 크리에이티브 프로덕트 숍, 커피숍들이 하나같이 눈을 커다랗게 뜨고 아름다운 하루를 맞고 있다. 과거의 상처와 그림자는 존재하지도 않는다는 듯이. 이미 얼룩덜룩해진 흑백사진 속 무너져 내린 높은 건물과 질서 정연하던 열병식 장면은 머나먼 이국의 풍경이 되어 있었다. 3.5유로(약 4600원)짜리 엽서에 찍힌 모습이다. 엽서를 비싸게 팔면 반드시 깎아달라고 하시길.

'동베를린동물공원' 지하철역은 지금 남아 있는 지하철역 중 유일하게 동독 정부가 지은 것이다. 두툼한 계단을 밟고 밖으로 나가면 대로 옆으로 정사각형의 아파트가 있고 위로는 수백 개의 창문이 빽빽이 늘어서 있다. 내가 머문 일주일 동안 아파트는 낮 시간의 압도적인 평온 속에서 아주 고요해 보였다. 슈퍼마켓 앞의 광장에는 반은 열리고 반은 닫힌 시장이 보였고, 맥도날드 안의 노인과 청소년들은 하나같이 무료한 표정이었다. 깔끔하고 평탄한 대로를 가로지르면 동물원 정문이다. 면적이 베를린동물원의 두 배나 되는데도 입장료는 상대적으로 저렴하다[베를린동물공원의 입장료는 12유로(약 1만 5800원)이고, 베를린동물원의 입장료는 13유로(약 1만 7150원)다]. 깨끗하고 소박한 화장실에서 청소하는 아주머니가 영어로 이렇게 말한다. "30센트(약 1200원)요." 거스름돈도 거슬러 준다. 나는 기업이 관리하는 짙은 녹색의 새 벤치에 앉았다. 그러고는 가짜 산에서 낮잠을 즐기는 북극곰을 보며, 샌드위치를 먹었다. 그 순간 화목한 4인 가족이 커다란 개를 끌고 지나갔다. 그때 갑자기 '풍덩' 소리가 들렸다. 어디서 소리가 났는지 사람들이 사방을 둘러봤다. 흰곰이 물에 들어가 신나게 수영을 하고 있었다.

새천년이 지나고 갑자기 뭔가 깨닫기라도 했는지, 〈롤링 스톤〉지는 '재앙'이라고 평했던 루 리드의 앨범 〈베를린〉을 록 역사상 500대 명반 중 344위로 선정했다. 〈베를린〉은 그렇게 명예를 회복했다. 하지만 록이, 그리고 우리가 록을 바라보는 마음이 예전과 같기는 한가? 청소년들은 늘 자신들이 영원히 록을 사랑하리라 생각한다. 장벽이 무너지던 순간, 격앙된 모습으로 이 순간을 영원히 잊지 못할 거라고 믿었던 사람들처럼.

남아 있는 1.3킬로미터의 베를린 장벽은 강렬한 정치적 메시지가 담긴 그림으로 덧칠해져 있다. 이름 하여 '이스트사이드 갤러리East Side Gallery'. 이제 베를린에서 가장 중요한 관광지가 되어버린 장벽 아래로는 슈프레 강이 흐르고 오버바움 다리가 과거 동서독 국경을 원활하게 연결한다. 몇 년 전, 이스트사이드 갤러리는 유럽 통신사 '오투O2'가 새로 짓는 '오투 월드O2 World' 체육관을 위해 슈프레 강의 풍경을 50미터 정도 조용히 포기했다. 그런데 올해는 고급 아파트를 위해서도 양보해야 할 판이다. 작품 몇 점이 철거될 계획이라지만 아무도 작가들에게 이 사실을 알리지 않고 있다.

세상에 변하지 않는 것은 없다. 나는 동물원 식당의 실외 테이블 앞에 앉아 얕은 물 건너, 철망으로 가려진 나무숲에서 남풍에 취해 있는 낙타들을 바라보았다. 긴 다리의 홍학들이 낙타들의 룸메이트가 되어 같이 지내고 있다. 동물원 주인이 바뀐다는 소문이 사실로 확인되면서 이곳이 전면적으로 재단장될 예정이라는 말이 끊임없이 들려온다. 눈앞의 이 풍경도 곧 사라질 테지만 이 동물원이 완공되었던 동독 시절, 분명 많은 사람들이 이상을 품고 동독을 아름다운 나라로 만들겠노라 맹세했을 것이다. 그렇지 않았다면 이렇게 좋은 동물원부터 세웠을 리는 없지 않은가. 동서독은 이 동물공원이 개원하고 5년이 지나서야 높은 담을 쌓았다. 베를린이 분단되어 있는 동안 이 동물원의 원장은 줄곧 과학자 하인리히 다드Heinrich Dathe였다. 1990년 1월 6일, 베를린 장벽이 무너진 지 58일째 되던 날, 나치 당원이자 만년 동물원 원장이었던 그는 세상과 이별을 고했고 냉전은 끝이 났다.

그 뒤, 눈 깜짝할 사이에 22년의 세월이 지나갔다. 그리고 그사이 내 마음속에 남았던 냉전 시대의 우울도 동베를린처럼 점차 투명하고 산뜻하게 변해버렸다.

어미 곰 토스카의 우울

중국 명나라 초기의 문학가 송렴 宋濂의 《잠계집潜溪集》에는 그 유명한 금실 원숭이 이야기가 수록되어 있다. 금실 원숭이 모자는 사이가 얼마나 좋았던지, 그렇게 날쌔게 돌아다니면서도 어미는 아들을 잊지 않고 꼭 안고 다녔다. 사냥꾼들은 하나같이 새끼 금실 원숭이의 보드라운 모피를 손에 넣고 싶어 했다. 그래서 계획적으로 어미를 먼저 독살한 다음 어미의 모피로 새끼 금실 원숭이를 유인했다. 새끼는 엄마가 이미 죽었다는 걸 알면서도 너무나 그리운 엄마의 냄새에 이끌려 사냥꾼의 덫에 걸려들었고 결국 엄마의 모피를 끌어안고 마지막 잠이 들었다.

온라인을 달군 여행기에도 모성애에 관한 또 다른 이야기가 나온다. 한 관광객이 아프리카 관광지에서 막 죽은 천산갑을 샀다. 그런데 암컷 천산갑을 불에 굽고 두드려서 사지를 절단한 뒤에야 사체 복부에 숨어 있던 분홍색 새끼 천산갑이 발견되었다. 죽음 앞에서도 자식을 포기하지 않는 '끝없는 모성'에 대해 전해준 사람은 '채식을 하자'고 권했고 내 눈에도 눈물이 그렁그렁 맺혀버렸다. 그런데 잠깐만, 과학 정신을 발휘해서 생물에 대해 잘 아는 아저씨에게 사진을 보내줬더니, 그가 냉담하게 한마디 했다.

"이건 천산갑이 아니라 아르마딜로인데요."

아르마딜로면 아르마딜로지 뭐. 근데 생각을 좀 해보자. 모성애는 정말 대가를 바라지 않는 이타적인 사랑일까? 아니면 종족 보존을 위해 유전자 깊이 심어진 본능일까? 그리고 천산갑과 아르마딜로도 육식동물이다. 개미랑 흰개미 그리고 각종 곤충을 먹는다고!

이런 이야기를 늘어놓고 있으려니 눈가가 살짝 촉촉해지네. 하지만 내가 하고 싶은 이야기는 어미와 자식 간의 깊은 사랑이 아니라 모성 콤플렉스다.

암컷은 힘들고 외롭게 새끼를 낳아 기른다. 아무런 도움도 받지 못하는 상황에서 고통스러운 출산에 들어가고, 동시에 적을 피해 몸을 숨겨야 한다. 먹이를 잡아야 하지만 자기 새끼가 다른 동물의 먹이가 되는 것도 막아야 한다. 암컷은 자연선택 과정에서 수많은 시련을 겪으면서 수없이 잔혹한 선택을 한다. 대형 고양잇과 동물과 소형 고양잇과 동물이 한 번에 네다섯 마리의 새끼를 낳을 때가 있다. 어미는 이 새끼들을 데리고 강과 호수를 누벼야 하는데, 입에 물고 다닐 수 있는 새끼는 한두 마리 정도다. 어미가 먹이를 많이 잡아오면 다 같이 배부르게 먹을 수 있지만 그렇지 못하면 새끼들은 알아서 먹고살아야 한다. 소와 양 그리고 말의 새끼는 태어나자마자 네 발로 혼자 일어서야 한다. 일어나지 못하면 모유를 먹을 수 없고, 모유를 먹지 못하면 살아갈 방법이 없다.

〈낙타의 눈물〉은 내 마음속의 영원한 넘버원 다큐멘터리다. 두 명의 감독이 몽골족의 현악기인 마두금馬頭琴을 기록으로 남기고 싶어서 고비 사막으로 달려간다. 그러나 모래바람에 얼굴과 촬영 기계까지 죄다 고장 나버리고 유목민의 집에는 마두금을 연주하는 사람도 없다. 하지만 봄이 되어 번식기가 찾아오자 면양과 낙타 새끼들이 많이 태어난다. 몽골인들은 새끼를 낳은 암컷이 직접 새끼를 키우게 하는데, 새끼가 어느 어미에게서 태어났는지 정확히 찾아낼 방법은 모유밖에 없다.

할머니 (할아버지를 향해) : 이놈이 아니고, 저놈이라니까요.
할아버지 (양들을 나누면서 두 손 가득 새끼 양을 안고) : 아 글쎄, 내가 그걸 어떻게 구분해내냐고!

낙타는 사막과 초원을 걸어 다니는 동물 중 가장 강인하다. 임신 기간이 360일에서 440일 사이인데, 출산 직전까지도 걸어 다닌다. 그해 몽골 초원에서 마지막으로 출산을 기다리고 있던 암컷 낙타는 성격이 유난히도 괴팍해서 새끼를 낳을 때도 유별나게 진을 뺀다. 꼬박 이틀 내내 진통을 겪고 마지막에는 유목민의 도움을 받은 끝에 겨우 새끼를 낳는다. 새끼는 머리가 상당히 큰데다 뜻밖에도 색이 하얗다! 암컷 낙타는 진통이 너무 힘들어 화가 났는지 하얀 새끼를 아는 척도 하지 않고 발로 툭툭 치며 젖도 물리지 않는다. 새끼의 상황이 위급해지자 할아버지가 이렇게 말한다.

보아하니, 약사라도 불러와야겠구나……. 네 형 오라고 해라……. 뭐? 너도 간다고? 너 낙타 탈 줄은 알아?

형이랑 같이 가겠다고 난리를 치는 꼬마 남자아이는 키가 낙타 다리보다 작다. 하지만 낙타더러 무릎을 꿇으라고 고함을 치더니만 결국 엄마 품에 안겨 낙타 위에 올라앉았다. 시내로 나간 형제는 만화를 보게 된다. 그러자 작은 아이는 꿈이 텔레비전을 사는 것으로 바뀌어버린다.

형 : 텔레비전을 사려면 양을 엄청나게 많이 팔아야 해.

동생 : 우리 집에 양 많잖아!

형 : 텔레비전만 사면 끝나는 게 아니라니까. 전기도 있어야 한단 말이야.

이 다큐멘터리는 사라져가는 몽골의 정신은 물론 '낙타의 산후우울증'과 '마두금의 심리치료 효과'까지 기록한 작품이다. 정말 운 좋게 봤는데, 그 뒤로는 아무리 찾아도 찾을 수가 없다.

2006년 12월 5일 다년간에 걸친 교배와 연구 끝에 북극곰 형제가 드디어 베를린동물원에서 태어났다. 기쁜 소식이었지만 스무 살의 어미 토스카Tosca는 왜인지는 몰라도(분명 고충이 있었을 것이다) 이 새끼들을 키우려 하지 않았고 새끼들은 북극곰 구역의 돌덩이 위에 내팽개쳐졌다. 며칠 만에 형이 죽자 동생이었던 크누트는 보온상자로 옮겨졌고 그로부터 44일 뒤에야 위험한 상태에서 벗어났다. 크누트는 사육사의 세심한 보살핌 속에서 혼합 조제된 젖을 먹으며 순조롭게 자랐다. 그리고 이내 베를린동물원의 보물이자 독일의 빛이 되어 월드 스타로 발돋움했다. 사람 손에 키워진 크누트의 이야기는 '고아의 분투기'로 포장되었다.《크누트: 작은 북극곰 한 마리가 어떻게 세상을 사로잡았나》가 바로 그런 책이었다. 하지만 사람들이 이 이야기에 취해 있을 무렵 미디어가 과도한 관심을 보였고 이는 월드 스타 크누트에게 결코 달가운 일이 아니었다. 당시 누구도 이 이야기의 결말을 예상하지 못했다.

2011년 평범했던 어느 날 아침, 크누트는 언제나 그랬듯 동물원 안에서 자신에게 손을 흔드는 사람들, 자신의 사진을 찍고 환호성을 지르는 사람들을 바라보며 참을성 있게 먹이를 기다렸다(크누트는 크루아상을 제일 좋아했다고 한다). 그런데 뭔가 좀 이상했는지, 크누트가 제자리에서 몇 바퀴를 돌았다. 그러다 갑자기 뒷다리 쪽에 경련이 일어나면서 뒤쪽 연못으로 넘어지고 말았다. 그 뒤 크누트는 다시는 눈을 뜨지 못했다. 크누트는 4년 3개월을 살았지만 북극곰은 보통 스무 살까지 산다. 혜성같이 왔다 간 크누트의 일생은 수많은 논란을 낳았다. 자연 진화에 인간이 간섭해서는 안 된다고 말하는 사람도 있었다. 동물원이 나서서 크누트를 스타로 만드는 바람에 각종 스트레스를 견디다 못한 크누트가 요절했다고 말하는 사람도 있었다. 수많은 질책과 책임 전가가 이어진 뒤, 대중은 이 모든 문제의 근원으로 돌아가기 시작했다. 도대체 크누트의 엄마는 왜 새끼를 버린 거지?

어미 곰 토스카는 지금도 베를린동물원에 살고 있지만 그녀의 마음을 신경 써준 사람은 아무도 없었다. 토스카가 새끼를 버린 이유를 제대로 아는 사람도 없었다. 토스카라 불리는 이 북극곰에 대해서는 보도도 기록도 거의 없다. 다만 토스카가 베를린동물원에 오기 직전 북극의 빙하 속에서 바다표범을 잡아먹고 살았던 것이 아니라 서커스단에서 묘기를 부리며 살았다는 것만 알려져 있다. 그곳에는 자유를 잃은 암컷 북극곰들이 많았다. 〈덤보〉에서 새끼를 지키고 싶은 절절한 마음에 모질게 굴다가 '악질 코끼리'라는 꼬리표를 달고 철조망 안에 갇혔던 어미 코끼리처럼. 서커스단은 정신없이 바쁘게 돌아갔고 언제나 돈이 부족하다. 그러니 분명 토스카에게 사랑이 무엇인지 가르쳐준 이도 없었을 것이다.

'고비 사막에서 마주친 뜻밖의 아름다움'이든 '동물원의 윤리적 비극'이든 결국 모두 언어적 수사, 결과론적인 이야기에 불과하다. 어떤 '인위적 간섭'에는 유목민들 사이에 전해온 삶의 지혜가 응축되어 있지만 모든 것을 쏟아부은 노력이 가슴 아픈 결말로 이어진 '인위적 간섭'도 있다. 어쨌거나 생명의 탄생은 그 자체가 아름다운 우연이다. 어쨌거나 이제는 엄마도 안녕하시길.

■ 저자가 이 책을 집필 중일 때는 토스카가 살아 있었지만 2015년 6월 베를린동물원은 시력, 청각, 후각, 방향감각 등을 모두 잃어 일상생활이 어려워진 서른 살의 토스카를 안락사시켰다.

6

느림의 즐거움

|

Montpellier Zoo
몽펠리에동물원

이곳은 우주의 중심. 나는 이 중심에서 얼마 떨어지지 않은 캐노피 아래 작은 테이블에 앉아 주문한 커피를 기다리고 있다. 하지만 커피는 나올 기미도 보이지 않는다. 죽어도 안 온다.

내가 처음 배운 스페인어는 "이거 얼마예요?"도, "저기 제 발을 밟으셨는데요"도, "죄송한데, 저 남자 친구 있어요"도 아닌, "천천히, 천천히Mas despacio, por favor"다. 차마 떠나지 못하고 아쉬워하는 아름다운 작별의 순간이든, 친밀한 스킨십을 나누는 열정적인 찰나이든, 온 가족이 모인 따뜻한 풍경 속에서든, 비바람이 지나간 맑은 하늘 아래서든, 고된 여정 끝에 도달한 설산 꼭대기에서든 우리가 반드시 요구해야 할 단 하나는 바로 '천천히'다. 당신은 이런 순간이 영원하길 바랄 것이다. 마치 그림처럼. 하지만 풍경은 그림처럼 조용히 멈춰 있지 않는다. 시간은 영원히 쉬지 않고 앞으로 나아가기 마련이다. 다만 느릴 뿐. 라벤더 들판이든 아니면 니스 해안이든, 야자수 아래에서 로즈메리를 넣고 구운 닭에 푸른 채소를 곁들여 느긋하게 즐기든 아니면 키 작은 전나무 앞의 풀밭 위에 머플러를 펼쳐놓고 오후의 첫 번째 백포도주를 홀짝거리든, 칸이나 니스 같은 남프랑스의 도시를 유유자적 돌아다닐 때의 유일한 원칙은 '느림'이다. 언제나 놀라운 것은 그렇게 몸과 마음을 다해 시간을 흘려보내고 나서 '이만하면 시간이 어느 정도 흘렀겠지'라고 스스로 물어볼 때마다 정작 시곗바늘은 고작 몇 분밖에 움직이지 않았다는 것이다. 하지만 절대 조급해할 필요는 없다. 조급한 행동은 남프랑스에서는 비현실적이고 심지어 아무 효과도 없으니까.

우주의 중심, 페르피냥의 기차역

　　　　　　우주의 중심, 이곳의 이름은 페르피냥이다. 프랑스 남부에 자리한 중세 유적의 보고로서 13~14세기까지 마요르카 왕국이 유럽 대륙에 지은 수도였다. 특히 700년 역사를 간직한 대성당과 황실이 세 번 바뀔 동안 지어진 황궁으로 유명하다. 지금은 프랑스령이지만 주민들은 영락없는 스페인 카탈루냐 사람들이다. 여자들은 살짝 올라간 입꼬리, 긴 속눈썹, 매끄럽고 탄탄한 어깨, 최상급 이베리아 햄처럼 건강한 붉은 피부를 가졌다. 페르피냥의 음식과 술은 카탈루냐 전통에 깊은 영향을 받았다. 이곳 식당에서 식사할 때는 꼭 프랑스어로 스페인 음식을 주문해야 하고, 길거리 표지판은 프랑스어와 카탈루냐어로 표기되어 있다. 하지만 걱정할 필요는 없다. 어떤 언어에서든

'커피'라는 단어의 발음은 별 차이가 없으니까. 그런데 내 커피는 지금도 감감무소식이다.

시험 삼아 숨을 천천히 가라앉혀보았다. 언젠가 생명의 함수와 호흡 회수가 관련 있다고 누군가가 진지하게 하는 말을 들은 적이 있기 때문이다. 1분에 100번씩 숨을 쉬는 시궁쥐의 평균 수명은 4년인 반면 2분에 한 번 숨을 쉬는 거북은 100년을 넘게 산다. 수명을 결정하는 요인은 분명히 이보다 훨씬 더 복잡하겠지만 말이다. 산소가 좀 부족하다 싶은 순간, 나는 이 호흡 요법을 아예 포기해버렸다. 숨을 참다가 그야말로 숨넘어갈 지경이 되었기 때문이다.

1963년 초현실주의 화가 살바도르 달리는 페르피냥의 기차역에서 전에 느껴본 적이 없는 초현실적인 체험을 했다. 우주의 근원에서나 나타날 법한 심리적 환희였다. 그는 이 기차역 대합실에만 앉아 있으면 영감이 끝없이 솟아오른다면서 이베리아 반도는 이곳을 중심으로 회전한다고 믿었다. 달리는 이를 주제로, 초현실주의의 이정표적인 작품인 〈페르피냥 철도역〉을 창작했고, 이 기차역을 '우주의 중심'이라고 선언했다.

달리는 우주진화론자였다. 코페르니쿠스와 갈릴레이처럼 평생 존재의 본질을 탐색하며 이에 매료되었던 그는 의사에게 정신질환 진단을 받은 천재이기도 했다. 〈페르피냥 철도역〉에서 빛이 교차하는 곳이 중심점이 되고 무기력하게 기차역 위를 부유하던 달리는 아무것도 의지하지 않은 채 허무 속으로 빠져들어 간다. 삼지창을 든 농민은 말없이 예수의 손발에 생긴 성흔을 바라보고 있다. 마치 그 핏자국과 자기가 들고 있는 뾰족한 물건은 아무런 관련도 없다는 듯. 또 한 여인이 부유하는 달리를 그저 바라본다. 그리고 이때 기차 한 대가 천천히 우주의 중심, 페르피냥 기차역으로 들어선다.

이 기차역의 시간 감각은 확실히 남다르다.

바삐 다음 역으로 이동해야 하는 글로벌 매체의 특파원이 다급히 황색 자동 발매기로 표를 사려 했다. 하지만 악명 높은 발매기 여섯 대는 수리 중이거나 프랑스 밖에서 발행된 카드로는 결제가 되지 않았다. 그녀는 하나같이 삐딱하게 서 있거나 수다를 떨고 있는 역무원, 매표원, 청소부 그리고 제복 차림의 직원에게 묻고 또 물어가며 결국 매표소를 찾아냈다. 매표소에는 두 짝짜리 문이 네 쌍이나 있었지만 그중 하나만 출입이 가능했다. 그나마 문이 제대로 달린 것도 아니어서 사람이 안에서 친절하게 문을 밀어줘야 들어갈 수 있었다. 그렇게 매표소에 들어간 그녀를 맞아준 건 표를 사기 위해 늘어서 있던 열 명가량의 사람들이었다. 그녀는 열 명이면 괜찮다고 생각했다. 자신이 곧 빠져들게 될 고통의 심연은 전혀 알아차리지 못한 채.

최신 과학 기술로 설계된 프랑스 국철의 새 매표소는 편리해 보이기는 하지만 표를 사는 풍경은 기본적으로 지난 세기와 별다를 바가 없다. 그리고 이곳에서는 매표원을 자동 발매기로 여겨서는 안 된다. 당신은 그를 새로운 친구로 받아들여야 한다. 매표원이 손짓으로 '다음 사람'을 부를 때마다 승객은 일정한 순서에 따라 과정을 밟아가야 한다. 일단 안부를 묻고 진심이 담긴 미소를 지어야 한다. 이런 것을 소홀히 해서는 안 된다. 그다음에 당신이 원하는 것을 알려주되, 그냥 단순하게 목적지와 시간만 말해서는 안 된다. 사실 승객이 결정한 노선이 절대 최선의 노선일 리 없기 때문이다. 따라서 마음에 품고 있는 여정을 하나하나 빠짐없이 매표원에게 털어놓는 게 좋다. 왜냐하면 여행은 몸의 외적 이동만이 아닌 영혼의 여정이기도 하니까.

"그러니까 이런 거죠. 저랑 제 아내가…… 여기 있는 이 어여쁜 여자 말이에요. 아내와는 1968년에 친구 사이로 시작했어요. 맞아요. 그해 파리에서 길거리 시위에도 같이 참여했지요……. 하지만 그 이야기까지 하려면 사연이 길어요……. 아, 그래요? 어쩌면 제가 선생님의 작은할아버지와 어깨를 나란히 하고 시위에 참여했을 수도 있겠군요! 좋아요. 어쨌거나 다시 하던 이야기로 돌아가면 이런 거예요. 우리는 결혼 45주년을 축하하는 중이랍니다. 그래요. 고맙습니다. 예전에도 매년 함께 여행을 다녔는데, 아이들이 태어나니 방법이 없더라고요……. 이제는 다들 커서 집을 떠났죠. 그래서 이제 다시 여행을 시작했어요. 애가 둘인데, 아들 하나, 딸 하나예요……. 고마워요. 좋네요. 이틀 전에 여기 도착해서 카탈루냐 최고의 음식과 술을 맛보고 마요르카 성이랑 중세 성당도 보았답니다. 신문사에서 주최한 사진전에도 갔었는데, 아이고, 전쟁터의 아이들을 보면서 얼마나 가슴이 아프던지. 그럼요, 우리도 손자가 있거든요……. 내일이면 이 사랑스러운 곳을 떠나야 해요. 아비뇽으로 가서 라벤더 들판을 둘러봐야 할까요, 아니면 니스로 가서 해변의 아름다움을 만끽하는 것이 좋을까요? 듣자 하니 둘 다 이루 말할 수 없을 정도로 아름답다고 하고, 또 둘 다 여기서 급행열차를 타면 편히 가볼 수 있다더군요. 우리야 여행객이지만 선생님은 이곳 전문가이시니, 추천 좀 해주겠어요?"

가족사부터 시작해서 여행 취향, 날씨에 대한 느낌, 가정에 대한 철학까지 모두 주고받은 뒤에야 매표원은 적당한 노선과 좌석까지 골라 여행객들에게 선택지를 보여준다. 모니터를 살짝 누르면 왼쪽의 인쇄기가 따끈따끈한 티켓 두 장을 토해내고 매표원은 자애롭게도 코트지에 인쇄된 컬러풀한 프랑스 국철 공식 봉투에 표를 넣어 여행객에게 두 손으로 건넨다. 여행이 즐겁길 빈다는 말과 앞으로도 행복한 결혼 생활이 이어지길 바란다는 인사말을 건넨 매표원은 미소를 거두고 마음을 '리셋'한 다음 탁자 아래의 신비한 버튼을 누른다. 그러면 매표대 위에 갑자기 틈이 벌어지면서 총기 방어용처럼 생긴, 테두리에 금속을 두른 유리 장막이 난데없이 솟아오른다. 쿵 소리와 함께 유리 장막이 매표원과 여행객들의 기나긴 줄 사이를 가르면 매표원은 유리 장막 위로 블라인드를 내리고 아무것도 보이지 않는다는 듯 뒷문을 열고 휴식을 즐길 준비를 한다. 한시라도 빨리 표를 사야 하는 기자는 눈물을 머금고 한숨을 내쉬었다. 이 대합실에서 이미 30분을 서 있었건만 표는 사지도 못했고, 달리처럼 대단한 영감을 받은 것도 아니었으니까.

세상에서 가장 느긋한 동물원

몽펠리에동물원은 이 우주의 중심에서 멀지 않다. 효율에 대한 모든 욕구를 포기하고 정신없이 바쁜 와중에도 여유롭게 줄을 서서 표를 산 뒤, 급행열차 '렌페 9706^{RENFE 9706}'을 타고 한 시간 32분만 가면 짙푸른 해안 지대의 세 번째 도시인 몽펠리에 종점에 도착하게 된다. 인파를 따라 플랫폼을 나서면 플랫폼 턱을 의식하기도 전에 노면전차가 종횡으로 교차하는 궤도를 밟게 되고 양옆으로 늘어선 야자수가 하늘거린다. 반짝반짝 윤이 나는 새 노면전차 위로 울긋불긋한 그림이 진보라색, 청록색, 담황색 그리고 진홍색 바탕을 덮고 있다. 전차가 어찌나 순하게 움직이는지, 길 중간에서 절름발이 개가 가려운 데를 마음껏 긁어도 될 듯하다.

역시나 마음이 푹 놓이는 친환경 버스를 타고 제3 대학 옆의 산비탈을 올라 '녹색삼림대로'라는 이름이 붙은 길을 지나면 순식간에 이 동물원이 가장 자랑스럽게 여기는 아마존 열대우림 온실 앞에 도착한다. 입장료는 6.5유로(약 8700원)이고, 반액권은 3유로(약 4020원)다. 에어컨으로 온도를 조절하는 이 온실에서 난생처음 악어를 보고도 살기를 느끼지 못했다. 태어나 처음으로, 반은 물에 잠겨 있고 반은 떠 있는 악어의 옆모습을 (물론 두꺼운 유리가 악어와 나 사이를 가로막고 있어 가능했지만) 마음 놓고 감상했다. 제정신을 차리고 보니, 꿩 두 마리가 옆에 서서 물에 잠긴 작은 악어를 뚫어지게 쳐다보고 있었다. 어쩌면 이 녀석들도 나와 같은 생각을 하고 있었는지도 모를 일이다.

온실에서 나오니, '일상이 곧 휴가'라는 남프랑스의 정신이 드러나는 동물원의 정원이 눈에 들어왔다. 르누아르^{Pierre Auguste Renoir}의 그림처럼 아무 일 없이 평화롭고 온화한 아름다움이 가득한 풍경이었다. 모든 인도는 크기가 똑같은 자갈이나 흙으로 덮여 있고 50미터마다 쉼터가 마련되어 있다. 에너지 제로의 친환경 공중 화장실이 숲 속에 숨어든 조류 관찰대처럼 나무와 나무 사이에 파묻혀 있다. 아래쪽에서 스며들어온 햇빛이 변기를 비춘다. 동네 주민들이 무리를 지어 동물원에서 조깅을 하거나 그냥 수다를 떨며 산책을 하기도 한다. 이 동물원에서는 지도를 들고 돌아다니며 아직 어떤 동물을 못 봤는지, 또 어떤 길이 다음 구역으로 이어지는 가장 빠른 지름길인지 확인하는 사람들을 볼 수 없다. 몽펠리에동물원은 구역들이 구불구불한 인도로 이어져 있다. 길지는 않지만 그 산책로 같은 분위기에 늘 몇 발짝 떼지 못하고 벤치에 앉아 짙푸른 하늘을 만끽하게 된다. 아니면 햇빛에 살짝 그을린 채 자갈 밟는 소리를 들어가며 한 10분 정도 자갈길을 걷다가 내가 동물원에 와 있다는 사실을 거의 잊어버리게 된다. 그런데도 공작새는 쉬는 법이라고는 없어, 기린이 있는 초원까지 내 뒤를 쫓아온 공작새만 세 마리였다. 심지어 사육사들마저 바쁜 와중에도 여유를 부린다. 잘생긴 남자 둘이 물새가 사는 호수 가운데 작은 섬까지 작은 배를 노 저어 간다. 갈대 몇 줄기를 잘라내겠다고 말이다. 말을 담당하는 여자 사육사가 백마의 귀를 살짝 물고 이런저런 귓속말을 한참 늘어놓고서야 백마는 기꺼이 여자를 등에 태우고 천천히 걸음을 옮기다가 유화 속에나 나올 법한 오솔길 끝으로 사라진다.

모든 동물이 자기 구역 내에서 느릿느릿 움직인다. 유유자적한 모습이라기보다는 극단적으로 늘어진 모습이다. 나무숲을 지나가

몽펠리에동물원의 타조 구역. 인위적인 시설물을 최소화하는 방식으로 설계되었다.

는데 나무 위에 어마어마하게 커다란 빨간 열매가 가득 달려 있었다. 나무가 주저앉겠다 싶을 정도였다. 그런데 가까이 다가가보니 나무 위에는 열매가 아니라 홍따오기들이 매달려 있다. 이런 섭금류沙禽類는 다리가 길고 부리가 날카로우며 칠흑같이 까만 부리를 제외한 온몸이 새빨간색이다. 바람에 흔들리는 나뭇가지를 따라 녀석들의 몸도 흔들린다. 몇몇 아이들이 나무 옆의 나무 길에서 깡충깡충 뛰어대는 바람에 쿵쿵 소리가 울려 퍼졌지만 느긋하게 퍼져 있는 홍따오기는 놀라지 않았다. 녀석들은 변함없이 나무 꼭대기 위에 늘어져 있었다. 머리 위에 철망이 쳐져 있다는 것을 알기라도 하는 듯이. 날아가고 싶어도 이 새장을 떠날 수 없는 신세였다.

르누아르의 인상주의적 즉경即景이라기보다는 달리의 초현실주의적인 몽환경夢幻境에 가까운 풍경이었다.

홍따오기 열매가 달려 있던 초현실적인 나무는 내 시야에서 점차 사라졌다. 그리고 나는 변함없이 페르피냥에 앉아 커피를 기다리고 있다. 아직도 오지 않는 커피를.

느림의 즐거움을 간직한 곳

달리보다 훨씬 이전인 1936년 조지 오웰은 바르셀로나에서 파시스트 정권에 대항하는 반파시즘 전쟁에 참전했다. 바르셀로나는 카탈루냐 지방의 수도였고 우주의 중심에서 차로 겨우 세 시간 거리였다. 오웰은《카탈로니아 찬가》에 이 지역의 여러 면모를 기록하고 스페인 사람들의 너그러움과 매력을 칭찬하는 동시에 스페인식 시간 감각에 대한 불만도 살며시 털어놓는다.

어떤 외국인이든 반드시 배우게 되는 스페인 단어가 마냐나 mañana—'내일'(문자 그대로는 '아침')—다. 그들은 가능하다고만 생각되면, 오늘 할 일을 마냐나로 미룬다. 이것은 워낙 악명 높은 악습이라서 심지어 스페인 사람들끼리도 이것에 대해 농담을 한다. 스페인에서는 식사에서부터 전투에 이르기까지 정해진 시간에 되는 것이 없다. 보통은 늦는 쪽이다. 그러나 가끔씩은 너무 빠르다. 아마 어떤 일이든 정해진 시간보다 늦게 이루어질 것이라고 믿고 행동하지 못하게 막으려는 것인지도 모르겠다.[■]

2011년부터 프랑스 국내외 여러 급행열차가 새 고속철도 역에 정차한다. 스페인과 프랑스 국경을 넘나드는 테제베[TGV] 고속열차는 두 시간이면 카탈루냐에 있는 달리의 고향 피게레스와 우주의 중심을 이어준다. 구 기차역은 그 코앞에 있다. 한때 위대한 예술가가 장식하고 있던 역 외관은 한참 수리 중이다. 어쨌거나 서쪽의 새로운 현대식 건물은 너무 빛이 나서 눈이 부실 정도이고, 그 2층에는 화려하기 그지없는 달리 기념관이 자리잡고 있다. 홀 정면에 마련되어 있는 임시 전시실에는 올해의 우수 보도사진은 물

■ 조지 오웰, 정영목 옮김, 《카탈로니아 찬가》, 민음사, 2004, 22쪽.

론, 영어, 프랑스어 그리고 스페인어 안내 책자가 가득하다. 1989년부터 매년 9월이면 국제 포토저널리즘 페스티벌인 '비자 푸르 리마주Visa Pour L'Image'가 여기서 열린다. 이 역시 나를 이 우주의 중심으로 불러들인 목소리였다.

기다리는 열차가 도착하기 전, 내 눈앞에는 윌리엄 포크너의 《내가 죽어 누워 있을 때》한 권뿐이었다. 오지도 않을 커피를 계속 기다려도 되고, 아니면 난해하기 짝이 없는 책을 보며 졸아도 된다. 어쨌든 지난 24년 동안 디지털 촬영이 이미 필름을 대체해버렸고, 유명 신문사들은 사진부를 모두 없애버렸으며, 아이폰이 종군 기자들의 공식적인 보도 파트너가 되었다. 우주의 중심을 축으로 하는 회전에 점점 더 속도가 붙어가는데도 오직 이 기차역만 옛 모습 그대로 천천히 흘러간다.

이럴 때는 밀란 쿤데라의 이 말이 백 마디 말을 이기고도 남을 것이다.

어찌하여 느림의 즐거움은 사라져버렸는가? 아, 어디에 있는가, 옛날의 그 한량들은?[■]

■ 밀란 쿤데라, 김병욱 옮김, 《느림》, 민음사, 2005, 7쪽.

유니콘, 코뿔소 그리고 패티 스미스

무라카미 하루키가 유니콘에 대해 쓴 적이 있다.《세계의 끝과 하드보일드 원더랜드》에서 황금색 유니콘들이 세계의 끝으로 모여든다. 그의 소설에 항상 등장하는 '가슴 모양이 괜찮은' 여자가 여기서는 도서관 직원으로 나온다. 그녀는《상상 동물 이야기》,《동물 고고학》을 들고 주인공의 집으로 찾아와 유니콘에 대해 빠른 속도로 간략하게 설명한다. 둘은 한 끼를 잘 차려먹은 뒤, 섹스를 하고 잠이 든다. 한밤중 잠에서 깬 도서관 직원은 탁자 위에서 기묘한 빛을 발하는 유니콘 두개골을 본다. 먼지가 뿌옇게 쌓인 아득한 옛날의 기억이 모두 유니콘의 두개골에 들어 있어서 두개골을 만지면 오래된 꿈을 읽을 수 있다. 그런데 유니콘의 가장 중요한 상징인 '뿔'이 보이지 않는다. 남아 있는 것은 구멍 하나뿐. 유니콘은 상상의 산물일까? 아니면 예전에는 분명히 존재했으나 이미 사라져버린 걸까?

도서관 직원이 설명했듯, 하나의 뿔이나 홀수의 뿔을 가진 동물은 아주 희귀한 존재다. 진화한 기형이라고 말하는 경우도 있고 진화 과정에서 나타난 고아라고 말하기도 한다. 포유류 중에는 발가락 개수가 홀수인 동물도 아주 드물다. 발가락 개수가 홀수인 말목 동물은 3과 7속 17종밖에 되지 않는 반면, 발가락 개수가 짝수인 소목 동물은 10과 75속 171종이나 된다. 아무튼 포유류 동물의 대칭과 평형이 종의 생존과 보전에 도움이 된다. 하다못해 중국공산당 지도자들도 애용하는 '허셰河蟹'도 두 개의 손과 여덟 개의 다리로 제대로 대칭을 이룬다.˙ 유니콘의 외형과 개념은 동서양의 옛 문헌에 전혀 다르게 묘사된다. 중국에서는 유니콘을 '치린麒麟'˙˙이라고 부른다. 치린은 신이 타고 다니는 말로, 상서로운 구름을 밟고, 화염을 달고 다니며, 하늘로 솟아오른다. 사람과 가축을 해치지 않고, 꽃과 나무를 밟지 않으며, 2000년을 산다. 봉황, 거북, 용과 함께 네 가지 신령스러운 동물로 꼽힌다. 하지만 그리스인들이 설명하는 유니콘은 이와는 전혀 다른 면모를 갖고 있다.

몸은 말 같고 머리는 수사슴 같다. 발은 코끼리를 닮았고 꼬리는 돼지에 가깝다. 울음소리가 아주 크고 호방하다. 검은색 뿔 하나가 이마 정중앙에 툭 튀어나와 있고 길이는 3피트(약 91.5센티미터)이다. 생포할 수 없는 동물이라고 알려졌다.

■   '허셰'의 사전적인 의미는 '민물 게'이며, 중국어로 '화합'을 뜻하는 '허셰和諧'와는 동음이의어 관계다. 중국 정부는 '화합된 사회和諧社會' 건설이라는 명분 하에 사회의 조화로운 발전을 저해한다고 판단되는 인터넷상의 정보 등을 삭제·차단하는데, 언제부터인가 중국 네티즌들은 자신이 인터넷에 올린 글이 삭제·차단되는 상황을 가리켜 '화합당했다被和諧'라고 표현하기 시작했다. 하지만 중국 정부가 '화합당했다'는 표현마저 통제하자 중국 네티즌들이 동음이의어인 '허셰河蟹'를 갖다 쓰면서 인터넷상의 유행어가 되었다.
■■   중국에서는 예부터 상서로운 짐승 가운데 하나를 '치린'이라고 불렀다. 이후 명나라의 정화鄭和가 아프리카에서 데려온 목이 긴 동물이 '치린'이라고 불리기 시작했다. 이 명칭이 그대로 전해져 한국에서는 '치린'의 한국식 한자어 발음, 즉 '기린'을 사용한다. 그러나 현재 중국인들은 전설 속의 동물을 가리킬 때는 '치린'을, '기린'을 가리킬 때는 다른 이름을 사용한다.

종교가 문화의 주체였던 중세에 이르자 기독교 문화가 유니콘의 이미지를 완전히 바꾸어버렸다. 외형과 성질 모두 상당히 온화해져서 지금 기준으로 보면, 그야말로 '꽃미남'이다. 이때부터 유니콘은 아주 희소하게도 순결하면서도 남성적인 존귀함을 갖춘 이미지를 갖게 되었고, 각 나라의 휘장에 우아하게 그 모습을 드러냈다. 중세 미술 작품에서 유니콘은 종종 처녀와 짝을 이루어 등장하고, 신이 내린 찬란한 빛이 늘 그 아름다운 몸을 감싸고 있다.

당시 사람들은 유니콘의 뿔을 갈아 만든 가루를 만병통치약으로 생각했다. 그 가루를 마시면 젊음을 되찾을 수 있을 뿐만 아니라 어떤 독에도 견뎌낼 수 있다고 믿었다. 유니콘의 피도 기적적인 효능을 갖고 있어서 죽은 사람도 되살릴 수 있다고 여겼다. 다만 그 피를 마시면 순결함을 잃고 더럽혀지기 때문에 되살아난 사람은 평생 살아 있는 송장처럼 살아야 한다고 믿었다. 이 광적이면서도 매혹적인 전설로 인해 유니콘의 몸값이 천정부지로 치솟자 유럽 귀족들은 너도나도 유니콘의 뿔로 만든 술잔을 갖고 싶어 했고 사냥꾼들은 유니콘을 잡아 명예와 부를 한꺼번에 얻는 게 평생의 포부였다. 베네치아 상인들이 비싼 값에 유니콘의 뿔 가루를 팔기는 했지만 사실 좀 좋은 것은 외뿔 고래의 뿔을 갈아 만든 가루였고 질이 좀 떨어지는 것은 다른 재료로 만든 가짜 가루였다.

레오나르도 다빈치는 유니콘을 잡을 묘안을 생각해내기도 했다. 성욕이 왕성한 유니콘을 나이 어린 소녀로 유인해낸 다음 유니콘이 소녀의 머리 위에 머리를 대고 눕는 순간 옆에 있던 사람이 포획한다는 것이었다. 파르네세 궁전에 남아 있는 1602년경의 벽화 〈처녀와 유니콘〉을 보면, 단순하고 어리석어 보이는 흰색 유니콘이 소녀의 체취에 이끌려 그녀의 품에 안겨 있다. 벽화 속의 유니콘은 순백의 준마를 닮았으며, 머리에는 긴 뿔이 수직으로 뻗어 있다. 유니콘에 대한 이런 이미지는 근현대의 대중 미학으로까지 이어진다.

현대에 이르러 아예 몽환적인 장식과 동화 같은 분위기까지 더해지면서 유니콘은 오랫동안 과자 선물 세트의 뚜껑을 장식하게 되었다. 아이가 입을 헤벌쭉 벌리고 뚫어져라 쳐다보는 텔레비전 화면에서 뛰어오르는 작은 유니콘은 웃을 줄도 알고, 알랭 들롱처럼 곱슬곱슬한 앞머리를 가지고 있으며, 심지어 날개도 있다. 이 황당한 날개가 혹시 유니콘이 이미 이 세상에 존재하지 않는다는 증거는 아닐까?

잠시만, 잠시만. 말목에는 다른 동물도 있다고! 유니콘의 후손이 분명히 이 안에 있을 것이다.

말목에는 말, 코뿔소, 맥, 이렇게 세 개의 과밖에 없다. 이 세 그룹의 동물들이 생김새는 완전히 달라 보여도 사실 조상이 같다. 에오세(지금으로부터 약 5300만 년 전에서 3700만 년 전)에 출현한 말목은 같은 조상에게서 갈라져 나와 홀로 진화 과정을 거치면서 다른 포유류 동물과는 별다른 관련을 맺지 않았다. 말목에서 말과 나귀가 제일 먼저 발전해 나왔고 맥과 코뿔소가 그 뒤를 이었다. 현대에 진행된 주요 연구 결과에 따르면 맥이 먼저 등장했고 코뿔소는 맥에서 분화되었다. 오늘날 맥과 코뿔소는 정반대의 체형, 외모, 이미지를 갖고 있어 조금도 헷갈릴 여지가 없지만 아득한 옛날에 존재했던 헵토돈heptodon이 코뿔소였는지 맥이었는지는 고생물학자들 사이에서도 끝없는 논쟁거리다. 화석을 보면 당시 헵토돈은 네 개의 발가락을 가지고 있었다. 그중 셋만 보행에 이용되다가 나중에 (좀 더 정확하게 말하면 수만 년 뒤에) 네 번째 발가락이 퇴화하면서 진짜 말목이 되었다. 코뿔소과는 분리되어 나오면서 빠르게 분화하기 시작했다. 한 갈래는 물가로 이동한 끝에 '메타미노돈metamynodon'이 되었고, 다른 한 갈래는 날씬하고 민첩한 '히라코돈hyracodon'이 되었다. 히라코돈은 먼 친척뻘인 말과 상당히 닮아서 뿔은 없지만 달리기 솜씨가 보통이 아니었다. 세 번째로 갈라져 나온 무리가 오늘날의 코뿔소로 발전했는데, 현존하는 코뿔소는 검은코뿔소, 흰코뿔소, 자바코뿔소, 인도코뿔소 그리고 수마트라코뿔소 등 다섯 종이다. 유니콘이 종교의 세례를 받아 성스럽고 순결한 백마가 되기 전, 그리스인들이 묘사한 유니콘은 초기의 대형 코뿔소와 상당히 많이 겹쳐진다. 많은 이들이 이미 멸종한 '엘라스모테리움Elasmotherium'을 전설 속의 유니콘으로 보는데, 루피냐크 동굴에 남아 있는 구석기시대 벽화에서 엘라스모테리움과 신기할 정도로 닮은 형상을 찾아볼 수 있다.

지금 살아 있는 생물 중에는 여전히 코뿔소가 유니콘의 특징에 가장 부합한다. 자태는 북극의 심해에 사는 외뿔 고래가 더 아름답지만 외뿔 고래의 뿔은 사실상 나선형으로 생긴 아주 긴 치아일 뿐, 결코 뿔이 아니다. 게다가 외뿔 고래는 다리도 넷이 아니다. 코뿔소가 유니콘이라는 세 가지 증거가 있다. 첫째, 의심의 여지가 없는 진짜 외뿔. 둘째, 사람의 손톱과 유사한 성분을 가진 코뿔소의 뿔 가루를 상인들이 만병통치약으로 속여 팔아먹었다는 점. 셋째, 뿔 때문에 코뿔소도 유니콘처럼 사냥꾼들의 표적이 되었다는 점. 차이는 유니콘을 잡은 사람은 극소수지만 (어쩌면 아예 없을 테지만) 죽임을 당한 코뿔소는 수천수만 마리는 된다는 점이다.

코뿔소는 선천적인 약시라서 청각과 후각이 매우 예민하다. 그래서 사랑에 빠진 코뿔소 커플은 휘파람으로 사랑을 전한다. 세상에 닮은꼴도 없이 혼자인 경우는 없는 법(외뿔이라는 주제에 이상할 정도로 딱 맞아떨어지는 말 같다). 뛰어난 '로커' 시인인 패티 스미스 역시 눈이 안 좋다. 그녀는 1977년 〈패티 스미스 팬클럽 저널〉 4호에 실린 인터뷰 '패티가 답한다Patti Answers'에서 어린 시절, 눈 근육의 발달이 늦어진 데다 한쪽 눈은 '백색증'까지 걸리는 바람에 시력을 잃지 않기 위해 병원 치료를 받아야 했다고 밝혔다.

패티 스미스는 펑크록의 대모가 되기 전에 이미 뛰어난 시인으로 인정받았다. 그녀의 전설적인 앨범 〈호시스Horses〉는 표지부터 가사까지 의심할 필요가 없는 걸작이다. 라이브 공연이든 인터뷰든 그녀는 늘 중성적인 스타일을 선보였고, 로버트 메이플소프Robert Mapplethorpe가 촬영한 〈호시스〉 표지에서는 심지어 남장을 했다. 이 사진은 전 세계 문화예술 살롱의 화장실 문에 가장 자주 등장하는 포스터가 되었다. 외모에서도 태도에서도 요조숙녀의 길을 가지 않았지만, 그녀의 일거수일투족에서는 늘 강력한 여성적 매력, 수천만 팬들을 열광시키는 그 매력이 느껴진다.

어떤 팬은 패티 스미스의 섹시함이 '절대 성적 매력을 드러내지 않는' 것에 있다고 말한다. 그런데 생각해보면 코뿔소가 딱 이렇지 않나? 분명 뿔이 하나뿐인 동물인데도, 적어도 지금까지 살아 남은 유니콘 가문의 유일한 종친인데도 코뿔소는 '절대 유니콘의 이미지를 드러내지 않는'다. 코뿔소는 자신의 모습 그대로 살아가 는 법을 안다. 육중하고 굼뜬 데다 부드러움 따위와는 거리가 멀 지만 다른 이의 손길도, 귀엽다는 칭찬도 필요로 하지 않는다. 피 부는 총알도 뚫지 못할 정도로 철갑처럼 두껍고 진흙탕에서도 피 부 관리가 가능하다. 하루에 풀을 100킬로그램씩 먹으면서도 늘 위장은 건강하고, '처녀 콤플렉스'도 없으며, 잘 싸우지도 않고, 온종일 꼼짝 않고 서 있기도 한다. 그러다가도 일단 달리기 시작 하면 탱크 같은 기세로 시속 50~60킬로미터를 찍고, 드리프팅으 로 방향을 바꿀 줄도 안다. 오토바이를 타고 코뿔소를 뒤쫓다가는 '길바닥에 내동댕이쳐진 채 코뿔소에게 매달려 질질 끌려갈' 확률 이 높다.

지구상에서 이미 5500만 년을 살아온 코뿔소가 이제 전대미문 의 위협을 받고 있다. 남아 있는 다섯 종의 코뿔소 중 네 종이 이 미 멸종 위기종이다. 코뿔소의 뿔 가루가 사람 손톱과 별 차이가 없는 성분으로 이루어져 있어서 의학적으로 아무런 효능이 없다 는 사실이 과학적으로 증명되었음에도 베트남 암시장에서는 지 금도 황금보다 더 비싸게 팔린다. 밀렵꾼들은 황금보다 비싼 코뿔 소 뿔을 얻기 위해 위험도 불사한다. 내가 이런 사실들에 좌절하 고 있을 무렵 다빈치의 고향인 영원의 도시 로마에서 계시가 내려 왔다. 로마의 한 동물원에 새로 들어온 노루가 뿔이 하나 달린 새 끼를 낳았다는 것이다. 뿔 하나가 모자란 사슴류 동물은 희귀하지 않다. 선천적인 장애인 셈이다. 하지만 이 새끼 노루는 희귀하게도 전설 속의 유니콘처럼 뿔이 이마 정중앙에 나 있어서 동물원 측은 '유니콘'이라는 이름을 지어주었다고 한다. 이 새끼 노루의 출생은 외뿔이 진화라는 요소 외에 유전자 변이의 결과일 수도 있음을 암시한다.

2013년 모잠비크에 '마지막으로 남아 있던 15마리의 코뿔소'가 밀렵에 희생되었다. 국립공원 안에서 보호받던 이 코뿔소들이 질펀한 피바다 속에서 발견되었을 때, 뿔은 이미 사라진 뒤였다. 30여 명의 국립공원 관리자들이 밀렵에 협조한 혐의로 체포되었지만 모잠비크에서 밀렵은 벌금만 내면 끝이다. 이 정도 돈이야 열정적인 물주들에게 떠넘기면 그뿐이다.[■]

심지어 밀렵꾼을 '현장에서 때려죽이기도' 하는 남아프리카공화국에서도 2013년에만 밀렵으로 죽은 코뿔소가 1000여 마리였다. 밀렵 속도를 따라잡을 기적은 없다. 머나먼 초원에서 동물 보육은 끝없는 총격전의 연속이다. 이 전쟁에서 생물의 패배는 곧 멸종을 뜻한다. 5500만 년을 살아온 코뿔소의 역사가 지금 발버둥 치고 있다.

또다시 하루가 지나고 아침이 되면 당신은 페이스북에 로그인할 것이고 그런 당신의 눈에 또 한 장의 사진이 들어올 것이다. 가슴골을 끌어모은 채 속눈썹을 펄럭이는, 단 한 번의 클릭으로 아

■   이후 모잠비크는 남아프리카공화국과 코뿔소 밀렵 방지 협약을 체결했고 2014년 4월 초 밀렵꾼에게 최대 12년형을 부과하는 법을 승인했다.

름다운 피부가 완성되는 보정을 거쳐 나온, 입술을 쭉 내민 여성의 사진이 또다시 날아들 것이다. 이렇게 대량 복제된 섹시함 속에서 당신은 패티 스미스 같은 여자들이 다 어디로 갔는지 궁금해할지 모른다. 아니면 오늘 지구상에서 또 몇 마리의 코뿔소가 풀을 뜯다가 죽어갈지를 생각할지도 모르고.

수상한 토끼들

토끼는 극단적으로 보드랍고 또 극단적으로 연약하다. 토끼털은 보드랍고 촘촘하다. 코를 움찔거리는 토끼에게선 순수한 귀여움이 느껴지고, 앙증맞은 토끼의 이빨은 언제나 다급하게 뭔가를 씹고 있다. 토끼는 폐활량이 적고, 더위를 싫어하며, 또 쉽게 긴장한다. 뼈도 쉽게 부러지기 때문에 넘어져서는 안 된다. 구토도 못 하기 때문에 뭘 잘못 먹어도 밖으로 배출하지 못하고 갑자기 죽는 일이 흔하다. 아주 민감해서 스트레스도 쉽게 받는다. 소음, 기후 변화, 먹이 변동, 깜짝 놀라게 하는 행동, 새로운 토끼의 등장 등이 모두 병을 일으킬 수 있다. 땀샘이 부족하고, 털이 몸을 빽빽하게 덮고 있으며, 귀를 통해서만 열을 발산하고, 늘 가쁜 숨을 몰아쉰다. 게다가 자기 똥도 먹는다.

어린 시절《피터 래빗 시리즈》를 줄줄 외울 정도로 열심히 읽었다. 베아트릭스 포터 여사의 펜 끝에서 탄생한 토끼 가족은 수가 적지는 않다. 그중 피터가 가장 외로움을 많이 타고 성격도 여리다. 제멋대로인 데다 남들과 잘 어울리지도 못한다. 재수도 정말 없어서 당근 때문에 새파란 셔츠와 신발을 잃어버린다. 사촌 형인 벤저민도 나을 게 없다. 놀기 좋아하고 이런저런 아이디어를 잘도

내놓지만 그렇다고 딱히 영리하지도 않다.

이렇게 약점 많은 토끼에게 튼튼한 뒷다리는 장점이다. 위험이 코앞에 닥치면 토끼는 뒷다리로 힘껏 바닥을 쳐서 다른 토끼들에게 위험을 알린다. 간자와 도시코가 쓴 어두운 일본 동화《은색 불꽃의 나라》를 보면 북쪽 나라에 사는 마멋, 다람쥐, 토끼 등 설치 동물들이 사불상四不像이라는 사슴과 회색 개(늑대), 이 강력한 두 진영 사이에 껴서 살기 위해 발버둥치는 모습이 그려진다. 뒷발로 북을 치는 토끼 음유시인 긴노미미銀の耳는 무정한 설국을 절뚝절뚝 걸어가며 자유를 잃어버린 작은 동물의 비애를 노래한다. 중국어판 번역서 서문에서는《은색 불꽃의 나라》가《이상한 나라의 앨리스》를 뛰어넘는 명작 동화라고 과장한다. 아마 이 두 작품의 도입부가 엇비슷하기 때문일 것이다. 둘 다 가족의 사랑을 당연시하는 아이가 따분하게 있다가 난데없이 시간의 블랙홀로 떨어진 다음 광활하고 끝없는 미지의 세계에서 얼떨결에 성장해가는 이야기다. 저자가 동화라고 인정한《은색 불꽃의 나라》와는 달리,《이상한 나라의 앨리스》는 시작부터 아동용이 아님을 명백히 밝힌다.

토끼가 안내해주지 않았으면 앨리스는 아예 이상한 나라로 들어가는 입구도 찾지 못했을 것이고, 그랬다면 이 이야기도 존재하지 못했을 것이다. 어느 오후, 앨리스가 풀밭에 소풍을 나와 하품을 하다가 토끼 한 마리를 따라 토끼 굴로 뛰어들게 된다. 토끼 굴은 이상한 나라로 들어가는 입구일 수도 있고, 현실에서 도망칠 출구일 수도 있다. 데이비드 린지 어베이르의 소설을 원작으로, 니콜 키드먼Nicole Kidman이 출연한 영화 〈래빗 홀〉의 제목, 그리고 타이완의 번역가 장화張華가 자료 수집과 연구와 번역에만 30년을 고스란히 바친《토끼 굴을 파헤치며》의 제목 모두가 이 의미에서 나온 것이다. 앨리스를 이상한 나라로 데려가는 토끼는 정장 차림에 회중시계까지 가지고 있고 나중에는 붉은 여왕의 법정에서 핵심 증인이 되어주기도 한다. 하지만 토끼의 본격적인 특성은 미치광이 다과회에 참석한 3월의 토끼에게서 제대로 드러난다. 영어에는 '3월의 토끼처럼 미친mad as a March hare'이라는 말이 있다. 봄이 오는 3월은 정신질환이 다발하는 시기일 뿐만 아니라 동물들이 자연의 부름에 따라 발정이 나는 번식기라는 점에서 유래한 표현이다.

앨리스는 생각한다. '그보다는 3월 토끼가 훨씬 재미있을 거야. 그리고 지금은 5월이니까, 3월 토끼도 심하게 미쳐 있지는 않을 거야. 적어도 3월처럼 미쳐 날뛰지는 않겠지.'■

여러 동물 중에도 토끼는 유난히 성욕이 강하고 번식 속도도 빠르다. 대개 새끼 토끼는 생후 5일이면 귀가 열리고, 10일이면 눈을 뜨며, 2주가 지나면 먹이를 먹고, 6주가 지나면 젖을 뗀다. 그리고 4개월이 되면 성숙기에 접어든다. 암컷은 월경을 하지 않고 교미하면서 배란한다. 일단 교미만 하면 암컷이 임신에 성공할 확률이 거의 100퍼센트라는 이야기다. 임신 기간이 한 달밖에 되지 않고 한 번에 6~8마리의 새끼를 낳으니, 동물계에서 최고의 부부금실상이라도 받아야 할 정도다.

■   루이스 캐럴, 김석희 옮김, 《이상한 나라의 앨리스》, 웅진주니어, 2007, 105쪽.

1960년 존 업다이크는 '토끼 4부작'의 1부인 《달려라, 토끼》를 발표했다. 이후 30년에 걸쳐 완성된 이 작품은 20세기 현대 미국사를 그리고 있다. 그런데 이 4부작 전체를 관통하는 스물여섯 살의 주인공 해리 '래빗' 앵스트롬Harry Rabbit Angstrom은 고교 시절 유명한 농구 스타였던 인물로, 자기애에 빠진 나약한 인간이다.

그의 키는 188센티미터이고 파란 홍채에서는 창백함이 묻어 나온다. 그가 길거리에서 꼬마들과 농구를 하고 집으로 돌아가면 아내의 잔소리가 이어진다. 임신 중인 아내가 틀어놓은 텔레비전에서는 〈미키 마우스 클럽The Mickey Mouse Club〉이 방송 중이고, 집 안은 엉망진창이다. 문 앞에는 쓰레기가 쌓여 있고, 플라스틱 인형 하나가 버려져 있다. 아이는 래빗의 어머니 집에 맡겨져있다.

타이완판 위키백과를 보면 출처를 알 수 없는 누군가의 문장이 인용되어 있다. "'래빗'의 일생은 여체 속을 파고드는 과정이다." 래빗은 일찍 결혼해서 아이를 낳고, 외도를 하고, 또 애인을 만들고, 부도덕을 일삼고, 아내를 바꾼다. 이 미국인은 자연스레 앞으로 내달리면서 온갖 방법을 동원해 세상 모든 남자가 범하는 잘못을 저지른다. 그는 자신은 아무런 잘못이 없다고 생각한다. 봄에 발정 난 토끼처럼 래빗은 마지막 순간에 늘 이렇게 말한다. 나는 만물을 잉태하라는 신의 가르침을 따랐을 뿐이야.

어떤 경우 신앙은 토끼처럼 쉽게 골절상을 입는다. 《신이 토끼였을 때》에서 주인공 여자아이는 토끼 한 마리를 선물받는다. 아이는 토끼에게 자기 이름을 붙여주려고 하지만 오빠에게 토끼가 수컷이라는 말을 듣고는 '신God'이라는 이름을 붙여준다.

"여기서 누구랑 얘기하고 있었어?" 제니 페니가 물었다.

"내 토끼, 말을 하거든. 해럴드 윌슨* 같은 목소리야." 내가 대답했다.

"진짜? 나한테도 말을 할까?"

"글쎄, 해봐." 내가 말했다.

"안녕, 토끼야, 토끼야." 그 애가 도톰한 손가락으로 신의 배를 쿡 찌르며 말했다. "말해봐."

"아야, 이 쪼그만 것이." 신이 말했다. "아프잖아."

제니 페니는 잠시 조용히 기다렸다. 그러더니 나를 보았고, 조금 더 기다렸다.

"아무 말도 안 들리는데." 이윽고 그 애가 말했다.

"그냥 좀 피곤한가 봐."**

업다이크는 성과 종교 그리고 예술을 가리켜 세 가지 위대한 비밀이라 칭했다. 독실한 기독교인이었던 그는 일요일 아침마다 서둘러 교회에 갈 준비를 했고 《달려라, 토끼》가 출간되기 전에는 성에 관한 묘사가 법률적으로 문제가 될지 확인하기 위해 변호사와 약속을 잡았다. 그런데 정작 변호사가 도착하자 이렇게 말했다. "교회 주일학교 수업이 있어서 지금은 이야기를 나눌 시간이 없군요."

■ 1964년부터 1970년, 1974년부터 1976년 영국 총리를 지낸 영국 노동당 소속 정치인.
■■ 세라 윈먼, 정서진 옮김, 《신이 토끼였을 때》, 문학동네, 2016, 95~96쪽.

독실한 신앙과 반윤리적인 성 묘사가 동시에 존재할 수 있을까? 업다이크에게는 그게 가능했다. 래빗은 늘 나약하게 성적 상상에 무릎을 꿇었지만 작가는 결국 신이 내려준 재능으로 작가의 책임을 다했다.

7

어둠 속의 사파리

Night Safari

싱가포르 야간동물원

© David Lee

싱가포르는 낮잠 자기 좋은 곳이다.

그렇게 놀랄 필요는 없다. 효율, 질서 그리고 '껌을 살 수 없는' 것으로 유명한 이 나라는 동시에 열대의 '가든 시티^{Garden City}'이기도 하다. 극단적으로 현대적이고 깨끗한 겉모습 아래 감춰진 사람들의 삶은 뜻밖에 소박하고 고요하다.

정밀한 계획과 고도의 법치주의 덕분에 이 도시국가는 안전하고 살기 좋은 나라가 되었다. 원활한 도시 교통을 위해 싱가포르 당국은 각종 교통 법규를 엄격하게 집행한다. 극단적으로 서구화된 도시인 싱가포르는 아마 '보행자 우선' 정책 달성률이 가장 높은 중화권 지역일 것이다. 나는 싱가포르보다 낮잠 자기 좋은 곳은 없다고 생각한다. 진짜 시험해보고 싶다면 큰길 건널 때 한 번 잠을 청해보시길.

이 도시는 연평균 섭씨 31도의 고온을 유지한다. 아, 그래도 겨울이 있기는 하다. 12월부터 1월까지 월평균 기온이 다른 달에 비해 1도 낮은 섭씨 30도다. 동시에 이곳은 에어컨 사용률이 높고 어마어마한 양의 이산화탄소를 배출하는 가든이기도 하다. 특히 대형 쇼핑몰과 다국적기업의 빌딩들은 아마 멀리서 싱가포르를 찾아온 유럽과 영미권 출신 비즈니스맨들에게 자기 집에 돌아온 듯한 편안함을 주고 싶은 것인지, 실내 온도를 샌프란시스코의 여름 평균 기온인 16도에 맞춰놓는다. 열대 기후에 사는 싱가포르 사람들이 어떻게 그렇게 빳빳하게 다려진 양복을 입고 있는지 의구심이 든다면 이게 바로 정답이다. 싱가포르의 감기약도 이렇게 엄청난 실내외 온도 차이 덕분에 판로가 보장된다. 그런데 잠깐, 우리 낮잠 자러 온 거 아니었나?

낮잠을 자려면 아침에 일찍 일어나야 한다. 태양은 이른 아침에 떠오르자마자 질질 끄는 법도 없이 온 힘을 다해 열기를 쏘아대고, 습기는 금융 지구의 주식 중개인보다 부지런하게 낮 근무를 시작한다. 열대 교목 꼭대기에 달린 열매와 가느다란 가지 사이에서 새들이 쉬지도 않고 울어댄다. 그 속에서 흰꼬리열대새도 날카롭게 지저귀지만 순식간에 지나가는 하얀 꼬리 몇 가닥을 제외하면 사람들은 도대체 새가 몇 마리나 있는지, 도대체 어디에 사는지는 전혀 알지 못한다. 하지만 그런 것은 중요하지 않다. 새들은 항상 자기들의 구역인 교목의 상층부에 살고 중간층에는 게으른 난과 생강꽃이 기대어 산다. 파인애플이 있다면 더 좋다. 자그만 파인애플에서 나오는 많은 양의 즙이 곤충들을 가까이 끌어들이니, 나무 위에 사는 새들은 먹이를 구하러 나갈 필요도 없다. 양치류와 이끼가 조금씩 위로 올라가면서 아직 비어 있는 공간까지 전부 메워버리면 우림에 물기 촉촉한 녹색 외투가 입혀진다.

열대우림을 닮은 도시

열대우림은 놀라움 그 자체다. 전 세계 반 이상의 동식물이 우림에 서식한다. 설사 도심지라 해도 길옆에 가득 올라온 녹색 식물들은 생기와 포용 그리고 가능성을 도시 생활에 가져다준다. 빵나무 한 그루는 그 자체가 정신없이 바쁘게 돌아가는 하나의 우주다. 여러 개의 수직 생태계가 이 나무 안에 존재하지만 서로가 서로를 침범하지 않는다. 이 안에서 층과 층 사이의 경계를 위아래로 넘나드는 건 개구쟁이 필리핀원숭이뿐이다.

싱가포르에 오면, 나는 필리핀원숭이가 된 것만 같은 기분이 든다. 아시아의 여러 대도시를 돌아다니는 비즈니스맨에게 이런 말을 들은 적이 있다. 타이베이는 대학 캠퍼스 같고, 홍콩은 헤지펀드 회사 같으며, 싱가포르는 잘 관리된 다국적기업 같다고. 선의와 공익에 관해서라면 싱가포르 정부는 과감하게 계획을 세우고 철저하게 밀어붙인다. 1965년 건국 이래 싱가포르 정부는 대규모 녹화 사업을 강력하게 추진했다. 공원과 거리는 물론, 모든 주택과 아파트에도 녹지를 마련하게 했고, 12층 이상의 고층 아파트도 반드시 옥상 정원을 갖추어야 한다. 전 세계에서 인구 밀집도가 두 번째로 높은 이 도시에는(첫 번째로 높은 곳은 싱가포르보다 작지만 싱가포르만큼 부유한 도시국가 모나코다) 평균 1제곱킬로미터당 74만 명이 사는데 1인당 평균 녹지는 25제곱미터나 된다. 25제곱미터면 열 명이 동시에 라인 댄스를 춰도 될 만큼 넓다.

싱가포르는 주거지마저 열대우림을 닮았다. 조밀한 공간을 층

별로 나누어 적절하게 사용한다. 수직이든 수평이든 모든 공간은 정부의 세밀한 구분을 거치고, 모든 토지의 용도와 용적容積은 법률에 따라 정해지므로 멋대로 다른 용도로 사용할 수는 없다. 80퍼센트 이상의 국민이 싱가포르 주택개발공사가 지은 집에 산다. 집들이 하나같이 그 자리에서 꼼짝도 하지 않는 우주왕복선 엔터프라이즈 호처럼 생겼다. 네모난 것도 있고 둥그런 것도 있고 물방울 모양인 것도 있다. 하지만 제아무리 획기적인 건축 스타일이라 해도 싱가포르 주택의 가장 큰 특징은 바로 따닥따닥 붙어 있는 창문들이다. 대형 공공 주택에 붙은 창문들은 늘 시선을 집중시킨다. 창문 하나가 당신을 한 가정으로, 어떤 삶으로 안내하기 때문이다.

치안이 꽤 괜찮은 이 무더운 도시에서는 평일 오후만 되면 집집마다 창문이 활짝 열린다. 짙은 눈썹에 갈색 피부의 동남아시아 출신 가사도우미들이 빨래를 널어놓은 기다란 대나무 장대를 맑은 하늘로 내뻗으면 깨끗이 세탁된 침대보가 세월이 남긴 누런 얼룩을 간직한 채 바람에 나부낀다. 그 옆집 창문을 들여다보면 할머니가 대학 입시를 준비하는 손자에게 먹일 탕을 끓이고 있다. 손자가 이 탕을 감기로 앓아누운 여자 친구에게 갖다 바칠 생각을 하고 있다는 사실은 까맣게 모르신 채로. 언제나 다음번 여행을 상상하며 하루하루를 견디는 직장인은 일요일 아침이면 18층 높이의 공중에서 깨어나 늘 뜻밖의 생각에 잠긴다. 눈 아래 이 도시는 어떻게 이렇게 사람으로 붐비면서도 이렇게 고요할 수 있을까.

하지만 이렇게 복잡한 문제는 생각하고 싶지 않다. 잠에서 너무

확 깨어 있을 필요도 없다. 슬리퍼를 질질 끌고, 아니면 맨발로 차가운 테라초terrazzo 바닥을 밟는다. 겨드랑이에서 땀이 살짝 배어 나올까 걱정할 필요도 없다. 조금만 있으면 시원한 바람이 불어와 땀을 말려줄 테니. 느릿느릿 몸을 움직여 룸메이트와 함께 먹을 아침 식사를 준비한다. 정신을 차리기 위해서가 아니라 비몽사몽 중에 마시는 커피가 맛있어서 커피를 마신다.

달걀 프라이, 볶은 양파, 식빵, 햄 등 재료가 서로 어울리지 않는다 싶으면 엘리베이터를 타고 푸드코트로 내려간다. 싱가포르 도심지에 있는 모든 아파트가 그러하듯 벽을 모두 헐어버린 그 공간에 대형 노점들이 들어서 있다. 이 넓은 공간에 둥근 테이블과 의자를 가득 채워놓고, 평범한 가격대의 각종 아시아 음식을 제공한다. 싱가포르의 돼지 갈비탕인 바쿠테, 인도 카레, 말레이시아의 매콤한 국수 락사, 중국 하이난의 치킨라이스, 일본식 도시락, 한국 비빔밥, 타이완의 뉴러우몐牛肉麵 등 있을 만한 것은 모두 있으니 뭘 주문할지 고민만 하면 된다. 기억할 것은 휴지를 가지고 가야 한다는 사실뿐이다. 걸쭉하고 기름진 동남아시아 음식을 먹다 보면 땀이 잔뜩 쏟아지지만 푸드코트에서는 휴지를 제공하지 않는다. 그러니까 좋은 위치의 테이블 위에 휴지가 놓여 있다면 그 자리에는 '주인이 있다'는 의미다. 휴지를 깜빡 잊었다 해도 걱정할 필요는 없다. 휴지를 파는 상인들이 사방에 있으니, 당신은 굳이 움직일 필요조차 없다. 그들은 언제나 당신을 찾아낼 방법을 알고 있으니까. 어쨌든 싱가포르에서는 모든 일이 정해진 대로 돌아가니, 돈만 잊지 않고 챙겨 가면 된다. 허둥댈 일은 하나도 없다.

밤에만 문을 여는 동물원

배부르게 먹고 마신 다음 연신 하품을 해대며 동네를 한 바퀴 돈다. 그사이 시간이 급하지도 느리지도 않게 흐르고 흘러 딱 일요일 오후 4시가 되었다. 야간동물원이 개장할 시간까지는 아직 세 시간 30분이나 남았다.

"낮잠이나 자요." 분명 누군가는 이렇게 말할 것이다.

낮잠은 어떻게 자든 상관없다. 소파에 누워서 텔레비전 화면을 뚫어지게 쳐다보다 잠들어도 되고, 옆집 할아버지가 틀어놓은 라디오 소리를 듣다 낮잠에 빠져도 되며, 책을 읽는 척하다 자도 되고, 바로 침대로 올라가 에어컨을 켜고 이불을 덮은 채 사치스러운 단잠을 즐겨도 되고. 이런 때는 동물원의 동물들도 분명 낮잠을 즐기고 있을 거야.

저녁 7시 4분에 해가 지고 저녁이 찾아오면 남녀노소 할 것 없이 반바지에 슬리퍼를 끌고 나와 밤거리 야시장을 한가하게 돌아다닌다. 현대화된 이상 국가의 열대 풍경화 같다고나 할까. 야간동물원은 주간에 문을 여는 싱가포르동물원 바로 옆, 말레이시아와의 국경 지대에 있다. 지하철을 타고 가다 버스로 갈아타면 한 시간 거리다. 직접 차를 몰거나 택시를 타는 것이 제일 빠르긴 하지만 가장 좋은 방법은 도심에서 한 시간 간격으로 출발하는 전용 셔틀버스를 타는 것이다. 성인의 편도 요금이 5SGD(약 4380원)로, 택시비의 6분의 1 정도다. 야간동물원 정문 앞의 표지판은 정확한 정보를 제공하고, 인도와 차도는 나뉘어 있으며, 최신 아이맥스iMax 영화관처럼 생긴 광장에 설치된 스크린에는 티켓 가격과 오늘 밤의 공연 시간표가 올라온다. 성인 보통표의 가격이 디즈니랜드 입장료에 맞먹는 35SGD(약 3만 670원)다. 그나마 다행인 것은 이곳도 디즈니랜드처럼 다양한 할인 티켓을 제공한다는 점이다. 운 좋게도 원 플러스 원 이벤트에 가까스로 끼어들지 못했다면 동물원 입장 뒤, 내 눈에서 그렇게 하트가 쏟아지지는 않았을 것이다. 이 동물원도 디즈니랜드처럼 만화 영화 캐릭터, 마오리족 댄스, 불 쇼, 멀티미디어 극장, 부모와 아이가 함께하는 이벤트 등 온갖 마케팅을 펼치고 있다. 식당의 음식 맛은 별로지만 양은 푸짐한 편이고 채식 메뉴도 있다. 아이부터 어른까지 온 가족이 하룻밤을 보낼 만한 괜찮은 선택지다.

오락 프로그램 외에 동물원 자체도 방문객을 위한 맞춤형 트레일로 상당히 치밀하게 구획되어 있다. 먼저 동물원을 걸어보고 싶다면 고기잡이 살쾡이 트레일Fishing Cat Trail, 표범 트레일Leopard Trail, 이스트 로지 트레일East Lodge Trail, 왈라비 트레일Wallaby trail 등 네 개의 트레일을 따라가 보라. 물기를 머금은 차가운 공기를 마시며 앞으로 걸어가다 보면 가드레일로 앞이 막혀 있지만 어둡게 조성된 환경 탓에 우림에 와 있는 듯한 현장감을 느끼게 된다. 원래 밤은 열대의 소형 동물들이 활발하게 움직이는 시간대다. 느림보곰, 서발, 페넥여우, 왈라비…… 휙휙 지나가는 그들의 그림자와 명멸하는 눈빛에 닭살이 돋을 정도의 흥분이 밀려온다. 그런데 이 우림을 지키고 있는 이들 중에는 동물원 직원들도 있다. 길목마다 서 있는 직원들은 방문객들이 잘못된 길로 들어서지 않도록 안내해주고는 두 걸음 뒤로 물러나며 어둠 속으로 다시 사라진다. 과연 최

고의 치안을 자랑하는 싱가포르답다는 감탄사가 나온다. 다른 도
시였으면 이런 야간동물원이 범죄의 온상이 되지 않았을까?

어둠 속의 사파리

　　　　　　　　　걷다가 피곤해지면 트램을 타고
가벼운 마음으로 '히말라야 기슭', '인도아대륙', '적도 아프리카',
'인도-말레이 지역', '아시아 강가 산림 지대', '네팔의 계곡', '미
얀마 산비탈' 등 주제별 트레일을 구경했다. 이곳에서도 '기업화'
와 '다양한 민족의 공존'이라는 싱가포르의 건국 원칙이 예외 없
이 느껴졌다. 음량과 배기량을 최소화한 친환경 트램은 야간 산
길을 잠행하듯 돌아다녔고, 수많은 관람객들에게는 10미터 밖
에 무리 지어 있는 동물들이 액자 안 가족사진에 담긴 식구들처
럼 느껴졌다. 방문객과 눈앞에 펼쳐진 자연 사이에는 스폰서 간판
도 꽤 눈에 띄었다. 코끼리는 조지루시 주식회사*가, 사자는 라이
온 주식회사가, 호랑이는 싱가포르의 유명 특산품인 타이거 밤Tiger
Balm(호랑이 연고)이 후원하고 있었다. 이보다 더 좋을 수 없는 스폰
서 선정이다.

　트램의 해설사는 표준 영국 발음의 영어를 구사하는, 똑똑하고
명랑한 인도계 여성이었다. 그녀는 트레일 전 구간을 안내하는 총
40여 분의 시간 동안 여행객들에게 곰 발바닥, 상어 지느러미, 호

■　　코끼리밥통으로 유명한 조지루시 주식회사의 마크가 코끼리다.

랑이 가죽 등 아름다운 동물들의 목숨을 위협하는 상품들을 사지 말아달라고 간곡히 부탁했다.

"코뿔소의 뿔이 어떤 성분으로 되어 있는지 아시나요?"

설교조로 들리지 않도록 그녀는 유쾌한 말투로 설명했다.

"코뿔소의 뿔이 사실은 사람의 손톱과 성분이 똑같답니다! 효과가 있을 수가 없죠! 그러니 그런 물건은 절대 사서는 안 됩니다."

나중에는 목소리도 좀 갈라지고 기운도 절반쯤 떨어져 보였지만 나는 그녀가 느끼는 피로를 이해할 수 있었다. 그건 사랑의 대상으로서의 동물과 음식으로서의 동물이 뒤섞여 회자되는 아시아에서 동물 애호가라면 늘 느껴야 하는 피로였을 것이다. 내 뒤에 있던 한 아이의 아빠는 그녀의 말을 듣지 않았던 게 분명하다. 그는 새끼 바비루사를 가리키며 아이에게 이렇게 말했다. "저기 봐봐. 저기. 바쿠테에 들어가는 새끼네."

트램은 지정된 장소에 멈춰 섰다. 불빛이 꺼지자 트램에 타고 있던 수십 명이 야간동물원의 자연 풍광에 취해버렸다. 하늘을 가득 수놓은 별 아래서 초원 한가운데 버려진 듯한 느낌이 들기 시작했다. 손을 뻗어봐도 손가락 하나 보이지 않는 그런 당황스러움이었다. 하지만 아무 일도 없으리라는 걸 알고 있었다. 여기는 싱가포르니까.

열대에 대해 잘 알고 있었던 윌리엄 서머싯 몸은 《달과 6펜스》에서 이렇게 묘사했다.

싱가포르 야간동물원의 트레일 입구.

© Allie_Caulfie

수많은 부부들이 다 이런 식으로 산다. 이런 삶의 방식에는 소박한 아름다움이 있다. 이런 삶은 잔잔한 시냇물이 푸른 초원의 아름다운 나무 그늘 밑으로 굽이굽이 흘러가 이윽고 드넓은 바다로 흘러드는 모습을 연상시킨다. 그런데 그 바다는 너무 평온하고, 너무 조용하고, 너무 초연하여 불현듯 알 수 없는 불안감을 불러일으킨다. 대부분의 사람들이 추구하는 그런 삶에 어딘가 문제가 있다고 느꼈던 것은 그 무렵에도 강했던 내 타고난 기벽 때문이었는지도 모른다.[■]

어둠에 잠겨 눈에 보이지 않는 철조망 너머, 무플론과 줄무늬하이에나 사이에 있는 연못에서 홍학 떼가 곧 밤의 파티를 벌일 예정이라는 소리가 들려왔다. 오늘 낮잠을 잤으니, 파티가 시작될 때는 다들 조금도 졸지 않겠지.

■   윌리엄 서머싯 몸, 송무 옮김, 《달과 6펜스》, 민음사, 2000, 36쪽.

고양이 푸딩 레시피

우리는 고양이에 푹 빠진 호모묘
ᵐⁱ피엔스의 시대를 살고 있다.

우리는 인간관계에서 잃어버린 무언가를 고양이에게서 찾아내려 한다. 사람들은 SNS를 통해 잃어버린 고양이를 함께 찾고, 길고양이를 입양하고, 고양이 양육 문제를 두고 옥신각신 논쟁을 벌인다. 헤어졌던 연인이 고양이 양육권 때문에 관계를 유지하기도 한다.

고양이에 대한 태도는 시대의 징표가 되기도 한다. 전후 동아시아 국가들은 앞뒤로 조금씩 시차가 있기는 해도 예외 없이 농업사회를 탈피해 후기 자본주의의 대량 소비로 점철된 현대 도시 생활로 접어들었다. 이런 변화는 '호모호ᵐⁱ피엔스의 시대'에서 '호모묘피엔스의 시대'로 접어드는 과정이었다.

아르네-톰슨Aarne-Thompson 분류 체계는 안티 아르네Antti Aarne와 스티스 톰슨Stith Thompson이 제안한 동화 분류법으로, 아르네가 수집하고 정리한 신화와 민간 설화를 이후 톰슨이 개선·발전시킨 것이다. 이 분류 체계의 첫 번째 항목이 동물 이야기일 정도로 동물은 동화에서 상당히 중요한 자리를 차지한다. 그중 '여우'는 유일하게 하나의 카테고리를 이룬 동물이다.

여우의 역할이 왜 그렇게 중요할까? 중세 시대 유럽 중부의 농가를 상상해보자. 굴뚝에서는 연기가 피어오르고, 집 주위에는 울타리가 쳐져 있으며, 집 앞에는 당근과 상추가 자라고 있다. 뒷마당에는 닭들이 땅바닥을 쪼아대고 집에서 멀지 않은 돼지우리에서는 새끼 돼지들이 찬찬히 커간다. 새끼들은 곧 돈이 되는 가축이 될 것이다. 신선한 고기가 될 수도 있고 훈제 햄이 될 수도 있다. 이들은 집에서 키우는 짐승이다.

이 농가에서 몇 리 떨어진 곳에 숲이 있고 이 숲은 야생동물의 집이다. 우연히 숲에 들어간 인류는 땔감을 얻기 위해, 야생동물 고기를 얻기 위해 맹수의 위협을 감당해야 했고 말로는 표현할 수도 없는 온갖 공포에 시달려야 했다. 동화 속에서 농촌과 읍내는 일상적인 공간이다. 그러다 그 일상에서 벗어나 숲으로 들어간 주인공은 미지의 가능성과 위험 속으로 발을 디디게 된다. 이야기는 여기서부터 시작된다. 일상과 미지 사이의 균형을 깨고 숲을 나와 인간의 공간에 침입하는 흉악한 동물이 바로 교활한 여우다.

여우는 전투력이 높지 않다. 그렇다고 온순한 초식동물도 아니고, 무리 지어 살지도 않으며, 움직임도 날래다. 여우는 숲에서 자기보다 더 날카로운 이와 더 빠른 다리를 가진 다른 육식동물들과 날쌔게 도망치는 토끼를 놓고 쟁탈전을 벌이느니, 인간이 기르는 가축을 훔쳐오는 것이 더 편하다는 사실을 잘 안다. 그래서 여우는 인간의 일상에 가장 자주 등장하는 야생동물이다. 여우는 텃밭을 망치고, 삶의 질을 떨어뜨리며, 아이들을 놀라게 한다. 수세기 동안 동화를 비롯한 문학 작품에서 한 번도 좋은 이미지로 등장한 적이 없다. 그러다 야생동물이 인간의 일상에서 완전히 자취를 감추게 되면서 문학 작품에서 여우라는 단어는 그야말로 비유로만 남게 되었다. 하지만 예외가 있기는 하다. 그리고 이런 예외들은 바로 그 시대의 변화를 설명해준다. 35년 전에 만들어진 〈북극여우 이야기〉는 여우 부부 한 쌍의 이야기를 다룬 다큐멘터리다. 극한의 일본 북부 지방에서 서로 아끼고 사랑하며 생존해가는 여우 부부를 통해 여우에 대한 완전히 새로운 이미지를 보여줌으로써 동물과 밀접한 관련을 맺고 있던 농업사회가 이미 과거가 되었음을 드러낸다. 흉악한 동물은커녕 찾아보기도 어려운 희귀한 동물이 되어가면서 여우는 보호동물로 지정되었다.

나는 20세기의 현대화된 농업사회에도 여우의 역할을 물려받은 아직 멸종되지 않은 동물들이 있다고 믿는다. 1950년대 타이완에서 악당은 고양이였다. 당시 농민들에게 고양이를 키운다는 것은 상상할 수도 없는 일이었다. 돈도 되지 않는 동물을 어떻게 먹여 살리느냐고 묻는 게 맞을 것이다. 뭘 몰라도 너무 모르는 소리인 것이다. 고양이가 알을 낳는 것도 아니고, 써먹을 데가 있는 것도 아니다. 빠르기는 또 어찌나 빠른지 눈 깜짝할 사이에 논밭으로 뛰어들어 농작물을 밟아놓지 않나, 걸리는 것은 모조리 망가뜨려놓는다. 사람 말은 귓등으로도 듣지 않고 심지어 개의 심기까지 긁어서 사달을 낸다. 제일 싫은 점은 상상도 하지 못할 정도로 냄새가 지독한 고양이 오줌이다. 그리고 발정이 나면 어찌나 난리를 치는지, 툭하면 문 앞에 열 마리나 되는 새끼를 팽개쳐두고 어미는 계속해서 꽃미남 수컷이나 쫓아다닌다.

1968년 미국의 〈새터데이 이브닝 포스트^{Saturday Evening Post}〉지가 찰스 포티스의 소설 《트루 그릿》을 연재하기 시작했다. 이야기의 시대적 배경은 남북전쟁이 막 끝난 1870년대로, 무법자들이 미국 서부를 주름잡던 시절이다. 열네 살의 매티 로스^{Mattie Ross}는 어려서부터 농장에서 일을 시작한 소녀로, 아버지를 죽인 자에게 복수하기 위해 황량한 여정에 오르기 전, 동물들을 통해 세상 이치를 깨닫는다.

스톤힐 대령의 마구간에 와보기 전까지 나는 이 비극의 발단이 된 조랑말을 미워하고 있었다. 그러나 실제로 조랑말을 보고는 그런 생각이 얼마나 어리석은지 깨달았다. 선악을 구분하지 못하는 저 사랑스럽고 순진무구한 동물을 탓하는 건 결코 옳은 행동이 아니었다. 조랑말을 보고 있으면 저들이 순수한 존재가 분명하다는 확신이 들었다. 나는 사악한 본성을 은밀히 숨기고 순진한 척하는 말과 돼지를 여럿 보았다. 고양이는 가끔 사람에게 도움이 되기도 하지만 모두 하나같이 사악한 존재다. 그 자고 음흉한 얼굴에서 사탄의 모습을 본 사람이 나 하나만은 아닐 것이다.[■]

　그렇다. '모든 고양이는 사악하다All cats are wicked.' 이 말은 그리스 격언처럼 기다란 메모지에 인쇄해서 전신주 위에, 그것도 '지옥이 가까우리니'라고 적힌 메모지 옆에 붙여놓아야 한다. 고양이를 키우는 사람으로서 나는 이 말이 상당히 중립적인 관찰 결과라고 말할 수밖에 없다. 고양이는 예민한 본능을 지녔고, 사람들이 좋아할 만한 외모를 갖췄으며, 천성이 이기적이다. 모호한 구석이라고는 전혀 없이 매력 넘치는 나쁜 남자처럼 모든 게 간단명료하다. 집고양이는 하루 열두 시간을 자고, 사람들의 보살핌을 당연시한다. 나쓰메 소세키의 《나는 고양이로소이다》에 나오는 고양이는 족제비를 우습게 보기까지 한다![■■]

　　족제비라고는 하지만 몸집은 쥐새끼보다 약간 큰 정도거든. 그래서 내 이놈을 혼내주어야지 싶어서 당장 쫓아가서 웅덩이 안으로 내몰았단 말이야.

　'악마를 집으로 들이는 짓'에 비견될 만한 고양이 키우기가 21

■　　찰스 포티스, 정운조 옮김, 《트루 그릿》, 문학수첩, 2011, 29쪽.
■■　나쓰메 소세키, 임희선 옮김, 《나는 고양이로소이다》, 생각처럼, 2012, 24쪽.

세기에 들어와 보편화하고 있다. 타이완 대학 수의학과 페이창용費昌勇 교수에 따르면, 2003년 24만 7455마리였던 타이완의 집고양이 규모가 2011년 37만 2951마리로 증가했다고 한다. 8년 만에 12만 5496마리가 늘어난 것이다. 이 고양이들만 모아도 타이베이 아레나 경기장을 다 채울 지경이다. 그런데 타이베이의 출생률은 뚜렷하게 하강 곡선을 그리며, 세계 최저 수준으로 치닫고 있다.

2013년의 전형적인 도시 생활은 이렇다. 우리는 고기를 먹고 가축들은 우리 곁을 돌아다니지 않는다. 현대 사회에서 육류 식품은 그저 상품일 뿐이다. 동물들은 머나먼 곳에서 조용히 숨이 끊기고 표준화된 공정을 거쳐 투명 필름으로 포장된 다음 가격표가 붙은 채 마트 불빛을 받으며 사람들의 식욕을 자극한다. 차가운 냉동 진열대에 있던 육류 식품을 꺼내 장바구니에 넣고 계산대를 거치면 바코드스캐너에서 '삑' 소리가 난다. 어쩌다가 살아서 날뛰는 말이나 소를 보게 되면 우리 입에선 이런 질문이 나온다. 여기 말타기 서비스를 제공해요? 먹이를 좀 주고 싶은데, 사료는 파시나요? 아니면 아예 휴대전화기로 별 차이도 없는 사진을 100장이나 찍어 페이스북에 올린다. 그러면 누군가는 '좋아요'를 누르고, 또 누군가는 이렇게 말한다. "여기 어디야? 나도 가서 놀고 싶다!"

어쩌면 모든 것이 상품이 되고 서비스가 될 때, 피로감을 느끼게 되는지도 모른다. 그런데 이런 시대에 오직 고양이라는 존재만 안하무인이다. 사람들은 고양이 오줌에서 악취가 난다고 불평을 늘어놓기는커녕 두 손을 공손하게 모으고 고양이 님의 화장실을 청소해드린다. 고양이는 다른 이들이 자기를 어떻게 보든 신경도 쓰지 않는다. 먹을 게 있으면 먹는다. 여기 먹을 게 없으면 다른 데서 찾으면 그만이다. 고양이는 동물계에서 마케팅에 가장 성공한 브랜드다. 값도 더 비싸고, 전기도 더 많이 잡아먹는 데다 다른 휴대전화기에 없는 것이 더 있지도 않은 아이폰처럼 고양이는 점차 당신이 자신을 떠날 수 없게 만들어버린다.

고양이 욕은 이쯤하고 좀 뜬금없기는 하지만 이제는 동화《피터 래빗 시리즈》에 나오는 독특한 레시피를 하나 소개할까 한다. 이름 하여 '롤리 폴리 고양이 푸딩'. 이 푸딩 레시피의 창시자는 영국 시골의 들쥐 부부인 안나 마리아와 새뮤얼 위스커스다. 여기서 푸딩은 우리가 흔히 알고 있는 달콤하고 투명한 에그 푸딩이 아니라 고기소가 들어간 짭짤한 정식 식사 메뉴인 영국 푸딩이다. 롤리 폴리 고양이 푸딩의 조리법은 다음과 같다.

일단 고양이가 있어야 한다(당연하겠지).

들쥐 부부는 천방지축 날뛰는 자그마하고 통통한 고양이 톰 키튼을 잡아다가 끈으로 둘둘 묶는다. 그러고 나니 꼭 차사오叉燒 같은 모양이 된다. 이어서 들쥐 부부는 고생고생해가며 버터와 밀가루를 '가져오고', 밀대도 하나 '빌려 온다'. 이것들을 좁은 다락방에 가져다놓고 부부는 다음 단계, 즉 밀가루 반죽으로 넘어간다. 부부는 톰에게 버터를 바른 다음 톰을 밀가루 반죽 사이에 넣고 둘둘 말아버린다.

여기서 주의할 점은 밀가루 반죽이 충분해야 한다는 것이다. 그

■　돼지고기를 덩어리째 양념해서 바비큐처럼 구운 중국 음식.

래야 고양이 귀와 꼬리까지, 요리조리 버둥거리는 부위를 전부 말아버릴 수 있을 테니까. 밀가루 반죽으로 말아버린 다음에는 오븐으로 가져가야 한다. 물론 고양이가 들어갈 만큼 오븐이 꽤 커야한다. 불 조절도 문제다. 이때 새뮤얼이 기술적인 문제를 묻는다.

"끈이 소화불량을 일으키지 않을까, 안나?"

같이 요리하는 수많은 부부가 그러하듯 들쥐 부부도 말싸움을 시작한다. 끈이 소화에 영향을 미치는지 아닌지, 고양이 몸의 진흙이 밀가루 반죽을 더럽히지 않을지, 고양이 꼬리에 밀가루 반죽이 잘 말렸는지 등등. 이렇게 싸워대는 와중에 개와 고양이가 다락으로 기어 올라가 새끼 고양이를 되찾아가자 들쥐 부부는 저녁만찬을 포기한 채 살림살이를 둘둘 말아 도망쳐버린다.

베아트릭스 포터의 동화 속 세상은 참으로 아름답다. 계급은 인간, 고양이와 개, 설치 동물, 이렇게 셋뿐이다. 그리고 이 세 계급만으로도 농장의 생태는 균형을 유지한다. 몇몇 극렬 동물 애호가들은 도대체 왜 거기 인간이 끼어 있어야 하냐고, 동물만 있어야 아름다운 세상이 된다고 말할지도 모르겠다.

하지만 인간이 없으면 버터와 밀대는 어디서 가져오려고?

너구리가 바라는 행복

사서오경四書五經만 읽으면 옛사람들은 모두 온화하고 다른 이를 공경했던 것으로만 보이고, 시사詩詞만 읽으면 옛사람들은 모두 낭만적이고 로맨틱한 연애의 고수들로 보인다. 원곡잡극元曲雜劇**만 보면 옛사람들은 죄다 흉악하고 잔인하기 그지없는 데다 부끄러움이라고는 모르는 악한, 아니면 자기 자신을 장렬하게 희생하는 호인들로만 느껴진다. 중간은 아예 없는 걸까?

"사詞와 곡曲은 쌍둥이 형제다. 사가 풍류 기질이 넘치는 멋진 도련님이라면 곡에서는 나쁜 남자의 기운이 느껴진다." 대학자 정건鄭騫은 사와 곡에 대해 이렇게 설명했다. 원곡은 문학계의 〈애플 데일리Apple Daily〉** 같다. 사회 현실이 남긴 상처를 드러내고, 관료 사회의 어둡고 타락한 면면을 직접 내보인다. 원한에 의한 살인, 억울한 누명, 부적절한 남녀관계, 사랑의 도피 행각, 모함 등등을 모두 갖추고 있다. 그러다가 마지막에 이르면 누명이 벗겨지고,

■　12~13세기 중국 원나라 때 생겨난 서민 문학으로, 원곡은 잡극과 산곡散曲을 통칭한다.
■■　홍콩의 넥스트 미디어Next Media가 소유한 일간지로, 홍콩과 타이완에서 발간된다. 온갖 사진과 시각화 자료, 올 컬러 인쇄로 각종 스캔들과 범죄를 가감 없이 보도하기 때문에 논란의 중심이 될 때가 많다.

지략으로 악한을 물리치며, 마침내 성공을 거머쥔다. 나쁜 남자이긴 하지만 시정과 길거리를 차마 떠나지 못하고, 연지로 꽃단장한 어여쁜 여인에 대한 미련을 버리지 못한다. 어디에도 구속받지 않는 자유분방한 낭만이 넘치지만 인생의 고통을 꿰뚫어보았던, 그야말로 리얼리즘 문학의 총체다.

원곡의 사대가四大家로 불리는 사람들이 있다. 그 순서에 대해서는 논란이 있어서 관한경, 정광조鄭光祖, 백박白樸, 마치원馬致遠을 사대가라 말하는 사람도 있고, 연대와 문학적 성취에 따라 관한경, 백박, 마치원, 정광조 순으로 봐야 한다고 말하는 사람도 있다. 순서를 어떻게 매기든 의심의 여지 없는 일인자는 바로 관한경이다. 왕국유는《송원희곡사》에서 이렇게 말했다. "관한경은 어떤 모방도 하지 않고 스스로 위대한 글을 지었다. 말로 사람의 정을 표현하기 위해 힘썼고 글자마다 각기 특색이 있으니, 원대의 일인자임이 틀림없다."

베이징의 태의원太醫院에서 자란 이 풍류남아는 평생 60여 편의 잡극을 썼고, 온갖 공연은 물론 각 지방의 미녀와 술을 사랑해마지 않았다. 동양의 셰익스피어라 불릴 뿐만 아니라 구소련에서는 심지어 그의 우표를 발행하기도 했고 수성(맞다, 태양계의 여덟 행성에 속하는 그 수성 말이다)에는 그의 이름을 붙인 환형산環形山도 있다.

잡극과 희곡에 심대한 영향을 끼친 관한경은 장터의 풍경과 속어들을 작품에 담았고, 위선적인 도덕군자와 사람 잡는 예교를 비웃었으며, 밑바닥 사회에 깃든 사랑과 고통을 깊이 있게 묘사해냈다. 그의 작품은 이야기꾼들과 극작가들에게는 단비와 같다. 그는 가장 간결한 언어로 사람의 마음을 울리는 이야기를 만들어냈으며, 어찌할 도리 없는 모든 인간사를 담아냈다. 웃음도 있지만 눈물도 있는, 생동감 넘치는 삶이 거기 있다. 눈이라고는 내리지 않는 섬나라 타이완에서조차, 《감천동지두아원》을 다 읽어보지 않은 사람들도, 심지어 원곡이 뭔지 알지 못하는 사람들조차도 '유월비설六月飛雪'이 깊은 원한을 뜻하는 말이라는 걸 안다.[*] 원곡잡극은 사람 사이의 정과 의리, 모진 고난을 겪는 아름다운 여인, 신분의 차이를 넘어선 서생과 여인의 가슴 아픈 사랑 외에도 장엄한 비극의 표준을 만들어냈다. 그런데 이 비극을 관통하는 너무나 중국적인 뿌리가 있다. 바로 혈연이다.

저자보다 작품이 훨씬 유명한 경우인 기군상의 《원보원조씨고아》(또는 《조씨고아대보구趙氏孤兒大報仇》)[**]는 해외에 이름을 알린 첫 중국 고아다. 백발백중의 폭발력을 선보이는 이 작품은 시대와 상관없이 극으로 옮기기만 하면 권력자들을 부들부들 몸서리치게 하는, 중국 국내외를 막론하고 극작가와 감독들이 하나같이 도전해

[*] 관한경의 대표작. 억울한 누명을 뒤집어쓰고 사형에 처해지는 두아라는 여인의 이야기다. 억울하게 죽음을 앞둔 여주인공 두아는 죽기 전에 세 가지를 예언한다. 자신의 억울한 원한을 하늘이 안다면 첫째, 자신의 피가 단 한 방울도 땅에 떨어지지 않고 하얀 천에 묻을 것이고, 둘째, 삼복더위인 6월에 눈이 내릴 것이며, 셋째, 3년간 극심한 가뭄이 이어질 것이라고 예언한 것이다. 여기서 나온 '유월비설', '유월비상六月飛霜'은 말도 안 되는 일이 일어나게 할 정도의 깊은 원한을 뜻하게 되었다. 이 작품의 영역본은 《오뉴월에 내리는 눈 Snow in Midsummer》이다.

[**] 중국 고전의 4대 비극 중 하나. 《사기史記》에 나오는 춘추시대 진晋나라 영공 때의 간신 도안고와 라이벌 조순趙盾의 비극적 이야기를 극화한 작품이다.

보고 싶어 하는 작품이다.

　300년 전쯤 이 작품에 이런저런 요소를 재조합한 극, 이 작품을 실험적으로 재해석한 극 등이 유럽에서 등장했다. 그중 최초로 등장한 작품은 1731년 가톨릭 선교사가 선교를 위해 번역한 《조씨가의 고아L´Orphelin de la Maison de Tchao》였다. 이 작품은 이후 영어 버전과 이탈리아어 버전도 나왔다. 잘못 번역한 곳도 많고 고사와 전고典故와 가사가 수없이 생략되기도 했지만 유럽에서는 어마어마한 중국 붐을 일으켰다. 영국의 윌리엄 해체트William Hatchett는 아예 이 작품을 멋대로 각색해서 지금의 '선윈 스펙태큘러Shen Yun Chinese Spectacular'■와 엇비슷한 버전으로 만들어버렸다. 주요 인물들의 입장을 뒤바꿔놓기도 했고 외국인들이 가장 이해하기 쉬운 중국적 이미지를 압축적으로 극에 집어넣기도 했다. 이에 따라 원작에서 권력을 찬탈하는 인물인 '도안고屠岸賈'를 '소하蕭何'로, 충신 '공손저구公孫杵臼'를 '노자老子'로 바꿔놓았을 뿐만 아니라■■ 오삼계吳三桂■■■와 강희제康熙帝까지 등장시켰다. 윌리엄 해체트도 선윈 스펙태큘러처럼 극을 통해 권력자를 공격하고 있다. 그러나 이 연극은

■　미국에서 창립된 선윈예술단Shen Yun Performing Arts의 공연으로, 중국의 설화, 신화, 영웅담 등을 복원하고 재현한다. 선윈예술단은 공산 정권 하의 중국에서 중국 전통 문화가 사라졌다는 문제의식을 갖고 뉴욕에서 창립된 만큼 중국 정권에 대해 상당히 비판적인 입장을 견지하는 예술단으로도 유명하다.

■■　소하는 진秦나라 말기~전한前漢 시대의 정치가로 유방의 한나라 건국에 큰 공을 세운 사람이며, 공손저구는 작품 속에서 조씨 고아를 살리기 위해 자신의 목숨을 내놓는 인물이다.

■■■ 중국 명나라 말기~청나라 초기에 활약한 장수로, 강희제 때 황제를 참칭하고 반란을 일으켰다.

단 한 번도 정식으로 무대에 오르지 못했다. 《조씨 가의 고아》를 각색해 어마어마한 호평을 받은 것은 1755년 파리에서 초연한 볼테르의 〈중국의 고아〉였다. 볼테르가 이야기의 배경을 자신이 잘 알고 있던 칭기즈칸 시대로 바꾸면서 〈중국의 고아〉는 《조씨 가의 고아》와는 다른 작품이 되었다. 이렇게 탄생한 〈중국의 고아〉는 돌고 돌아 다시 중국을 찾아왔다. 1990년 전위적인 감독 린자오화林兆華는 톈진에서 두 가지 버전의 공연을 한꺼번에 올렸다. 무대 위에는 허베이 성 전통극 형식의 원작이 올랐고 무대 아래에서는 볼테르가 각색한 연극이 연출되면서 양쪽 배우들은 서로에게 관객이 되어주었다. 어쩌면 중국을 향한 유럽인의 시선은 외국을 향한 중국인의 시선처럼 언제나 불투명한 망사에 가로막혀 있는지도 모른다.

황위 계승자라는 신분은 참 기묘하기 그지없다. 처음부터 평생 직업 없이 살 일은 없도록, 평생 권력에 대한 욕망과 함께 살도록 운명 지워진다. 그 일생의 행복과 악운이 모두 혈통에서 비롯된다. 후궁은 또 어떤가. 작은 일에도 마음이 천 갈래 만 갈래로 찢어지고 목숨이 왔다 갔다 하는 판이다.

한마디로 궁중 암투는 딱 두 가지로 요약된다. 첫째, 다른 여인을 제거할 것. 둘째, 다른 여인의 아들을 제거할 것. 권력을 찬탈하려면 반드시 이전의 황자를 죽여서 후환을 없애야 한다. 그런데 이것도 말하다 보니 좀 이상하다. '그 한 사람을 죽이기 위해서라면 무고한 100명의 목숨도 빼앗을 수 있다'는 기세로 덤벼들어도 결국 남겨두어서는 안 될 어린아이를 빠뜨리니 말이다. 그 생사가 한 시대와 국가를 뒤바꿀 정도로 중요한 아이의 미래를 지키기 위해 충성스러운 신하와 하인들은 자신의 보잘것없는 목숨까지 기꺼이 버린다. 설사 성공 가능성이 희박하다 할지라도.

〈이묘환태자狸猫換太子〉는 역사를 이리저리 재조합한 이야기로, 실존했던 역사상의 인물을 통해 허구의 이야기를 펼쳐 보이면서 정의에 대해 이야기한다. 이 이야기의 주인공 역시 모략에 빠진 황자다. 송나라 진종真宗이 아꼈던 후궁 이비李妃가 아들을 낳자 이를 시기한 황후가 태감 곽괴郭槐와 함께 산파를 매수한 다음 '가죽 벗긴 이묘'를 아기와 바꿔치기 하고는 이비가 요물을 낳았다고 알린다. 이때 등장하는 또 다른 핵심 인물이 바로 충성스러운 궁녀 구주寇珠다. 아기를 과일 함에 넣어 밖으로 데리고 나간 다음 물에 빠뜨려 익사시키라는 명령을 받지만 구주는 차마 그렇게 하지 못하고 아이를 살려준다. 구주가 죽음을 무릅쓰고 아기를 지켜냄으로써 이야기는 계속되고 이후 포청천包青天*의 위대한 업적에 이바지하게 된다.

그런데 이야기에 나오는 불운한 이묘는 도대체 어떤 동물일까? 《한성중국동화漢聲中國童話》의 그림을 보면 생김새가 고양이와 비슷하고 위키백과에는 '표묘豹貓'라고 나와 있다. 선더캣thunder cat**은 절대 아니고 '살쾡이'다. 그런데 악당이 손가락을 물어뜯길 위험까

■　드라마 〈포청천〉에서 포청천이 이 사건의 진실을 밝히는 것으로 나온다.
■■　1980년대 미국 애니메이션 〈무적의 왕자 라이온ThunderCats〉에 나오는 고양이 얼굴에 사람의 몸을 한 가상의 동물.

지 무릅쓰고 살쾡이를 잡아다가 아기와 바꿔치기한다고? 내 생각
에는 아무래도 들고양이로 바꿔치기한 게 아닐까 싶다. 어쨌거나
가죽을 벗긴 동물은(아, 불쌍하기도 하지) 대부분 무섭게 생겼으니
말이다.

〈이묘환태자〉가 실려 있는《삼협오의三俠五義》는 청나라 말기 함
풍연간咸豊年間(1850~1861년)에 나온 석옥곤의 구술 이야기 모음집
이다. 당시 석옥곤은 지금으로 치면 류융劉鏞 ▪ 같은 초특급 베스트
셀러 작가로, 그가 무대에 오르는 날이면 빈자리가 없었고▪▪ 청중
들은 홀린 듯이 그의 이야기에 빠져들었다. 석옥곤이 풀어놓는 이
야기는 처음부터 끝까지 이런저런 우여곡절이 이어지다 결정적
인 순간에 의협심이 강한 의인이 정의를 실현하는 식으로 마무
리된다. 이《삼협오의》를 개작·증보한 책이《칠협오의》다.《칠협
오의》의 등장인물들은 원곡잡극처럼 복잡한 성격을 보이지 않고
《칠협오의》는 원곡과 같은 문학적 지위와 예술적 가치를 갖고 있
지도 않다. 그러나 사람들에게는 이런 이야기가 필요했다. 석옥
곤이 이야기를 풀어놓던 시절, 태평천국太平天國이 한창 기치를 올
리고 있었다. 태평천국에 참여했던 이들은《칠협오의》에 열광했
던 청중들처럼 비범한 정의의 사도가 하늘에서 내려올 거라 믿었
고 천지신명의 현신인 그가 기적을 이루어주기를 바랐다. 하지만
그들을 어리석다고 탓할 수는 없는 노릇이다. 당시 그들은 하루하

▪　타이완 출신의 작가이자 화가. 인생과 처세 그리고 힐링을 소재로 책을 많이 낸 베스
트셀러 작가다.
▪▪　석옥곤은 사람들을 모아놓고 연단에서 이야기를 구연하던 강석사講釋師였다.

루 너무나 고된 삶을 이어가고 있었으니까. 영국과 프랑스 연합군은 수도로 쳐들어와 원명원圓明園을 불태워버렸고, 함풍제는 나라를 지키기는커녕 애첩 엽혁나랍씨葉赫那拉氏(이후의 서태후)와 광대들을 데리고(도망 다니기 심심할까 봐 그랬는지) 열하熱河로 도망친 상태였다.

이런 희곡 걸작들은 지금도 인기가 많다. 상에 욕심이 있는 감독들은《조씨 가의 고아》를 동양의 '햄릿'이라 부르면서 극적인 요소를 총동원해 대작으로 찍어대고, 〈이묘환태자〉는 타이완 전통극 거자이시歌仔戲나 저녁 7시 30분 드라마의 단골 소재로 등장한다. 현대극으로 찍는다면 반드시 '이 드라마는 동물을 학대하지 않고 촬영했습니다'라는 문구가 들어가야 하겠지만 실제로야 어떨지 누가 알겠는가? 이런 것을 보면 역시 애니메이션이 최고다. 피를 흘릴 일도 없고, 강제로 뭘 어쩌지도 않으며, 동물들도 각 나라의 말을 다 하니까!

다카하타 이사오 감독의 〈폼포코 너구리 대작전〉은 스튜디오 지브리의 작품 중에도 '가장 미야자키 하야오스럽지 않은' 작품이다. 들리는 이야기에 따르면 지브리 대표인 미야자키 하야오가 이 제목을 싫어했는데도 다카하타 이사오 감독이 일부러 이렇게 촌스럽게 제목을 붙였다고 한다. 환경보호라는 거대한 깃발을 들고 누군가를 또는 무언가를 고발하는 방식이 아니라 너구리의 시선이 담긴 아주 단순한 이야기로 돌아가고 싶었다는 것이다.

여우와 너구리는 일본에서 반쯤 신화화된 동물이다. 전설에 따르면, 너구리는 도사의 법력에 따라 온갖 모양으로 변신할 수 있다고 한다. 타고난 몇몇 특징은 마법으로도 어찌할 수가 없기 때문에 사람으로 둔갑한 여우는 키가 크고 마른 체격에 뾰족한 얼굴과 가느다란 눈을 갖게 된단다. 일본어의 타누키狸는 사실 개과에 속하는 너구리로(고사성어 '일구지학一丘之貉'에 나오는 그 담비 말이다), 고양이와는 아무 상관도 없다. 〈폼포코 너구리 대작전〉에서 너구리는 대다수의 평범한 사람을 상징한다. 사람으로 둔갑한 너구리는 성실하고 소박하며 가정적이지만 쉽게 속아 넘어간다.

무리 지어 사는 너구리들은 고달픈 삶 속에서도 언제나 서로 아끼고 사랑한다. 엔딩 크레딧이 올라가면 달음박질치던 너구리들이 입고 있던 인간의 옷을 벗어 던지고 다시 네 발로 땅을 디디며 친구들에게 달려간다. 삽입곡 '언제나 누군가가'의 "언제든지 내가 꼭 옆에 있어줄게"라는 가사처럼. '언제나 누군가가'를 부른 상상 타이푼은 일본 각지의 민요를 대량으로 접목한 '무국적 음악'으로 유명하다. 독특한 샤미센三味線 소리와 색다른 곡조 때문에 종종 오키나와 출신으로 오해받지만 사실은 요코하마 출신이다.

나는 한 시대의 대중이 갈망하는 무언가가 그 시대의 유행이 된다고 믿는다.《조씨 가의 고아》의 관중들은 나라에 도道가 서기를 갈망했고 〈이묘환태자〉의 팬들은 간절하고 애타게 정의를 원했다. 1994년 일본에서 상영된 〈폼포코 너구리 대작전〉은 26억 엔(약 280억 원)의 수익을 올렸다. 〈폼포코 너구리 대작전〉의 너구리들은 고향 땅을 빼앗아가려는 인간 건축업자들과 싸우며, 그저 평온하고 행복한 삶을 원했다. 이는 현대인이 그토록 갈망하는 삶이 아니던가?

어쩌면 내 곁에 그리고 당신 곁에 정직하고 소박한 너구리가 사랑하는 가족들을 위해 오늘도 묵묵히, 하지만 필사적으로 싸우고 있을지도 모르는 일이다.

8

값비싼 도시의 녹지

|

Shanghai Zoo
상하이동물원

© devil probably

한 여자가 누군가를 잊기 위해 동물원으로 향한다.

상하이의 독특한 우아함과 허위가 때때로 화려한 사랑의 유희에 빠져보라고 유혹하지만 지금 그녀는 그저 혼자서 조용히 망각하고 싶을 뿐이다.

지하철역에 들어가기 전에 옆으로 귀를 기울여본다. 쥬광久光 백화점 광장에서 시끄럽게 울려대는 일본 유행가 사이로 방울 소리가 들려온다. 오래된 사찰 징안사靜安寺 원내에 새로 지은 건물에서 들려오는 소리다. 비좁은 뜰 위로 빽빽하게 올라간 탑에는 황금색 유리와 동기와가 사용되었고 추녀 끝에는 금박을 입힌 용의 입, 코끼리, 오륜탑, 신선, 길짐승, 현어懸魚가 걸려 있다. 미풍이 지나가면 지붕 귀퉁이의 풍경風磬이 산들산들 바람에 따라 노래한다.

상하이는 중국 전역에서 가장 도시화된 곳이다. 휘황찬란한 빌딩들 때문만은 아니고, 이제는 유물로 남은 황푸 강변의 서양식 건축물 때문만도 아니며, 캄캄한 밤에 반짝반짝 빛을 발하는 동팡

밍주 타워東方明珠塔 때문만도 아니다. 트랜스포머처럼 생긴 진마오 타워金茂大廈에 설치된 엘리베이터 130대의 하루 유지비만 100만 위안(약 1억 8000만 원)이어서도 아니다. 20세기 초에 이미 상하이 서쪽 교외 지역에는 녹음이 푸르른 경마장과 골프장, 꽃과 음악을 감상하는 정자가 들어서 있었기 때문이다.

장아이링은 《반생연》에 이렇게 썼다. "어떤 사람은 돈을 벌면 홍챠오루虹橋路에 땅을 사서 별장을 짓는다." 상하이동물원이 바로 홍챠오루에 있다. 이 홍챠오루가 상하이의 서쪽 교외 지역을 가로 로 관통한다. 그런데 상하이의 서쪽 교외 지역은 어떤 곳일까? 와 이탄外灘이 상하이의 거실이라면 서쪽 교외 지역은 상하이의 뒤뜰 이다. 거실이 차를 마시고 새해 덕담을 주고받는, 듣기 좋은 말만 오가는 곳이라면 뒤뜰은 사적이고 은밀한 귓속말이 오가는 장소 다. 줄줄이 늘어선, 섬세하고 평온하고 한가로운 가든 빌라 안의 보이지 않는 한귀퉁이에서 친밀한 혹은 신랄한, 부드러운 혹은 무 정한 '복잡다단한 인간 세상의 은밀한 귓속말'•들이 한창 오가고 있다. 하지만 나무 꼭대기에서 지저귀는 새소리와 어느 집 베란다 의 반쯤 열린 창문에서 흘러나오는 축음기 소리 외에 사람이 내는 제대로 된 소리는 단 한 글자도 들리지 않는 곳, 이곳이 바로 상하 이의 서쪽 교외다.

■　　장아이링의 사랑 이야기를 그린 영화 〈곤곤홍진滾滾紅塵〉의 주제곡 '곤곤홍진'의 가사 다.

골프 클럽 위에 세워진 시민공원

상하이 출신의 칼럼니스트 샤오바오小寶가 이렇게 묘사한 적이 있다. "소시민들에게 상하이 서쪽 교외는 세상의 끝, 가장 먼 곳이다." 상하이의 서쪽 교외가 어디 있는지는 알지만 그곳은 소시민에게 그다지 우호적이지 않다. 그녀는 언제나 신비스럽기만 하다.

1930년대 서쪽 교외 지역은 유명인들의 별장 지대였다. 이 지역에 재산권을 갖고 있던 사람들을 보면 상하이가 겉으로 내보이지 않은 사치스럽고 호화스러운 면모가 드러난다. 외국계 회사 사장, '장쑹쿵천蔣宋孔陳' 4대 가문,■ 애국적 민족자본가들이 모두 서쪽 교외의 조용한 한귀퉁이에 자리를 잡고 있었다. 클레어 리 첸놀트 Claire Lee Chennault 장군과 천샹메이陳香梅■■는 이곳의 튜더식 건축물 앞에서 결혼식을 올리면서 무장 해제된 일본군이 버리고 떠난 일본 도로 웨딩 케이크를 잘랐다. 신랑이 건넨 작은 상자에는 양옥집의 금 열쇠가 들어 있었다. "이른 아침 양옥집 동쪽에서 떠오르는 해를 보며 일어나고 밤에는 별다른 일이 없으면 달빛 아래서 산책을 하던" 상하이에서의 신혼 생활에는 눈앞에 닥친 전쟁의 불길과 당시 활활 타오르던 민족운동이 불러온 어수선한 분위기마저 존재하지 않는 듯했다. 어떻게 이렇게 조용할 수 있었을까. 그건 거

■ 당시 중국의 정재계를 주름잡던 장제스蔣介石 가문, 쑹쟈수宋嘉樹 가문, 쿵샹시孔祥熙 가문, 천치메이陳其美 가문을 일컫는다.
■■ 태평양전쟁 당시 활약했던 미국 장군. 일본군에 맞서 중화민국 공군과 미국 육군 항공대를 지휘했다. 중국인인 천샹메이와 결혼했으며, 천샹메이는 이후 타이완을 대표하는 미국 내 로비스트로 활약하기도 했다.

리 하나를 사이에 두고 이 별장들을 마주 보고 있던 '시쟈오공원西
郊公園'의 공이 컸다. 하지만 당시는 '시쟈오공원'이 '시쟈오공원'으
로 불리기 전이었다.

1900년부터 영국인들은 1.3헥타르(1만 3000제곱미터)에 이르는
이곳 녹지를 개인 마방馬房으로 썼고, 이후 스와이어 그룹Swire Group
과 홍콩상하이은행 등 여덟 개의 영국계 회사들이 이를 사들여 골
프 클럽으로 개조했다. 클럽을 오가는 고객은 대부분 부유한 상인
들이었다. 내가 만약 태평양전쟁 당시 일본 폭격기의 조종사였다
면 아마 화창한 주말에 이 골프 클럽 상공을 비행하다가 샹들리에
가 정신없이 오가는 술잔과 화려하게 치장한 사람들을 비추던 그
사교장을 향해 폭탄을 투하했을 것이다. 아시아 전역의 금융 무역
시장이 요동치도록.

하지만 다행히도 당시 일본군은 이렇게 하지 않았다. 골프 클럽
이 있던 녹지는 전쟁이 끝난 1953년 공유지로 몰수되었고 1954년
5월 25일에는 '시쟈오공원'이라는 이름으로 상하이 시민들에게
개방되었다. 같은 해 연말에는 동물원으로 개조하기 위한 증축 계
획이 잡히기 시작했다. 그로부터 여러 해가 지나고 나서 중국 각
지의 동물들이 하나둘 이곳에 입주했다. 그중에는 당시 도로도 뚫
려 있지 않던 시솽반나西雙版納*에서 운반해온 코끼리도 있었다. 이
밖에 상하이 도심 여러 공원에 흩어져 있던 상당수의 동물들이 이
곳으로 옮겨졌다. 시쟈오동물원은 이때부터 상하이 학교들이 첫

■　중국 윈난 성 최남단에 있는 열대우림 지역.

번째로 손꼽는 단골 소풍지로 자리 잡았다. 나이 지긋한 상하이 토박이들에게는 아름다운 유년의 추억이 새빨간 점으로 찍혀 있는 곳이다.

　　모든 남자들에게는 아마도 이러한 두 명의, 최소한 두 명의 여자가 있을 것이다. 붉은 장미를 아내로 맞은 뒤 오랜 세월이 지나면 붉은 장미는 벽에 묻은 모기의 피가 되고 만다. 그러면 흰 장미는 여전히 '침상 앞을 비추는 밝은 달빛'이 되어버린다. 흰 장미를 아내로 맞이하면 이 흰 장미는 옷에 붙은 밥풀이 되고 만다. 그러면 붉은 장미가 그의 마음속에 새빨간 점으로 남는다.

　- 장아이링, 〈붉은 장미와 흰 장미〉 중에서 ▪

오후 3시의 동물원

　　　　　　　　　자신이 혹시 모기 피가 되어버린 것은 아닌지 의심하는 여인이 오후 3시에 동물원으로 들어간다. 태양이 이미 하늘 끝으로 기울어 있지만 마지막 햇빛 덕분에 흑고니의 윤곽이 드러나고, 흰 고니는 여전히 밝게 빛을 발한다. 너무나 조용히 물 위를 미끄러지듯 이동하는 고니와 달리 홍학과 사다새는 시끌벅적하다. 일찍 퇴근하고 싶다고 아우성들이다. 시베리아호랑이는 혼자 정원 한가운데 관람객들을 등지고 앉아 웅장한

▪　　장아이링, 김순진 옮김, 《경성지련》, 문학과지성사, 2005, 72쪽.

아름다움을 자랑하는, 이제 곧 세상에서 사라질 위험에 처한 얼룩무늬로 세상을 두려움에 떨게 한다. 아직 한 살도 되지 않은 새끼 시베리아호랑이 세 마리가 육아실에서 장난스럽게 노는 모습을 수십 개의 휴대전화기 카메라가 쉬지 않고 찍어댄다. 여인은 새끼 호랑이를 보고 있다. 나이 어리고 호기심 가득한 녀석들이다. 놀고 먹는 것 외에는 아무것도 관심 없는. 녀석들은 아마 자기들의 체중이 이미 50킬로그램을 넘었다는 사실을 모를 것이다. 이 녀석들의 이빨과 발톱 그리고 힘이면 초식동물이나 연약한 인간 하나쯤은 너끈히 잡아 죽일 수 있다.

캥거루들은 나무 사이사이에 풀어놓고 기른다. 짙은 갈색과 옅은 갈색의 무리 중에서 딱 한 마리가 전신에 굵고 단단하고 창백한 하얀 털을 두른 채 빨간 눈을 크게 뜨고 있다. 햇빛이 또 한 뼘 줄어들었다. 빛과 어둠 사이에서 하얀 캥거루는 꼭 실험실에서 도망 나온 하얗고 커다란 인공지능 시궁쥐처럼 보인다. 햇빛은 계속해서 사라지고 있다. 이미 색이 바래버린 기린 표본이 조용히 호숫가 나무 아래 서 있다. 이미 죽은 '하이빈海濱'이다. 하이빈은 일본 요코하마에서 태어났다. 적국이었던 일본이 전쟁에서 패한 뒤, 우호와 희망의 표시로 보내온 이 기린에게 '상하이'와 '요코하마'에서 한 글자씩 따온 이름을 붙여주었다.▪ 하이빈은 1993년 새끼 '쥬저우九州'를 낳은 뒤, 갑작스럽게 병사했다. 해부 결과 배 안에

▪ 요코하마를 한자로 쓰면 '橫濱'이다. 여기서 뒷글자인 '濱'의 중국어 발음인 '빈'을 따고 '상하이'의 '하이'를 붙여 '하이빈'이라는 이름이 지어졌다. 이렇게 만들어진 이름인 '하이빈'은 중국어로 '해변'을 뜻하기도 한다.

서 대량의 비닐봉지가 나왔다고 한다.

해가 지려면 20분 정도 남았다. 조명이 부족한 코끼리관은 일찌 감치 문을 닫아 걸었다. 1955년 문을 연 이 아름다운 중국식 건축 물은 상하이동물원의 첫 번째 동물 관사다. 덩굴식물이 이곳 천장 에 뚫린 구멍을 따라 얼마 남지 않은 햇빛을 받으며 내려오는 모 습이 마치 코끼리가 한때 행복하게 살았을 시쌍반나의 산림을 연 상시킨다. 격자무늬의 나무 창틀 틈으로 관사 안을 슬쩍 훔쳐보 니, 코끼리 두 마리가 따로 서서 코를 휘두르며 목욕을 하고 있다. 살짝 올라간 입꼬리 때문에 마치 이쪽을 보며 웃는 듯 보인다.

오후 4시 58분, 해가 지자 한기가 공원 전체를 뒤덮었다. 나무들 도 선량한 표정을 거두고 차가운 얼굴을 하고 있다. 출구를 향해 발걸음을 재촉하는데 시큼한 냄새가 났다. 길옆에 망토개코원숭 이 가족이 자리 잡고 있었다. 녀석들은 하늘에 마지막으로 남아 있 는 한 줄기 노을빛에 기대어 높은 지대로 올라가려는 참이었다. 얼 굴은 잘 보이지 않지만 새빨간 엉덩이는 여전히 또렷하게 눈에 들 어온다. 아주 나무랄 데 없는 가족이다. 모든 구성원이 각자 자기 자리에 앉아 자기가 해야 할 일을 하고 있다. 서로 이를 잡아주기 도 하고 연장자에게 안마를 해주기도 한다. 아니면 멀리 숨어 있거 나 아기를 돌보고 있다. 어쨌든 가장 높은 자리에 앉은 녀석이 분 명히 이 집안의 수컷 가장일 것이다. 녀석은 자신의 우수한 유전자 를 이어받은 자식들을 낳아줄 배우자를 분명 여럿 두고 있을 것이 다. 대체 우월한 수컷은 얼마나 많은 배우자를 들여야 만족할까? 아마 다다익선일 것이다. 동물의 세계에서는 대부분 이렇다.

여인은 상하이에 살고 있다. 장아이링이 말했던 것처럼 "어떤 이야기를 듣고 나면 분명 아무 상관없는 이야기인데도 마음은 몇 바퀴를 돌고 돌아 결국 그 사람을 떠올린다."

이렇게 계속 원망밖에 할 수 없는 걸까? 물론 그래서는 안 되지!

조금만 일찍 일어나면, 조금만 일찍 출발하면 인생의 풍경은 분명 확연히 달라지게 마련이다.

상하이동물원보다 일찍 문을 여는 동물원은 어디에도 없을 것이다. 일 년 사계절 내내 아침 6시 30분이면 문을 연다. 아침 운동 카드를 휴대한 사람은 5시에도 입장해서 운동할 수도 있다.

시쟈오공원의 서비스 정신을 이어받아 상하이동물원은 시민들의 각종 레저 활동을 위한 서비스를 지속적으로 제공하기 시작했다. 아침 7시 즈음, 도심의 출근 시간대에 인파로 붐비는 지하철을 타고 동물원에 오면 맑고 상쾌한 기운이 얼굴을 스치고 지나간다. 옷을 맞춰 입은 수십 명의 여자들이 대형 '중국의 희귀 동물' 분포도 앞에서 리듬에 따라 춤을 춘다. 금붕어 전시관 아래에서는 몸에 딱 붙는 바지를 입은 중년의 신사가 직접 탱고 음악을 틀어놓고 파트너와 함께 너울너울 춤을 춘다. 금붕어들은 이미 익숙해진 모양이다. 판다를 보러 가는 길에는 아버지와 아들이 이쪽저쪽을 오가며 배드민턴을 치고 있다. 수풀 속에서는 통통하게 살이 오른 고양이 한두 마리가 하품을 하고 있다. 이른 아침에는 공원의 쓰레기통이 텅 비어 있기 때문에 아마 저녁까지 기다려야 뭘 먹을 수 있을 것이다. 넓은 잔디밭과 좁은 잔디밭, 한때는 귀족과 부유한 상인들을 위한 골프장이었던 이곳에 이제 홀이라고는 하나 없이 자기 수련에 열심인 각지의 무술 고수들, 쇄이서 우궁^{甩手功}* 달인들, 요가 마스터들이 가득하다. 이달에는 북방에서 철새들이 하나둘 도착하기 시작했다. 녀석들은 호숫가에서 놀다 지겨워지면 잔디밭으로 와서 인간들의 멍청한 모습을 구경한다. 10월에 선홍색과 황금색 월계화가 활짝 피었다 져버린 화원 옆에 기린이 산다. 하이빈이 죽은 지도 20여 년이 지났다. 당시 혼자 남 았던 쥬저우는 이미 어른이 되었고 새끼도 낳았다. '바다를 떠도 는'** 이 가문의 삼대로 태어났으니, 어쩌면 앞으로 구성진 상하이 사투리를 구사하게 될지도 모르겠구나.

　짤막한 소개 글을 보지 않았다면 상하이동물원에 400여 종의 동물이 있다는 걸 체감하지 못했을 것이다. 아마 공원 자체가 너 무 커서 그런 것 같다. 점유 면적이 74만 3000제곱미터나 되니, 이 동네의 임대료로 환산하면 한 달 임대료만 5572만 5000위안(약 100억 9737만 원)이다. 월세가 5572만 5000위안이나 되는 땅이 지 금은 시민들에게 휴식 공간으로 개방되었다는 사실이 믿기는가. 뉴타이완 달러로 200위안(약 7500원)도 안 되는 돈으로(일반 입장권 은 40위안이고 우대권은 가격이 다르다), 안에서 놀고, 운동도 하고, 아 이와 산책도 하고, 힐링도 할 수 있는 곳이 있을까?

　이렇게 보면, 상하이도 더는 사람을 우울하게 하지 않는다. 결

■　손가락, 손바닥, 손목, 발가락, 발목, 무릎을 통과하는 12개의 경맥을 늘이고 줄이는 운동.

■■　하이빈의 새끼인 쥬저우의 한자 이름을 일본어로 읽으면 일본의 섬인 '규슈'가 된다. 따라서 삼대가 모두 바다와 관련이 있고, 모두 바다 근처에 살았거나 현재 살고 있으므로 '바다를 떠돈다'고 표현한 것이다.

국 돈에 대한 사랑도 상하이의 중요한 특징 중 하나니까. 동물원의 아침과 저녁은 이제는 지나가버린 온갖 아름다운 추억과 상처를 떠올리게 한다. 하지만 인간이라면 분명 이해할 수 있을 것이다. 물질에 대한 미련이 동팡밍주 타워처럼 높이 높이 걸린 채 상하이의 낮과 밤을 비추고 있다는 걸. 상하이의 남녀가 계속 취해 꿈꾸게 한다는 걸.

개 같은 사랑

　　　　　　수천, 수백 년에 이르는 긴 시간 동안 늘 인간과 생사고락을 같이해온 끝에 개는 일찌감치 자연생태를 벗어나 인간 사회의 풍경 속에 정식으로 자기 역할을 갖게 되었다. 개들은 어떤 때는 감정의 투사체가 되기도 하고, 또 어떤 때는 편리한 만년 엑스트라가 되어준다. 사람들의 사랑을 듬뿍 받는 장난감 인형 역할을 하기도 하고, 거울이 되어주기도 한다. 개를 대하는 방식을 보면 그의 인격을 알 수 있는 법이니 말이다.

　　오스트레일리아의 소설가 헨리 로손은 19세기 말의 황무지 개간 시대 오스트레일리아 노동자들의 백태를 그려낸다. 단편집 《레트리버 토미》에는 〈나의 그 개〉That There Dog of Mine〉라는 아주 짧고 단순한 작품이 수록되어 있다. 싸움을 하다가 늑골 세 대가 부러진 양털깎이 노동자가 병원 정책에 따라 다리가 부러진 늙은 개를 내쫓으려는 의사들에게 자신이 깨달은 바를 절절하게 풀어놓으며, 롱테이크 연기를 한바탕 선보이는 이야기다.

> "이 녀석(이 늙은 개)은 저를 따라 물난리도 같이 겪고 가뭄도 같이 겪었다고요. 좋은 날도 있었고, 힘든 날도 있었죠. 대부분은 힘든 날이었어요……."

스파이크 리 감독의 영화 〈25시〉에서는 세상을 우습게 여기던 한 남자가 24시간 안에 자유를 잃을 처지가 된다. 그는 감옥으로는 절대 가져갈 수 없는 양심과 따뜻한 마음을 개에게 투사한다.

몬티 브로건Monty Brogan(에드워드 노턴Edward Norton 분) : 봐봐. 이 개 아직 살아 있어.■

세상을 떠도는 외로운 남자 곁에 그와 잘 어울리는 개가 함께한다면 실의에 빠진 남자의 모습도 더러운 행색도 더는 이상하게 느껴지지 않는다. 그런데 사회의 규범이나 질서에서 벗어난 사람이 자신을 '들개'라고 칭하는 모습에서는 예의나 법 따위를 무시해버리는 통쾌함이 느껴지게 마련이다. 기원전 300년경, 그리스 견유학파犬儒學派의 창시자였던 안티스테네스Antisthenes는 개처럼 살아가기로 마음먹었다. 그는 다른 사람의 눈을 개의치 않았고 육신에 구속당하지 않았다. 그러면서도 영민한 감각을 갖고 있었고, 적과 나를 명확하게 구분했으며, 싸움이 붙으면 과감하게 달려들어 물어뜯었다. 견유라는 단어는 원래 가정의 속박을 벗어던지고 부와 육신의 건강에 개의치 않는다는 의미로, 미덕의 실천에 전념하는

■　영화의 첫 장면에서 주인공 몬티가 길 위에서 죽어가는 개를 발견하고 내뱉는 대사다. 몬티는 고통을 덜어주기 위해 개를 죽여버리려 하지만 이빨을 드러내고 으르렁거리는 개를 보고 살려주기로 마음먹는다. 그 뒤 개에게 '도일'이라는 이름을 붙여주고 정성껏 돌봐준다. 24시간만 지나면 7년간의 긴 수감 생활에 들어가야 하는 절망적인 상황에서 극도의 불안감과 공포를 느끼며 세상에 대한 분노를 쏟아내는 몬티에게 도일은 가장 가까운 벗이 되어준다.

극단적인 태도를 뜻했다.

소년범이었던 오스트레일리아 작가 아치 웰러는 자전적 색채가 강한 데뷔작 《개 같은 날》에서, 감옥에서 나온 19세 원주민 소년의 삶을 그려냈다. 그 작품에는 폭력, 섹스, 경찰 습격, 강도 등 온갖 비행으로 얼룩진 길거리 생활이 생생하게 묘사되어 있다. 사진가 모리야마 다이도는 늘 자신이 들개처럼 산다고 말한다. 즉 본능의 양면성이 문명과 야만 사이를 톱질하듯 오가면서 입자가 거친 필름 위에 하이 콘트라스트high contrast로 《개의 기억》▪을 끊임없이 새겨 넣는다는 것이다. 칼끝 위에 올라선 듯 위험천만한 삶을 사는 남자만큼 개를 키우는 일에 안성맞춤인 사람도 없다. 그들은 사람에게서 느낄 수 없는 충성심을 애견에게서 발견한다. 가이 리치의 영화 〈스내치〉를 보면 건달, 개망나니 경찰, 집시 등 개차반 같은 인생들 사이에서 결국 승리를 거머쥐는 것은 꼬리를 살랑거리며 배를 채우던, 성질 더러운 점박이 개다.

그렇다. 인생은 늘 개차반 같다. 사랑은 개 같고.

사랑은 한 사람만을 위해 모든 것을 바치는 마음과 공생하고, 미친 듯이 짖어대며, 사납게 먹잇감을 찾는다. 사랑은 언제나 피비린내 나는 선천적인 조건에 제한을 받으며, 그냥 부속품에 불과한 것처럼 보여도 사실은 인생 그 자체다.

영화 감독 알레한드로 곤살레스 이냐리투는 〈바벨Babel〉, 〈21그램21 Grams〉, 〈비우티풀Biutiful〉 등 다양한 인물의 내러티브가 진행되

▪   모리야마 다이도의 사진집.

는 강렬한 색채의 작품으로 세계적 명성을 얻었지만 사실 스페인어권 힙스터^{hipster}들 사이에서는 첫 번째 작품인 〈아모레스 페로스〉*야말로 독보적인 걸작으로 손꼽힌다. 다른 세계적 명감독들이 그렇듯이 그의 데뷔작에서도 상업적인 색채가 쫙 빠진, 생동감 넘치고 놀랍도록 아름다우며 초기 팬들만 느낄 수 있는 그런 친밀감이 발산된다. 당시의 열렬한 토론을 보면 이 작품은 스페인어권의 〈중경삼림〉이라 부를 만하지만 〈중경삼림〉의 경쾌함과 유쾌함 그리고 싱그러움과 달리 어두운 자줏빛과 핏빛으로 얼룩져 있다. 이 작품에서는 늙은이도 젊은이도 함께 고통의 나락에 휘감기며, 그 비통함이 그들을 죽음으로 밀어 넣는다.

중국에서 상영조차 되지 않았지만 희한하게도 중국 네티즌들 사이에서는 '개잡년 같은 사랑'이 이미 공인된 제목으로 자리 잡았다. 개잡년, 그러니까 비치^{bitch} 역시 심오하기 그지없어서 도저히 한두 마디로는 설명이 되지 않는 어휘다. 뭐, 사랑이 개잡년 같다고 하면 사람들이 쉽게 공감하기는 하겠지만 이건 불공평하지 않은가. 간단하게 말하면, 암캐^{Puta}**는 개^{Perro}가 맞지만 개가 꼭 암캐는 아니니까.

■　스페인어로 '아모'는 '사랑', '페로'는 '개'를 의미한다.
■■　푸타는 영어와 스페인어에서 모두 '암캐', '창녀'라는 뜻으로 쓰인다.

라이언 고슬링의 캥거루 같은 매력

라이언 고슬링. 타이틀에 그 이름이 등장하는 순간, 수천수만 명의 여성 팬들이 무아지경으로 마우스를 클릭한다. 내가 딱 그렇다. 설사 그 페이지 또는 그 영상에 사실상 고슬링이 등장하지 않더라도 이걸로 수많은 '빠순이들'을 속여서 유입량을 올릴 수 있다. 내가 딱 그렇다. 라이언 고슬링은 남신이다. 때 묻지 않은 순수한 미소, 우수 어린 깊은 눈빛, 빛나는 금발 아래 귀엽고 멋진 얼굴 때문만은 아니다. 아낌없이 드러내는 아름다운 몸 때문만도 아니다. 솔직히 같은 조건을 가진 남자 스타들이 많아도 너무 많다. 스파이더 맨, 데어 데블Daredevil, 아이언 맨 등 몸에 꼭 끼는 타이츠를 입고 마블 코믹스Marvel Comics의 캐릭터를 연기한 남자 스타들 대부분은 이런 조건을 갖추고 있다. 그런데 그리스 비극에서나 느껴질 법한 분위기를 풍기는 이 남자가 어떻게 그렇게 강력한 섹시 전류를 흘려보내는 것일까?

배우에게는 작품 선택이 아주 중요하다고들 말한다. 악역으로 큰 인기를 얻게 되면 한편으로는 기뻐하면서도, 또 한편으로는 마음을 다잡고 거리로 나가야 한다. 작품에 너무 깊이 빠진 슈퍼마켓 점원이 일부러 계산을 잘못해서 돈을 더 받아낼 수도 있기 때문이다. 대부분의 관람객들은 그 배우가 실제 어떤 성격인지 스크린에 비친 이미지로 끼워 맞출 수밖에 없다. 그래서 작품 선택이 중요하다. 다들 영화배우는 그저 연기를 하고 있을 뿐이라는 것을 아는데도 배우의 필모그래피가 늘어날수록 배우가 각 작품에서 연기한 캐릭터들이 관객들의 마음속에 '대중 인격'을 형성하게 된다.

우리의 연인 브리트니 스피어스, 멋진 오빠 저스틴 팀버레이크와 함께 아역 스타로 데뷔한 라이언 고슬링은 영화에서 경력을 다진 처음 10년 동안 깔끔하다 못해 격찬이 쏟아질 정도의 작품들로 필모그래피를 쌓아 올렸다. 그중 영화제에서 언급되었던 작품들에서 그는 자신의 이미지와 부합하는, 조용하고 사색적이고 목소리가 낮고 게으른 인물을 연기했다. 그는 작품에서 각종 사교 모임과는 담을 쌓고 살면서 뭔가 골똘히 생각에 잠긴 듯한 표정을 짓는다. 그러면 그에게 푹 빠진 여자가 참다못해 영원히 답을 알 수 없을 질문을 던진다. "무슨 생각 해요?"

하지만 이걸로는 부족하다. 극작가가 신비로우면서도 조용한 성격을 가진 캐릭터를 구축하는 이유는 작품 안에서 그 캐릭터를 무너뜨리기 위해서다. 라이언 고슬링이 남신이 될 수 있었던 건 바로 그가 택했던 중요한 캐릭터들, 여자 때문에 이성을 잃고 폭주했던 그 역할들 덕분이었다. 현실에서 여자 때문에 이성을 잃고 폭주하는 남자는 절대 환영받지 못한다. 이런 사람은 사회의 안정을 해칠 불확정적인 인자이자 자신의 호르몬을 억제하지 못하는 인간으로 여겨진다. 심지어 무시와 비웃음 그리고 격리의 대상이 되기도 한다. 하지만 영화 속에서는 종종 이런 사람이 주인공이 된다. "여자 친구가 꼭 라이언 고슬링을 봐야 한다고 했어요. 처음부터 끝까지 정신병자로 나오는데도 여자 친구는 감동해서 어쩔 줄을 모르네요." 이런 말이 나오게 하는 영화에서 말이다. 〈블루 발렌타인〉, 〈드라이브〉, 〈킹 메이커〉, 〈플레이스 비욘드 더 파인스〉와 같은 작품들을 보면 라이언 고슬링이 여자 때문에(좀 더 은근하게 말하면 사랑 때문에) 폭주하는 장면이 꼭 나온다. 그 한 명의 캐릭터에 노골적인 나체, 필사적인 분투, 애틋한 감정 하나 하나가 폭발적으로 담기면서, 아름다운 영화 언어를 통해 여성 팬들에게는 더없이 감동적인 만점짜리 연기로 남게 된다.

핵심은 대비 효과다. 예술이 빚어낸 대비 효과는 환상을 충족시킨다. 그런다고 어디 다치는 것도 아니다.

실제 상황에서 폭력은 결코 아름답지 않다. 하지만 영화에서라면 아름다울 수 있다. 사람이 어떻게 어떤 때는 귀엽고, 또 어떤 때는 거칠고 사나우면서도 너무나 사랑스러운 변태가 될 수 있을까? 영화에서라면 가능하다. 바로 직전까지 사랑하는 여자와 키스를 나누다가 곧바로 뒤돌아서서 악당의 머리를 짓이겨버리는 남자가 어떻게 있을 수 있을까? 그것도 파이프오르간 소리가 울려 퍼지는 엘리베이터 안에서? 영화에서라면 가능하다.

라이언 고슬링이 동물이라면 아마 캥거루일 것이다. 아주 거대하고 우람한 건강미가 넘치는 수컷 캥거루 말이다.

애니메이션에 나오는 캥거루에 익숙해진 사람은 진짜 캥거루가 얼마나 거대하고 우람한지 쉽게 잊어버린다. 캥거루의 기다란 얼굴을 계속 보고 있으면, 웃는 것도 같고 웃지 않는 것도 같은 아무 것도 모르겠다는 듯한 그 표정을 보고 있으면 캥거루가 한 주먹으로 사람을 거뜬히 쓰러뜨릴 수 있을 정도로 힘센 동물이라는 사실을 순식간에 잊어버린다. 그리고 보면 캥거루도 대비 효과 만점의 이미지를 보여준다.

어른 캥거루는 키가 2미터에 달하고 체중은 60킬로그램이 넘는다. 유대류有袋類 동물의 새끼는 모두 발육 부진의 조산아로 태어난다. 유대류 동물에게 주머니가 달린 이유가 바로 이것이다. 캥거루(새끼 캥거루는 조이joey라고 부른다)는 태어날 당시 키 1.5센티미터에 몸무게는 1그램도 나가지 않는 아주 허약한 상태다. 그야말로 태아 상태나 다름없는 셈이다. 새끼는 태어나자마자 어미의 주머니로 파고 들어간다. 동부회색캥거루의 경우 주머니 안에 네 개의 젖꼭지가 달려 있고, 각각의 젖꼭지에서 서로 지방 함량이 다른 모유가 나오며, 주머니에는 최대 두 마리의 새끼가 들어간다. 주머니 때문에 새끼들은 늘 곧게 서 있다. 앞다리가 너무 짧아서 그냥 '손'이라 해도 된다. 이렇다 보니 체형이 인간과 비슷해 보여서 캥거루에게는 상당수의 의인화된 상상이 자연스레 덧입혀졌다. 이를테면 권투 장갑을 낀 캥거루처럼 말이다. 권투 장갑을 낀 캥거루는 오스트레일리아의 비공식적인 국가 상징물이다. 2차 대전 당시 오스트레일리아 공군과 아시아 주둔군, 심지어 축구 국가 대표팀도 이 이미지를 상징으로 사용했다.

그런데 캥거루가 정말 권투를 할 줄 알까? 할 줄 안다.

주먹으로 치고 발로 걷어차는 행위는 캥거루의 본능적인 방어

동작이다. 심지어 캥거루는 뛰어다니는 속도도 무척 빠르고 뒷다리에는 강한 힘줄이 몇 개나 달려 있다. 튀어 오르면서 이동하는 동물 중에 캥거루가 가장 크다. 그런데 캥거루는 도대체 언제 치고받을까? 초식동물인 캥거루는 사냥감을 놓고 쟁탈전을 벌일 필요가 없다. 또한 몸집이 크기는 해도 일반적으로는 성질이 사납지도 않다. 하지만 사랑의 계절만 찾아오면 수컷 캥거루는 물불 가리지 않고 경쟁자와 주먹질을 해댄다. 영역이나 먹이를 놓고 싸우는 것이 아니다. 놀이 삼아 싸우는 것도 아니고, 넘치는 힘을 쏟아붓는 것도 아니다. 그저 사랑을 위해, 사랑하는 가족을 위해, 귀여운 새끼를 위해 전쟁을 벌인다. 딱 라이언 고슬링이 연기한 캐릭터들처럼.

유튜브 채널에서 '캥거루'와 '복싱'으로 검색하면 권투 경기를 하는 캥거루 영상이 대량으로 쏟아진다. 캥거루 두 마리의 결투(물론 암컷 캥거루를 차지하기 위한 싸움이다)를 담은 영상도 있고, 오래된 TV 프로그램도 있다. 동물 보호 개념이 퍼지지 않았던 시절에는 캥거루가 호주 TV 프로그램의 단골 출연진이었나보다. 유명 코미디언들이 링에서 캥거루와의 결전을 앞두고 준비에 들어간다. 하지만 자신만만했던 코미디언이 그만 캥거루에게 농락당하거나 비웃음당하거나 막무가내로 얻어맞는 장면이 상당히 많다. 어른 캥거루는 키와 몸무게가 성인 남자와 맞먹는다. 그래서 캥거루가 일어선 채로 사람에게 기대면 마치 남자 둘이 어깨동무를 하고 있는 것처럼 보인다. 세상에 존재하는 대부분의 동물 쇼가 동물의 본성을 왜곡해버리지만 캥거루는 좀 다른 사례다. 무대에서 삼륜차를 모는 원숭이, 불구덩이를 넘어가는 사자나 호랑이와는 달리 권투 경기를 하는 캥거루는 그냥 원래 모습 그대로를 보여주기만 하면 된다. 그래도 마음에 들지 않는 점을 하나 골라낸다면, 제작자가 종목을 착각한 것이라고 말하겠다. 캥거루의 주특기는 앞발로 상대를 제압한 다음 뒷발로 미친 듯이 걷어차는 것이기 때문이다. 권투보다는 무에타이에 더 가깝다.

라이언 고슬링은 캥거루라는 주장에 대해 라이언 고슬링도 멀리서 지지 의사를 밝혀왔다. 다양하고 새로운 시도에 몸이 달아오른 이 남자가 고르고 고른 최신작 〈온리 갓 포기브스〉가 바로 권투 영화라는 말씀.

권투를 기본 소재로 하는 이 작품에서 고슬링은 〈드라이브〉 제작팀과 다시 한 번 유려한 폭력을 담아냈다. 〈드라이브〉처럼 불가사의할 정도로 아름다운 영상과 음악을 선보임에도 청소년 관람불가 판정을 받았다. 폭력을 표현 방식으로 한, 갱들의 지하 세계를 다룬 컬트 무비^{Cult Movie}이다 보니, 격렬한 비판과 부진한 박스오피스 성적을 감내해야 했다. 2013년 5월 칸 영화제에서 첫 상영되었지만 많은 영화인이 상영 중에 자리를 떠버렸고 야유 소리가 끊이지 않았다. 그 뒤 로튼토마토^{Rotten Tomatoes} 평점은 18점까지 급전직하했다. 역사상 보기 드문 혹평이었다.

남신은 흥행에 참패한 영화를 구하지 못했다. 아리따움만으로 폭력을 소화해낼 수는 없다는 듯. 하지만 〈온리 갓 포기브스〉의 태국어 주제곡이었던, 태국 인디밴드 'P.R.O.U.D'의 '너는 나의 꿈'이 확실히 진통제 역할을 해준다. 단순한 악기 편성, 상당한 여백, 흐느끼는 듯한 깨끗한 목소리가 부러진 뼈마저도 치유해줄 것만 같다. 끊임없이 싸움판에 오르는 수컷 캥거루들이 전투에서 입은 상처를 핥으면서 사랑하는 누군가의 얼굴을 떠올리며 듣는다면 얼굴에 희미하게 미소가 떠오를 만한 노래다.

칸 영화제에서 야유를 받은 상당수의 영화가 나중에 걸작으로 추앙받는다지만 선구적이고 실험적인 예술가는 당대에는 언제나 고독한 법. 〈온리 갓 포기브스〉가 프롤레타리아트 대중들에게 광범위한 인정을 받기는 불가능하겠지만, 그래도 자신의 메시지를 관철한 이런 작품들이 열성 팬들의 마음속에는 최고의 작품으로 남기 마련이다. 시간이 흐른 뒤에 이 팬들이 서로 만나게 되면 분명 이렇게 안부를 물어볼 것이다. "한 판 붙을래?Wanna Fight?"

9

만주의 봄날을
기억하는 곳

|

Changchun Zoo
창춘동식물공원

창춘에서 4년째 공부 중인 여자아이가 이렇게 말했다. "창춘에 가면 실망할 거예요. 창춘에는 동물원이 아예 없거든요."

이 말에 너무 놀란 나는 이렇게 대꾸했다. "있어! 게다가 창춘 동식물원은 아시아 최초의 동물원이었다고!"

나는 창춘을 떠올릴 때마다 만주국 황궁에 있던 푸이溥儀를 생각하게 된다. 물론 내 머릿속에 떠오르는 것은 푸이를 연기한 존 론John Lone의 잘생긴 얼굴이고, 실제 푸이의 얼굴은 늘 흐릿하기만 하다.

이 칼럼이 연재를 시작한 날짜는 2013년 12월 2일. 공교롭게도 딱 105년 전 같은 날에 세 살배기 아이신줴뤄 푸이愛新覺羅 溥儀가 베이징 자금성 태화전에서 제위에 올랐다. 이상할 정도로 추웠던 그날, 푸이는 추위에 놀라 한바탕 울음을 터뜨렸고 옥좌 아래 무릎을 꿇고 있던 그의 아버지는 이렇게 말했다. "울지 마십시오. 곧 끝납니다." 이 시각, 베이징의 부유한 한인漢人들은 골목 안에서 폭죽을 터뜨리며 서태후의 사망을 경축했다. 당시 청나라는 끝나가고 있었다. 푸이가 제위에 오른 지 3년 만에 신해혁명이 일어났고 중국이 민주공화국으로 바뀌면서 전제 봉건제는 종말을 고했다. 하지만 지금 돌아보면 민주정치 체제를 설립했음에도 제위에 대한 야심을 지닌 황족과 군벌들의 망상은 단 한 번도 멈춘 적이 없었다.

마지막 황제의 땅

제위에 대한 푸이의 미련은 위안스카이遠世凱처럼 황제가 되고 싶어 했던 보통 사람의 마음과는 당연히 달랐다. 푸이의 몸에는 위대한 황족의 피가 흐르고 있었고 그는 자금성에서 태어나 열여덟 살이 되기까지 그곳에서 살았으니까. 심지어 3년 동안 곤룡포袞龍袍를 입고 지냈으니, 전제 왕조가 회복되면 어느 누가 그보다 더 황제의 자격이 있겠는가? 먹구름 가실 날이 없던 공화국 초기, 푸이는 너무나 황제가 되고 싶었다. 그는 아마 중국 역사상 퇴위와 복위를 가장 많이 반복한 황제일 것이다. 1917년 북양군벌北洋軍閥 장쉰張勳의 지지 아래 그는 다시 황위에 올랐다. 겨우 12일 만에 제위에서 내려오긴 했지만, 그래도 그는 낙심하지 않았다.

푸이가 세 번째로 황위에 오른 것은 자신의 위대한 선조들이 성공을 거머쥐었던 만주 땅에서였다. 외롭고 황량한 흙더미 위, 무기력한 회색빛 허공에 뽀족하게 튀어나온 라마 법모法帽가 도드라졌고, 완룽婉容 황후의 얼굴에는 근심이 가득했다. 동상이몽 중이던 만주족 대신과 일본 군관들이 늘어서고 사나운 북풍이 몰아치는 가운데 '만주국滿洲國'이 성립되었다. 옆에 무리를 지어 있던 낙타들이 하나둘 환호하며 무릎을 꿇었다.

만주는 중국의 '동북 지방'을 일컫는 옛 지명이다. 당시 만주가 포함하는 범위는 당연히 지금과는 차이가 있었다. 그러나 가장 큰 차이는 만주라는 지명에 담긴 너무나 뼈아픈 역사적 부담이다. 1931년 남만주를 점령한 일본군은 당시 자금성에서 쫓겨난 푸이를 데려와 만주국을 세웠다. 국제적으로 승인받지 못했던 이 괴뢰 정권은 이후 '위만주국僞滿洲國'이라 불리게 되었다. 1959년 미국에서 반공을 위한 정치 음모를 다룬 소설《맨츄리안 캔디데이트》가 나왔고 이때부터 미국에서는 '맨츄리안'이 정치적 용어로 자리 잡게 된다. '괴뢰의', '꼭두각시인', '세뇌된' 정치꾼이라는 뜻으로 말이다.

영화 〈마지막 황제〉는 1988년 아카데미 영화제에서 아홉 개 부문의 후보로 올라 아홉 개 부문을 모두 석권했다. 만주국에 대해 내게 조금이라도 낭만적 이미지가 남아 있다면, 그건 모두 감독 베르나르도 베르톨루치가 이 작품을 뼈에 사무칠 정도로 깊이 있고 너무도 아름답게 찍어낸 덕분이다. 존 론, 조안 첸Joan Chen 등 배우들은 눈을 뗄 수 없을 정도의 우아함을 보여주었고, 사카모토 류이치가 작곡한 영화 주제곡은 서양 음악에 동양을 완벽하게 담아냈다(사카모토 류이치는 주식회사 만주영화협회의 이사장 아마카스 마사히코 역으로 출연하기도 했다). 이렇게 좋은 영화를 차라리 그대로 믿어버린 채 나의 넘치는 동정심을 푸이의 비극적 인생에 이입하고 싶다. 베르톨루치는 영화 속에 사실과는 다른 영화 언어와 의상 그리고 화장을 뒤섞었고 과하게 아름다운 주연배우들을 기용했다. 심지어 영화 속의 중국인, 만주인, 일본인 모두 영어로 말한다. 하지만 이 모든 부정확성 아래서도 영화는 빈틈없는 치밀함을 보여주며, 깊은 감동을 선사한다.

영화에서 아편 연기가 자욱한 황후의 침실이든, 접시에 부딪히는 나이프와 포크 소리만 들려오는 기다란 식탁 위든, 위만주국의 궁전 안에서 햇빛은 늘 음울한 청회색을 띤다. 사실 위도가 높은 동북 지방에서는 실제로도 햇빛이 비스듬하게 쏟아진다. 어떤 때는 햇볕이 뜨겁고 눈부시지만 입고 있는 옷은 눅눅하다. 북방에 가보지 않으면 '차가운 태양'이 어떤 건지 정말 감도 잡히지 않는다. 이토록 차가운 태양 아래 군국주의 국가인 일본과 러시아가 손에 넣고 싶어 하던 만주가 있었다.

영화 속에서 푸이는 으스대며 말한다. "만주는 가장 부유한 국경 지대지. 석탄, 철, 철로!" 만주는 중공업용 원료 외에도 대싱안링 산맥과 소싱안링 산맥 그리고 백두산에서 풍부한 농림 자원이 나오고, 얼음이 녹아내린 뒤의 쑹넌^{松嫩} 평원에서는 봄밀과 대두, 감자 등 풍부한 식량이 자란다. 이 풍요로운 땅 한가운데에 만주국의 수도였던 신징이 있었다. 남만철로의 출발점이기도 했던 이곳이 바로 오늘날의 지린 성 창춘 시다. 20세기 초, 일본인들이 동북 지방을 집어삼킨 기점이었던 곳. 그들은 '만철창춘부속지'를 매입한 다음 파리와 영국 그리고 미국의 도시계획을 참고해서 창춘 역 광장을 중심으로 방사형 도로망을 개설했고 전원도시를 세웠다. 당시로서는 가장 시대를 앞서간, 이 현대적 도시의 부속물 가운데 상당수가 지금도 사용되고 있다. 그중 창춘동식물공원의 전신이었던 신징동식물원新京動植物院 역시 대규모 녹화 사업의 중요한 성과였다.

아시아 최초의 동물원

창춘동식물공원은 창춘 역 앞의 런민다다오人民大道에 자리하고 있으며, 도심에 있는 런민 광장과 3킬로미터밖에 떨어져 있지 않다. 입장료는 30위안(약 5460원) 정도다. 널따랗게 직선으로 뻗은 런민다다오에서 서쪽으로 걷다 보면, 온도가 올라갈 때는 팽창하고 내려갈 때는 수축하는 원리에 따라 여기저기 틈이 벌어진 길가의 민가들을 보고 기겁하게 된다. 간판들은 하나같이 빛이 바래 있다. 옌볜 조선족 식당들이 내건 붉은색의 '보신탕' 간판을 포함해서 말이다. 특별한 모임 장소에 걸린 간판들만 늘 새롭게 반짝인다. 알록달록한 작은 전구로 덮인 간판들이라서 전기만 들어오면 반짝반짝 빛이 나기 때문이다. 겨우 담장 하나를 사이에 두고 있을 뿐인데, 창춘동식물공원에 들어가는 순간 순수하고 깨끗한 녹음이 내 주위를 둘러싼다. 코끼리 모양으로 잘라놓은 푸른 나무가 나를 향해 미소 짓고 물기 가득한 흙과 숨 쉬는 식물들이 우울한 바깥의 연기와 먼지를 순식간에 닦아준다.

창춘동식물공원은 위만주국 시절 일본인이 구획 · 건설하고 2년여의 공사 끝에 완공한 신징동식물원에서 시작되었다. 당시 '아시아 최초'라 불리던 신징동식물원은 점유 면적이 어마어마해서 일본 도쿄 우에노동물원의 20배에 달했고 원내에 자연하천이 지나갔다. 개원 초기에는 사자 두 마리와 시베리아호랑이 열 마리, 은여우 150마리가 있었으며, 물새 떼와 명금류^{鳴禽類}가 물가의 풍경을 더욱 아름답게 꾸며주었다. 이외에 타이완원숭이와 꽃사슴 등 '다른 식민지'에서 들여온 동물들도 있었다. 〈다신징도시계획〉에 나오는 도시 녹화 정책에 따르면 당시의 창춘은 온통 녹음의 바다였다. 1942년 1인당 녹지 면적은 세계 최고 수준인 2270제곱미터에 달해 미국 워싱턴의 두 배, 일본 대도시의 다섯 배였다. '북의 봄 도시'라 불리던 창춘은 그 이름에 걸맞은 곳이었다.

파괴와 재건, 동물원의 숙명

　　　　　　　　　태평양전쟁이 발발하고 미군의 공습이 시작되자 일본의 모든 동물원에 맹수를 죽이라는 명령이 내려졌다. 신징에 있던 사자와 호랑이도 이런 운명을 피해갈 수 없었다. 맹수를 제외한 나머지 동물들도 전란 속에서 여기저기 흩어져 죽음을 맞았다. 일본의 항복으로 동물원을 접수한 국민당 군은 동물원의 초목을 모두 베어내고 군사 훈련장을 만들었으며, 동물원 여기저기에 참호를 팠다. 국민당이 패퇴할 무렵 한때 아시아 최초의 동물원이었던 이곳에는 단 한 마리의 동물도 남아 있지 않았고 눈에 보이는 모든 곳이 폐허로 변해 있었다. 국민당은 곳곳에 폭약과 지뢰를 묻은 다음 인민해방군에게 넘겨주었다. 1948년의 일이었다.

파괴는 순식간이었지만 터지지 않은 폭탄과 지뢰를 제거하고 나무를 다시 심어 원상태로 되돌리는 데는 수십 년의 시간이 필요했다. 1960년 드디어 '식물원'이 우선 복구되었다. 총 3117그루의 나무가 심어졌고 그중 백두산에서 들여온 구주소나무와 군자란^{君子蘭}이 새롭게 단장한 식물원의 주인 노릇을 했다. 이 기간에 사슴 500마리를 원내에 풀어놓고 기르다가 이후 동물 수가 점차 늘어나자 우리에서 기르기 시작했다. 우리 사육에 대해 이야기하자면, 중국 동북 지방은 곳곳이 호랑이 사육장이다. 창춘에는 동물원 외에 시베리아호랑이공원도 있다. 무라카미 하루키가 《하루키의 여행법》에서 밝힌, 창춘에서 새끼 호랑이를 안고 사진을 찍었다는 곳이 바로 이 호랑이공원이다. 새끼 호랑이는 몸집이 작아도 이와 발톱 등이 모두 나 있고 몸도 탄탄하다. 이런 위험천만한 상황에서도 중국인들은 늘 이렇게 말한다. "괜찮아요! 괜찮다니까요!" 하지만 사진만 보면 하루키는 긴장한 기색이 역력하다. 창춘동식물공원의 맹수 구역에 새로 지어진 높다란 인도 덕분에 호랑이와 아시아흑곰의 일상을 위에서 내려다볼 수 있게 되었다. 그 길을 끝까지 걸어가면 사람과 호랑이가 강화유리를 사이에 두고 서로를 바라볼 수 있는 원형 광장이 나온다. 거대한 어른 호랑이가 보드랍고 두툼한 초목 위에 가지런히 앉아 있다가 이내 고양이처럼 쿨쿨 잠을 청한다. 사자든 호랑이든 곰이든 표범이든 오랫동안 우리 안에서 사육된 동물들은 야성을 잃게 마련이다. 민첩하고 용맹하다는 시베리아호랑이도 다르지 않다. 사냥과 생존 본능을 잊어버린 시베리아호랑이는 먹이가 고정적으로 공급되는 울타리 안에서의 생활에 익숙해진다. 천하를 평정한 이후 황궁에서 살며 용맹하고 호전적인 천성을 잃어버렸던 만주인처럼.

오늘 같은 날, 거대하고 어두컴컴한 창춘 역에는 하루 평균 123대의 기차가 정차하고 5만 명이 들락거린다. 포화 상태의 역은 뭘 잘못 먹은 마왕의 위장 안처럼 방향을 가늠하기 어렵고 이상한 냄새까지 난다. 역의 남쪽 광장과 북쪽 광장을 연결하는 지하도는 1킬로미터나 된다. 에스컬레이터도 없고, 층계에 올려놓은 사람들의 짐에서는 툭툭 소리가 울려 퍼진다. 오래되기는 했지만 조금도 늙지 않은 역이다. 진짜 오래된 구 기차역은 1992년 폭파 해체되었다. 그로부터 20년밖에 흐르지 않았건만 이 현대식 기차역도 수명이 얼마 남지 않았다.

역의 남쪽으로 나오면 먼지와 연기가 자욱한 광장이 나타나고, 길 건너에는 야마토 호텔 유적지가 보인다. 이쯤 되면 만주철도 도서실 유적이 800미터도 안 떨어진 근처에 있다는 이야기다. 하지만 이 방사형 도로의 중심에선 도무지 도로 표지판을 찾을 수가 없는 데다 사방팔방에서 동시에 달려오는 오토바이, 차량, 세발자전거 사이에서 발을 디딜 엄두조차 나지 않는다. 택시를 부르고

■　1907년부터 1945년까지 남만철로가 지나가는 도시를 따라 세워진 호텔. 남만주철도가 경영했으며, 주로 정치인들과 권신들의 회합 장소로 이용되었다.

싫어도 주위에는 택시 하나 없다. 택시들은 하나같이 거리를 내달리다 급정거를 일삼고 시간대와는 상관없이 아무 때나 승객들에게 합승을 요구한다. 방금 차에서 내린 농민공 네다섯 명이 멜대와 이불을 한쪽으로 치우더니 바로 바닥에 주저앉아 제일 싼 담배를 피워대기 시작한다. 동쪽 광장에서 시작되는 야타이제亞泰大街는 새 지하철 노선 공사로 전면 봉쇄된 참이다. 자동차 두 대 길이의 철근과 곳곳의 기중기가 모든 인도와 차도를 차지하고 있고 회반죽이 억수같이 내리는 빗속에서 굽이치는 황사가 되어 행인들의 복사뼈를 파묻는다. 여기서 동쪽으로 더 가서 벽돌과 흙으로 층층이 쌓아올린 궁벽을 지나면 이제는 박물관으로 개조된 푸이의 옛 거처 '위만궁偽滿宮'이 나온다. 창춘에서 가장 유명한 관광지인 이곳에 매일 아침저녁 관광버스들이 줄지어 여행객들을 실어나른다.

아주 오랫동안 '파괴, 건설, 다시 파괴, 그리고 다시 건설'의 과정을 바삐 거친 듯한 곳. 이것이 창춘의 숙명이리라. 가장 아름다운 녹색 허파인 동식물원조차 이 운명의 추격을 피해갈 수는 없었다. 하지만 만주의 봄날은 다시 오고 쫓겨난 황제의 땅에는 또다시 풀과 나무가 자란다. 창춘 사람들은 바로 이곳에서 다시, 또다시 자신들의 고향을 세워간다.

통신용 비둘기의 퇴근

헤밍웨이는 1954년 〈파리 리뷰〉
지와의 인터뷰에서 다음과 같이 말했다.

"괜찮은 작가라면 묘사를 하지 않지요. 개인적이거나 비개인적인
지식으로부터 만들거나 창조해냅니다. 때때로 그는 자신의 민족이
나 가족이 잊은 경험으로부터 나올 수 있는 그런 설명되지 않는 지
식을 갖고 있는 것처럼 보입니다. 누가 전서구에게 집에 돌아오는
방법을 가르칠 수 있습니까? 투우하는 황소는 그 용맹을 어디에서
얻었으며, 사냥개는 후각을 어디에서 얻었을까요?"[■]

《비둘기 전사 게이넥》은 1928년 뉴베리상 수상작이다. 1차 대
전 중의 인도가 배경이다. 당시 인도 아이들은 모두 비둘기를 길
러 돈을 벌고 싶어 한다. 주인공인 치트라 그리바Chitra-Griva는 그야
말로 비둘기판 '캡틴 아메리카'다. 치트라 그리바는 비범한 자질,
끈기, 명예심, 지략, 용맹까지 두루 갖춘 훌륭한 군용 비둘기로 성
장하여 히말라야 산맥을 넘나든다.

■ 윌리엄 포크너 외, 김진아 옮김, 《작가란 무엇인가(1)》, 다른, 2015, 424쪽.

흰 비둘기는 평화의 상징이고 통신용 비둘기에게는 '반파시스트' 전사라는 긍정적인 이미지가 있다. 발신 장치가 고장 났을 때, 전신 암호가 막히거나 풀려버렸을 때, 정보원이 적에게 제압당했을 때, 급박한 전세 속에서 탄약도 지원도 끊겨버렸을 때, 사람이 할 수 있는 일은 통신용 비둘기에게 목숨을 맡기는 것이다. 군적이 있든 없든 통신용 비둘기는 경주용 비둘기와 마찬가지로 '전서구homing pigeon'에 속하는데, '영국황실군용비둘기부대'의 영문 명칭이 바로 '로열 호밍 피존 서비스Royal Homing Pigeon Services'였다. 영국군은 군용 비둘기를 가장 성공적으로 활용한 것으로 유명하다. 2차 대전 말에는 미군도 영국군에게 대량의 군용 비둘기를 빌리려고 했을 정도다. 디즈니 애니메이션 〈발리언트〉를 보면, 용맹한 전사들이 무리 지어 술집에 들어가는 장면이 나온다. 아니나 다를까, 그들이 입을 열자마자 위엄 있는 영국 억양의 영어가 나온다. '악역 비둘기'는 역시 역할에 맞게 애꾸눈에 검은 망토를 걸친 채, 독일 억양의 영어를 쓴다.

비둘기의 자그마한 머릿속에는 전달할 편지와 마이크로필름, 짊어질 카메라, 추축국이나 동맹국 등에 대한 생각이 들어 있다. 헤밍웨이가 말했듯, 누구도 비둘기에게 어떻게 날아야 하는지 가르쳐준 적은 없다. 비둘기는 그저 집에 돌아가고 싶을 뿐이다. 자기가 태어난 비둘기장을 향해서, 활짝 열려 있는 그 작은 문을 향해서 번개같이 빠른 속도로 편지를 전하고 돌아가고 싶은 것이다.

비둘기에게는 귀소 본능이 있다. 하지만 방향을 제대로 찾아내는 능력이나 빠른 속도로 목적지에 도달하는 능력은 비둘기마다 다르다. 비둘기 조련사들은 올림픽 국가대표팀 감독처럼 막중한 책임을 안고 비둘기 품종을 선택하는 일부터 비둘기를 기르고 교육하는 일까지 두루 맡는다. 이렇게 오랫동안 시간과 애정을 쏟아붓는 목적은 단 하나, 훌륭한 비둘기를 길러내는 것이다. 비둘기의 외로운 비행길에 진심으로 비둘기의 안전을 위해 애쓰는 수호자는 조련사뿐이다. 하지만 어쩌다가, 우연한 기회에 호기심 넘치는 한 작가가 비둘기 조련사 곁에 서게 되었다.

어니스트 톰슨 시튼은 보이스카우트 창설과 밀접하게 관련된 박물학자이자 탐험가이며 원주민 문화 운동과 동물 소설의 선구자이기도 하다. 시튼에게 처음으로 명성을 가져다준 작품이《아름답고 슬픈 야생동물 이야기》다. 동물의 행위에 인간의 감정을 투사한 글쓰기 방식으로 인해 그는 한때 이성과 감성의 문학 논쟁에 휘말리기도 했다. 하지만 이는 수많은 정치인이 환경보호 의제에 관심을 확대하게 된 계기가 되었으며, 덕분에 그는 루스벨트^{Franklin} ^{Roosevelt}와 친구가 되기도 했다. 어쨌든 시튼은 소설 형식으로 동물기를 써나갔다. '내셔널지오그래픽' 채널도 없었고, 흑인에게 투표권도 없었으며, 동물원 안에서는 서커스 공연이 벌어지던 1898년. 시튼의 소설은 동물들의 생활을 제대로 직시한 정직한 시각을 담은, 보기 드문 작품이었다.

시튼의《뒷골목 고양이》에 실린 두 번째 이야기 〈전서구 아녹스〉를 예로 살펴보자.

이제 다른 감각을 사용할 수 없게 되었다. 아녹스는 단 하나의 감각 중 방향 감각에만 집중했다. 그 감각은 너무도 강력했기 때문에 두려움이라는 저 흉악한 폭군조차도 어쩌할 수 없는 것이었다. 이제 아녹스는 극지방을 가리키는 나침반 바늘처럼 망설임도 주저함도 없었다. 새장을 떠난 지 1분도 지나지 않아 아녹스는 자신이 태어난 비둘기장을 향해 마치 빗줄기처럼 빠르고 곧게 날아갔다. 만족을 느낄 수 있는 곳은 오직 그곳뿐이었다.◾

아녹스는 통신용 비둘기로 정식 데뷔하기 전에 선박 참사를 겪게 된다. 아녹스는 이 재난을 통해 유명해지고 이후 위대한 업적을 세우지만, 사실 아녹스가 평생 목숨을 걸고 하늘을 날았던 이유는 단 하나였다. 집으로 돌아가 세상에 둘도 없는 사랑하는 아내를 품에 안아보는 것. 생물학 자료에 따르면, 비둘기는 일부일처제를 지키는 순정파 동물이라고 한다. 하지만 예외도 있다. 아녹스가 사랑했던 아내가 바로 그 사례다. 아녹스의 아내는 남편이 전쟁터에 나가 있는 동안 이웃집의 몸집 큰 수컷 비둘기와 바람을 피운다. 그 옛날부터 의롭고 충직한 사내에게 종종 일어나는 비극처럼.

'전서구'는 결코 품종이 아니다. 사실 이들은 사람에게 선발되어 훈련을 거친 뒤, 체계적으로 활용된 집비둘기Columba livia다. 예전에 통신용 비둘기에 관한 이야기를 쓴 적이 있다. 과묵한 비둘기가 신주쿠 가부키초 상공을 오가며 악랄한 까마귀들 사이에서 생

◾ 어니스트 톰슨 시튼, 장석봉 옮김,《뒷골목 고양이》, 지호, 2003, 89쪽.

존해가는 이야기였다. 통신용 비둘기는 남을 부리는 힘은 없지만, 적어도 더 멋지고 고고한 삶을 가능하게 해주는 자기만의 전문 영역(편지를 전하는 일)을 가진 존재로 나온다.

훌륭한 통신용 비둘기의 이야기에서는 늘 비장감이 느껴진다. 통신용 비둘기는 일을 스스로 그만두는 것도 불가능한 데다 죽음을 무릅쓰고 모든 것을 바쳐야 할 운명을 짊어지고 있기 때문이다. 그리고 이 운명은 타고난 본성이나 자질에 동반된, 비둘기가 감당해야 할 무거운 짐이기 때문이다.

10

코끼리의 출장

Harbin Zoo

하얼빈 북방삼림동물원

아기 코끼리가 난생처음 바닷가에 왔다가 행복하게 파도 속으로 뛰어 들어간다. 태어날 때부터 건조했던 피부가 물보라에 젖어드는 가운데 축 늘어진 코를 물에 담그자 뭔가 짠맛이 느껴진다. 왠지 모르게 기분이 좋다. 너무 좋아서 크게 외치고 싶다. 정말 너무 재미있어요. 바닷물 말이에요.

사람들은 처음 바다를 본 아기 코끼리 영상을 온라인 여기저기로 퍼 날랐고 조회 수는 100만이 넘어갔다. 아기 코끼리를 보고 사람들의 눈은 하트로 변해버렸다. 어리기는 해도 몸무게가 작은 승용차 한 대와 맞먹기 때문에 모래사장이 코끼리 발바닥에 움푹 파이고 말았다(이 코끼리는 아프리카코끼리로 앞발의 발가락이 셋이다). 거대한 동물이 동심을 드러내거나 맹수들이 온화한 모습을 보여줄 때면 우리는 잠시나마 인간 본성에 대한 실망감을 위로받는다. 하지만 이런 평온은 어찌나 연약한지, 종종 슬픔의 신경을 건드린다. 이를테면 나의 신경을, 또 이를테면 구제불능의 미치광이였던 시인 구청顧城˙의 신경을.

낚시할 때는 올라오는 바닷물을 조심해야 해

물은 가라앉고

네 짐은 배 위를 떠다니네

아직 어린 너 저녁 풍경 얼마나 처량한지 생각하지 못하네

– 구청, 〈타이핑후〉 중에서

중국에서 가장 넓은 동물원

아침 10시에 사람들로 붐비는 하얼빈 역 광장을 지나간 적이 있다. 동남쪽 하이관졔海關街에서 정류장을 따라 빽빽하게 들어선 버스들이 공회전하며 내뿜는 연기에 정신이 아득해질 무렵 '동물원'이라는 글자를 내건 중형 버스에 올라탔다. 보드라운 가랑비가 흩날리는 금요일 아침이었는데도 버스 안의 40여 개 좌석이 거의 차 있었다. 동물원 전용 차량치고는 아이들이 적은 편이었다. 에너지 넘치는 10여 명의 노부인들이 옅은 선글라스와 햇빛 가림용 모자를 쓰고는 넉넉한 모습으로 이야기꽃을 피웠다. 크고 낭랑한 목소리였다. 알고 보니 베이징에서 찾아온 왕년의 지식 청년들이란다. 좌석에 앉고 나서 15분쯤 흘렀

■   중국 몽롱시朦朧詩의 대표 시인. 아내 셰화謝燁, 연인 리잉李英과의 삼각관계를 유지하다 1993년 10월 아내를 죽이고 자신도 자살했다. 아내 셰화가 남편과 리잉 그리고 자신의 삼각관계를 받아들인 것도 화제였고 리잉이 다른 남자와 떠나면서 충격을 받은 구청이 여러 차례 자살을 시도한 사실도 논란이 되었다. 1993년 10월 구청은 독일로 떠나려던 아내 셰화를 집 앞에서 도끼로 살해하고, 현장에서 자신도 자살했지만 살해 동기는 수수께끼로 남아 있다.

다. 그러자 옆에 아이를 안은 여자가 차를 탄 지 벌써 반시간은 되었다며 불평을 쏟아내기 시작했다. 승객이 차지 않으면 차를 출발시키지 않느냐고 말이다. 아직도 자리가 둘이나 남아 있다.

마지막으로 차에 오른 커플은 따로 앉고 싶은 마음이 없어 보였지만 어쩔 수 없이 남자는 맨 뒷좌석의 가운데 자리에 앉았다. 운전기사가 표를 팔기 시작했다. 왕복 20위안(약 3670원)이란다. 편도는 없는 건가?

"거기 가면 다른 차가 없어요. 결국 이 차를 타고 돌아와야 할걸요." 운전기사님의 말씀.

현재 '하얼빈동물원'의 정식 명칭은 '북방삼림동물원'이다. 게다가 하얼빈이 아닌, 하얼빈 시가지에서 40킬로미터 떨어진 아청현 내의 거쯔둥鴿子洞이라는 산지에 있다. 그럼에도 이 동물원은 옛 하얼빈동물원의 의미를 여전히 간직하고 있다. 46년 역사의 하얼빈동물원은 2003년 문을 닫았다. 동물원 부지는 하얼빈 공업대학교로 넘어갔다. 장차 경제 발전을 이끌 과학 기술 단지가 들어설 예정이라고 한다. 하얼빈동물원에 있던 동물들은 새 동물원이 문을 열기 전까지 중국 각지에 맡겨졌다. 새 동물원 건립에는 거액이 필요하다. 현대식 설비를 제외하고 나면 돈이 제일 많이 드는 것은 역시나 동물이다. 동물원 측은 동물들을 마구 사들였다. 당시 '차이나뉴스www.chinanews.com'에 이런 보도가 올라왔다.

하얼빈동물원 측이 밝힌 동물 가격 : 코끼리 60만 위안, 코뿔소 50만 위안. 알려진 내용에 따르면, 동물원 측은 이번에 새 동물 296

종 9459마리를 사들일 계획이다……. 이 동물원이 처음 선택 구매한 동물은 주로 치타, 눈표범, 얼룩말 등이었다…….

북방삼림동물원은 2004년 성대하게 개원했다. 입장료는 1954년 당시 2마오(약 18원)에서 80위안(약 1만 4760원)이 되었다[비성수기와 온라인 특가는 70위안(약 1만 2900원), 우대표는 반액이다]. 북방삼림동물원은 책자에 이렇게 소개되어 있다.

……점유 면적 558헥타르로, 중국에서 가장 넓은 삼림동물원입니다. 동물원 원내는 구릉 형태의 지형에 속하고, 우수한 생태 환경과 풍부한 식생을 갖추고 있으며, 삼림률이 95퍼센트 이상인 천연 '대형 산소 바'입니다.

기차역에서 출발한 동물원 차량은 사람과 차가 뒤섞인, 높이가 다른 고가가 교차하는 환형 도로 위에서 한동안 교통 체증에 막혀버렸다. 그러다 결국 301번 유료 국도로 올라갔더니, 하늘가에 모여 있던 구름이 점점 가라앉아 지평선에 닿을 것만 같았다. 차를 빨리 몰아도 한 시간은 걸리는 거리라 잠이 쏟아졌다. 잠들기 직전 잠에 빠진 남녀 커플의 맞잡은 두 손이 슬슬 풀리는 모습이 눈에 흘깃 들어왔다. 만약 이게 공포영화라면 이 버스는 우리를 동물원으로 데려가서 몸을 토막 내고 살을 저며 시베리아호랑이에게 먹이로 던져줄 거라는 생각이 들었다. 하얼빈동물원의 호랑이는 인육의 맛을 알고 있으니 말이다. 2008년 4월 5일, 청소부가 호랑이 우리에서 해골과 옷가지를 발견했다. 조사 결과 해골과 옷가지의 주인은 서른아홉 살의 현지 주민 장모 씨로 밝혀졌다. 동물원 측은 유족들에게 배상금으로 6만 위안(약 1104만 2000원)을 지급하기로 했다가 나중에 3만 위안(약 552만 1200원)으로 깎아버렸다. 동물원의 책임은 "호랑이를 제대로 돌보는 데 있지, 사람을 돌보는 데 있지 않기 때문"이었다. 게다가 조현병을 앓았던 장모 씨가 사고 당일 마음대로 0.5미터 높이의 전기 철조망을 넘어갔던 것이다.

이런 생각을 하고 있자니 눈꺼풀이 떨렸다. 그사이 방향을 바꾼 차가 드디어 인터체인지로 내려가 산과 산 사이의 움푹 파인 곳으로 꺾어 들어갔다. 마침내 '북방삼림동물원' 표지판과 텅 빈 대형 주차장이 보였다. 억수같이 내리던 비가 사람들의 신발과 양말을 모조리 적셔놓았다. 우산을 들고 주차장 옆의 관람객 서비스 센터로 달려 들어가니, 희미한 불빛 아래 벽 귀퉁이에서 아주 열심히 활개 치고 있는 곰팡이가 눈에 띄었다. 온라인 예매 입장권 발부와 입장권 현장 구매가 모두 하나의 창구에서 이루어졌다.

표를 사서 주차장까지 걸어가니 정문의 원형 교차로가 나왔다. 동물원 관람용 배터리카를 탔다. 가리개가 없는 작은 차는 폭신한 좌석이 이미 젖어 있어서 우비를 좌석에 깔아야 했다. 차는 시멘트 차도를 지나갔다. 차도는 인공 호수를 둘러싸고 있었고 사방의 산들이 다시 차도를 원형으로 둘러싸고 있었다. 동물원이라기보다는 전원 농장에 가까운 곳이었다. 가로등 뒤에서 녹음된 음악을 흘려보내는 확성기가 이런 인상을 더해주었다.

하얼빈 북방삼림동물원의 전경.

표준화되지 않은 동물원에 사는 동물들이 불행할 거라고 속단할 수는 없다. 적어도 물기 촉촉한 풀밭 위에 여기저기 뒤섞여 있는 기린과 알파카, 얼룩말과 산양들은 너무나 자유로워 보였다. 기린 세 마리는 아프리카에서 '들여왔다(그러니까 사왔다)'. 그중 키가 가장 큰 수컷이 한창 말썽을 피울 사춘기라서 사육사가 골머리를 앓고 있었다. 이 녀석은 알파카에게 푹 빠진 것도 모자라 큰 키로 다른 동기들을 '못살게' 굴었다. 빗줄기가 점점 거세지는 가운데 녀석은 같이 사는 룸메이트들을 죄다 초가지붕의 정자 아래로 내쫓아버리고는 사육사와 놀 기회를 독차지해버렸다. 사육사는 동북 지방 억양으로 이렇게 말했다. "아이고, 이 건달 같은 녀석아." 그래도 기린은 "헤헤, 나 엄청 귀엽죠!"라는 표정을 지어 보였다.

시간이 꽤 지나버렸다. 얼른 코끼리를 보러 가야지.

북방 지역 코끼리의 삶

내 머릿속에 동북 지방은 늘 츠쯔젠의 《흰 눈과 까마귀》와 《백두산과 헤이룽 강 사이에서在白山黑水之間》로, 영화 〈철피아노〉의 하이 콘트라스트가 빚어내는 몽환과 빛바랜 벽돌담과 식어버린 굴뚝 그리고 녹슨 선반으로, 얼어붙은 쑹화 강 위로 차가 지나가는 얼음의 도시로, 연탄 온돌 위에서 먹는 러시아식 빵과 하얼빈식 붉은 소시지로 기억된다. 온도 변화가 극심한 하얼빈에서는 월평균 온도 차가 10도 이상이고 기나긴 겨우내 폭설이 내린다. 1월 온도가 영하 30도까지 내려가고 4월에도 싹이 돋지 않는다. 이런 하얼빈에 아시아코끼리가 산다. 가능한 일일까?

현존하는 아프리카코끼리와 아시아코끼리는 모두 '현대 코끼리modern elephant'에 속한다. 이는 멸종된 매머드와 구분하기 위해 만들어진 용어로, 어딘가 철학적인 분위기가 느껴진다. 현대 코끼리에는 세 종이 있는데, 아프리카코끼리가 두 종이고 아시아코끼리가 한 종이다. 다들 따뜻한 지역에서 살아온 까닭에 그 건조한 피부로는 추위를 견디지 못한다. 그래서 북방의 동물원들은 모두 코끼리를 위한 전용 온실을 짓고 겨우내 실내에서 지내게 한다. 하지만 동시에 코끼리는 반드시 걸어야 하고(어른 아시아코끼리는 하루 10~12킬로미터를 걸어야 하고 아프리카코끼리는 이보다 더 많이 걸어야 한다) 목욕도 해야 한다. 또 진흙 놀이도 하고 단체 생활도 해야 한다. 그렇다 보니, 고위도 지역에 사는 코끼리는 건강하지 않다. 마치 어떤 곳에서 사육이 불가능한 동물을 키우는 것이 '지혜와 노력으로 자연을 극복한 인간' 도전자가 해내야 할 중요한 임무인 듯하다. 옛 하얼빈동물원의 스타였던 '빈빈濱濱'은 중국 한랭 지대에서 태어난 첫 아시아코끼리였다. 빈빈의 아빠와 엄마 모두 무더운 미얀마 출신이었다. 한 살 차이였던 둘은 연상연하 커플로 맺어졌고 1992년 8월 1일 오후 두 차례에 걸친 교미 끝에 임신에 성공했다. 그리고 636일의 임신 기간을 거쳐 빈빈을 순산했다. 1994년 4월 29일생 황소자리였다.

빈빈은 어려서부터 쇼 스타로 훈련받았고 동물원 공연에서 앞발로 걷기와 원통 건너기 혹은 이보다 훨씬 가혹한 한 발로 서기 등을 선보였다. 열세 살이 되던 해에 체중은 이미 4톤이 넘어갔다. 몸이 무거워질수록 공연 중 몸에 부담이 많이 갔다. 동물원이 이전되는 동안 류머티즘 증상을 완화시키기 위해 남쪽 지방으로 순회공연도 다녔다. 당시 빈빈이 시안에 도착하자 사람들은 빈빈과 강 건너기 시합을 개최했다. 30명이 참여한 시합에서 빈빈이 쉽게 승리를 거두기는 했지만 당시 빈빈의 오른쪽 다리는 인대가 이미 늘어난 상태였다. 빈빈에게 관심을 기울였던 한 시민이 동물원에 찾아갔다가 상황을 알고는 인터넷에 빈빈의 소식을 알렸다. 은퇴한 운동선수처럼 우울해 보이는 빈빈이 다친 다리를 이끌고 작은 공간에서 산책을 하고 식사량을 줄인 채 하루하루를 보내고 있더라고. 동물원 측은 코끼리가 원하지 않는 일은 누구도 강요할 방법이 없다고 했다. 빈빈은 약효가 있는 온천에도 들어가려 하지 않았고 약도 먹으려 하지 않았다.

6월이면 동북 지방의 산비탈에도 녹음이 가득하다. 빗물이 촉촉하게 땅을 적시는 가운데 지지배배 울어대는 조류공원 내의 새들에게서 벗어나 트램을 잡아탔다. 운전하는 아주머니에게 이렇게 말했다. "코끼리관으로 가주세요."

아주머니는 말 한마디 없이 시동을 걸고 한 손으로 가볍게 차를 몰더니, 정해진 곳에 나를 내려주시며 이렇게 말씀하셨다. "코끼리가 병이 났어요. 하마 보러 가요!"

'하마가 있다는 것'과 '코끼리가 없다는 것' 사이에 어떤 대체 관계가 있는지는 모르겠지만 어쨌거나 나는 일단 하마를 보러 갔다. 하마관 곳곳에서 물이 방울방울 떨어지는 소리가 들렸고 검은 곰팡이가 천천히 퍼져가는 모습도 보였다. 하마는 나를 향해 엉덩이를 들이밀고 있었다. 기분이 그다지 좋지 않은 모양이었다. 하지만 더 오래 머물 수 없는 나를 용서해주길 바랐다. 하마관 안의 곰팡내가 너무 심했기 때문이다.

실외 매점에 앉아 텅 빈 코끼리 울타리를 바라봤다. 울타리 앞에 서 있는 플라스틱 코끼리가 실물 크기의 플라스틱 파초나무와 잘 어울렸다. 배가 너무 고파서 컵라면을 하나 샀다. 매점 아주머니가 플라스틱 의자에 떨어진 빗물을 세심하게 닦더니, 보온병을 들고 컵라면에 물을 부어주셨다. 동물원 직원들은 혼자 온 관람객을 좀 경계하는 편이다. 혼자 오는 사람들이 대부분 감독관이나 동물 보호 활동가인 까닭이다. 다행히 나는 감독관도 활동가도 아닌, 그냥 싱글벙글 웃어대는 남쪽 출신의 여자일 뿐이었다. "아주머니, 코끼리 어디 갔는지 아세요?"

아주머니가 빙그레 웃으며 말했다. "출장 갔어요."

아주머니의 얼굴이 태양에 빨갛게 그을려 있었다.

코끼리를 치료는 쉽지 않은 일이다. 대형 동물들이 앓는 질병은 느릿느릿 진행되면서 사람을 무력하게 만든다. 빈빈은 내내 보이지 않았고 빈빈의 엄마와 아빠 그리고 다른 코끼리인 '쉬먼건許門艮'은 어디로 갔는지 행방이 묘연했다. 그날 코끼리 울타리 밖에서 컵라면이 익기를 기다리던 나는 알지 못했다. 그 순간 코끼리가 죽어가고 있었다는 걸.

하얼빈에서는 한 가지 에피소드가 더 있었다.

하얼빈에 가기 전날 밤, 호텔 방에서 마음대로 TV 채널을 돌리다가 마침 하얼빈에서 촬영한 영화 〈일촉즉발〉을 보게 되었다. 컬러 영화였음에도 이 도시가 보여줄 수 있는 색은 얼마 되지 않았다. 잎이 떨어진 나뭇가지들, 반은 철거되고 반은 쓰러진 2층짜리 목조 가옥, 목부터 복사뼈까지 내려오는 감색의 군경 외투, 베이다황北大荒* 스타일의 커다란 가죽 모자, 일 년 내내 빗물과 눈에 부식된 처마, 새어 나온 물이 고드름으로 얼어붙은 낡은 주방, 굴뚝에 숨겨진 폭탄…… 농민과 노동자의 삶처럼 단순하고 솔직담백한 이야기를 담은 영화였다. 예전에 유대인이 살았던 목조 가옥 동네에서 사제 폭발물이 발견된다. 능력도 없는 의기소침한 경찰 라오위老魚가 이 일에 투입되어 군에서 배운 빈약한 지식으로 폭발물을 제거한다. 그렇게 제거한 폭발물이 모두 11개. 지원도 없이, 보호복도 없이, 만일에 대비한 보험 하나 없이. 라오위에게 주어진 유일한 특권은 휘황찬란한 업소에서 뜨거운 물에 목욕하고 얼런좐二人轉(매우 선정적이고 자극적인 동북 지방의 상성相聲**) 한 편을 관람하는 것. 그리고 만일 자신에게 무슨 일이 일어나면 아내에게 일자리나 구해달라고 상관에게 부탁하는 정도다. 〈일촉즉발〉의 주인공은 전문 배우가 아닌, 하얼빈 징위靖宇 파출소의 부소장 마궈웨이馬國偉다. 그는 이 영화로 상하이영화제에서 최우수 남우주

■　북방의 거대한 황무지라는 뜻으로, 산장三江 평원, 헤이룽 강, 넌장 평원을 포함하는 광활한 황무지를 가리킨다.
■■　풍자와 웃음이 가득한 중국의 전통 만담 예술.

연상을 수상하기도 했다. 감독은 가오췬서(유명한 작품은 〈바람의 소리風聲〉, 웨이보 ID는 '그 남자 정신병원에 돌아가다')다.

나는 이 영화가 너무 좋았다. 북방의 다른 좋은 작품과 마찬가지로, 〈일촉즉발〉은 춥고 가난한 인생에 고집스럽게 온기를 불어넣어주는 그런 영화였다. 영화가 끝나 TV를 끄려는데, 창밖에서 빛이 번쩍이더니, 건물 전체가 순식간에 정전되고 말았다. 전화기를 들어봐도 신호음이 들리지 않았고 욕실에서는 물줄기가 찔끔찔끔 흘러나왔다. 물도 곧 끊길 모양이었다. 멀리 바라보니, 복도는 칠흑같이 어두웠고 비상조명도 꺼져 있었다. 휴대전화를 들여다보니, 배터리는 아직 여유가 있었고, 시간은 새벽 4시에 가까웠다. 나는 암막 커튼을 열어젖히고 창문도 열어버렸다. 북방의 여름 해는 일찍 뜬다. 아침 햇살의 차가운 색조가 벌써 천장을 비추고 있었다. 아직 어두운 창문 안쪽에서 누군가는 편안한 잠에 빠져 있을까?

태양이 언제나처럼 떠오를 거라는 확신이 들자 나는 모든 것을 내려놓고 일단 잠에 빠져들었다.

나중에 인터넷에서 네티즌이 올린 글을 봤다. 내가 하얼빈에 다녀오고 얼마 지나지 않아 빈빈이 세상을 떠났다고 했다. 다시 몇 개월이 지난 10월 18일, 병든 코끼리 세 마리가 화물차에 실린 채 미국과 캐나다 국경을 넘어 따뜻한 캘리포니아로 향했다. 토론토 시정부는 오랜 논란과 동물원의 재정적 어려움 속에서 원래 토론토동물원에 살았던 이들을 남쪽으로 보내기로 결의했다. 하얼빈과 마찬가지로 추운 지역인 캐나다는 빈빈의 출생을 전후해서 한

랭 지역에서 코끼리를 키우는 기술을 지원해주기도 했다. 하지만 사육 기술이 아무리 발달해도 코끼리가 북방에서 추위를 견디며 살아서는 안 된다. 열대에 사는 북극곰이 결코 행복할 리 없듯이.

하지만 코끼리가 없는 동물원에 가려는 사람이 있기는 할까?

런던 거리의 붉은 코끼리

그날 편지를 한 통 썼다.

엄마,
상징주의의 '상'에 왜 코끼리 상象을 쓸까?

메일을 보낸 다음 보낸 편지함에 남은 편지를 봤다. 잠자리에서
이야기를 다 들은 괴짜 꼬마가 잠잘 시간을 조금이라도 늦추기 위
해 보라색 '덤보' 이불 속에서 머리를 쏙 내밀고는 솔직하게, 아니
면 진짜 뭐라도 있는 듯 던진 질문 같았다.

《보이지 않는 도시들》의 첫 장에는 생각에 잠긴 몽골제국의 황
제가 나온다.

어느 날 저녁 비가 그친 뒤에 나는 코끼리 냄새와 화로에서 차갑
게 식어버린 백단향 재의 냄새가 확 풍겨오면 일종의 공허감 같은
것을 느낄 때가 있다.[■]

■ 이탈로 칼비노, 이현경 옮김, 《보이지 않는 도시들》, 민음사, 2012, 11쪽.

코끼리를 마음에 담아두지 않고 사는 사람이 어디 있을까? '엘리펀트 앤 캐슬'은 런던 시내의 독특한 지명이다. 어떤 땅이 귀족이나 기사의 영지였음을 알려주는 귀족적인 이름에 비하면, 엘리펀트 앤 캐슬은 구체적일 뿐만 아니라 친근하기까지 하다. 코끼리와 성 사이에는 아마 항구적인 존재감과 숭고한 지위를 상징한다는 공통점이 있을 것이고, 동시에 판타지와 허황된 과장의 가능성이 존재한다는 공통점도 있을 것이다.

엘리펀트 앤 캐슬은 아주 일찍부터 발달했다. 런던 대폭격 당시 수많은 사람의 생명을 보호해주었고, 박물관에는 이를 증명하는 사진이 소장되어 있다. 아주 오래전부터 교통의 중심지였고 1960년대에는 세계 최초의 실내 쇼핑센터가 준공되었다. 이국적인 모자를 쓴 코끼리가 쇼핑센터와 시가지를 내려다보고 있다. 1974년 한 이상주의 건축가가 '커뮤니티 전체가 하나의 대가족'이라는 유토피아적인 이념을 내걸고 이곳에 세계 최초의 대형 공공 주택 '헤이게이트 에스테이트Heygate Estate'를 지었다. 처음에는 이곳의 공간과 햇빛이 사람들의 이목을 끌었지만 헤이게이트는 얼마 지나지 않아 주변의 공공 주택들과 함께 범죄와 마약이 만연한 폐쇄된 성이 되고 말았다. 이곳에서 아이를 키우는 어머니는 온종일 조마조마한 마음으로 살았고 집들은 놀랍도록 빠른 속도로 망가졌다. 도시의 쇠퇴urban decay를 사실적으로 보여주는 이곳에 수많은 영화 제작자들이 매료되었다. 마돈나조차 뮤직비디오 '형업'을 이곳에서 촬영했을 정도다.

21세기에 들어서도 이 성의 지하를 감싸고 있는 통로는 여전히 온종일 어둠에 잠겨 있었다. 매일 수만 명의 인파가 이곳을 지나다니고 랜드마크인 대형 클럽 '미니스트리 오브 사운드Ministry of Sound, M.O.S' 덕분에 유행의 최첨단을 걷는 트렌디족들마저도 이곳의 지명을 기억하게 되었지만 〈타임아웃〉지 독자들은 한때 유럽 최초의 쇼핑몰이었던 이곳을 '가장 보기 싫은 건축물'로 꼽기도 했다. 당국은 40년 역사를 지닌 헤이게이트 에스테이트를 여러 차례 말끔히 청소했고, 재개발 계획을 세웠으며, 결국 전체를 재개발하기로 확정했다. 이렇게 해서 주민들, 그러니까 런던에 거주하지만 정식으로 등록되어 있지 않은 이주민들을 내보내고 이전시키는 기나긴 작업이 전개되었다. 엘리펀트 앤 캐슬 로터리 근처에 있는 런던 커뮤니케이션 대학London College of Communication의 신문방송학과와 영상학과 학생 11명은 장기간 이곳을 기록한 사진집《커뮤니티 : 엘리펀트 앤 캐슬》을 통해 이곳의 사소한 일상과 세월의 흔적을 포착하면서 이 콘크리트 괴물의 발아래 남겨진 사소하고 잡다하며 광기 가득하고 악의적이며 시적인 의미들을 모두 쏟아냈다. 그 와중에 유일하게 살아남은 붉은 코끼리만이 끈질기게 이곳의 흥망과 성쇠를 묵묵히 지켜보았다.

모든 코끼리가 세상에 단 하나뿐인 존재이지만 대부분의 코끼리가 전형적인 회색을 벗어나지 않는다. 백화증白化症을 앓는 흰 코끼리만 제외하고. 흰 코끼리는 아주 보기 드물고 아름다우며 고귀하지만 너무나 부담스러운 동물이다. 고대 태국의 국왕은 정적이나 미워하는 신하에게 흰 코끼리를 선물로 보냈다고 한다. 표면적으로는 성은이 망극한 은총이었지만 사실 이는 가문을 망하게 할

씨앗이었다. 상대는 고난이 닥치리라는 것을 알면서도 고통스러운 마음으로 왕 앞에 무릎을 꿇고 왕의 은총에 감사해야 했다. 그러고는 응석받이에 대식가인 흰 코끼리가 집안의 가산을 마음껏 탕진시키는 모습을 그냥 바라볼 수밖에 없었다. '흰 코끼리'는 영어에서도 이와 비슷한 의미로 쓰인다. 맨 처음 '화이트 엘리펀트'라는 표현을 사용한 사람은 뉴욕 자이언츠의 감독이었던 존 맥그로John McGraw라는 설이 있다. 1920년 그가 필라델피아 애슬레틱스를 보고 돈이나 잡아먹는 코끼리라고 조롱하면서 이 말이 쓰이기 시작했다는 것이다.▪

혜밍웨이의 명작 〈흰 코끼리 같은 언덕들〉은 아주 짧은 단편 소설로, 어두컴컴한 장면이 마치 안개 속에서 코끼리를 몰래 훔쳐보는 듯한 느낌을 준다. 대충 쓴 평론 한 편도 이보다는 글자 수가 많을 것이다. 이 작품은 전쟁 사이에(1, 2차 대전 사이인 1919년에서 1939년까지를 가리킨다) 출간된 단편집 《여자 없는 남자들》에 수록되어 처음 세상에 나왔다. 이 단편에 대해 학자와 전문가들은 늘 이렇게 말하곤 한다.

대부분이 대화로 이루어져 있고 배경 묘사가 전혀 없는 이 단편에서 헤밍웨이는 고도의 상징 수법으로 희미한 두 인물의 얼굴 사이를 오가는 대화를 통해 전시 인간들의 정신 상태와 전쟁에 대한

▪ 필라델피아 애슬레틱스의 후신인 오클랜드 애슬레틱스의 유니폼을 잘 보면 코끼리가 그려져 있다. 존 맥그로가 필라델피아 애슬레틱스를 '흰 코끼리'라고 비꼬았음에도 필라델피아 애슬레틱스가 오히려 이를 팀 마스코트로 삼았기 때문이다.

반감을 표현하고 있다. 연구 결과에 따라 추측대로라면 남자 주인공이 여자에게 계속 권유하는 수술은 낙태 수술이고, 여기서 '흰 코끼리'는 겉은 거대하지만 안은 공허하기만 한 전쟁을 가리킨다.

여러 해가 지나갔다. 그사이 〈흰 코끼리 같은 언덕들〉도 여러 차례 교정과 재번역을 거쳐 다시 출간되었다. 할머니들이 노파심에 쏟아내는 당부 같은 저런 분석은 지금도 귀에 들어오지 않는다. 나는 헤밍웨이가 이 소설에 어떤 표준이 되는 해답을 설정해놓았다고 믿지 않는다. 남녀가 이 일 하나만으로 논쟁을 벌일 수 있다는 생각도 하지 않는다. 흰 코끼리도, 헤밍웨이도 단순화하고 싶지 않다. 이 작품을 통해 정말 전쟁을 이야기하고 싶었던 거라면 헤밍웨이는 전쟁을 흰 코끼리 이야기로 둔갑시키지 않았을 것이다. 이런 논증 과정을 지난 뒤에야 나는 저 평론가들과 나의 다른 점을 발견했다. 나는 소설 밖에서 기차역 안의 남녀를 바라본 게 아니라 줄곧 창가에 앉아 있었던 것이다. 바로 그 여자가 있던 그 자리에 앉아서 들어오는 기차를 따라 맥주를 다 마셔버렸던 것이다. 그러고는 여전히 흰 코끼리를 닮은 언덕들을 바라보면서 넋을 놓았다.

코끼리를 올려다본다. 코끼리도 나를 내려다본다. 침묵이 소리를 이기는 순간이다.

모비딕의 부활

"내 이름을 이스마엘이라고 불러달라.Call me Ishmael."

허먼 멜빌의 《모비딕》은 전체 135장ﾠ에 700쪽이 넘는 책이다. 이 무게감 있는 거대한 서사의 첫 문장은 미국 문학 역사상 가장 짧지만 가장 영향력 있는 오프닝이다.

산전수전 다 겪은 선원 이스마엘은 사물에 대해 명확한 자기 주관을 가지고 있다. "술주정뱅이 기독교도와 알고 지내느니 차라리 정신 멀쩡한 식인종과 한 침대를 쓰겠어." 《모비딕》은 이스마엘의 시각으로 기나긴 항해를 담는다.

포경선 선장인 에이해브Ahab에게는 불구대천의 숙적이 있다. '모비딕'이라는 흰색 향유고래다. 일본 근해에서 신출귀몰하는 이 향유고래에게 한쪽 다리를 잃은 그는 맹세한다. 어떤 대가를 치르더라도 이 원수를 잡고 말겠다고. 그는 똑똑하고 책임감이 강한 사람이다. 안타깝게도 몸은 늙어가고 있지만 그에게는 늙지 않는 무언가가 있다. 절대 침범할 수 없는 그의 자존과 강렬한 복수심.

이왕 시작한 복수 여행이니, 양쪽의 전력을 비교나 해보자.

에이해브 선장은 쉰여덟 살. 젊은 아내가 있고, 이름은 알 수 없지만 아이도 하나 있다. 모비딕에게 잃은 왼쪽 다리에는 목발을 끼우고 있다. 40년의 항해 경력과 더없이 강인한 생명력을 가졌고 체격도 거대하다. 193센티미터의 키에 넓은 어깨와 짙고 무성한 머리카락을 가졌다.

모비딕은 수컷 향유고래다. 수컷 향유고래는 평균적으로 길이 16미터, 체중 41톤이 될 때까지 자란다. 책에서 멜빌은 모비딕이 세계 최대 향유고래로, 길이가 27미터나 된다고 묘사한다. 모든 포유류 중에도 향유고래는 가장 깊이, 가장 오래 잠수하는 동물이다. 1분 동안 320미터 아래까지 내려갈 수 있다. 녀석이 내뿜는 물기둥은 아주 쉽게 식별할 수 있다. 태어날 때부터 왼쪽 콧구멍이 막혀 있어서 몸 전체가 늘 왼쪽으로 45도 기울어져 있다 보니, 뿜어 나오는 물기둥이 안개처럼 퍼져나간다. 그리스어에서 유래한 이 고래의 종명種名은 '큰 머리'라는 뜻이다. 향유고래는 지구상 최대 크기인 포유류이자 최대 포식자다. 수컷과 암컷의 체형 차이도 동물 중에서 가장 크다. 수컷은 무게가 암컷의 두 배에 달하며, 세상에서 가장 큰 머리를 갖고 있다. 머리만이 아니라 입도 어마어마하게 커서 약 680킬로그램까지 물어 올릴 수 있다. 향유고래가 위턱과 아래턱으로 동시에 뭔가를 무는 일은 거의 없지만 모비딕은 분명 에이해브 선장을 잔인하게 물어버렸다. 그의 한쪽 다리를 잘라버리지 않았던가? 수컷 향유고래들 사이에서는 싸움이 자주 일어나지만 사실 향유고래들은 적을 만나면 보통 도망가는 쪽을 택한다. 하지만 거대하고 강인한 향유고래는 퇴로가 막혀버리면 어선을 공격할 가능성이 있다. 거대한 머리로 어선을 들이받거나 꼬리로 어선을 뒤집어버리는 식이다. 이빨로 작은 어선을 잘근잘근 씹어버렸다는 기록도 있다. 체형과 힘으로 보면, 에이해브 선장의 승산이 높지는 않지만 그는 잘 알고 있다. 중요한 건 이게 아니라는 걸.

······나는 마지막까지 네 녀석을 꽉 잡고 있을 것이다. 지옥의 심장으로 사정없이 찔러주겠어. 내 마지막 숨을 네 얼굴에 뿜어주지. 내 분노를 폭발시키기 위해.

에이해브는 이토록 모비딕을 증오한다.

《모비딕》은 복수를 향한 한 남자의 여정을 치밀하게 그린 작품이기는 하지만 책에 나오는 고래와 항해에 대한 묘사, 심지어 각종 동물에 대한 지식과 문화적 은유도 어마어마해서 백과사전에 맞먹을 정도다. 띄엄띄엄 읽어도 수많은 과학 상식을 얻을 수 있는 데다 멜빌이 각 장마다 제목을 달아놓았기 때문에 '제목을 보고 고래 부분을 골라서' 읽을 수도 있다. 예를 들어 42장 '고래의 흰색'에서는 세상에 존재하는 각양각색의 '흰색'에 대해 이야기한다. 대리석의 흰색, 동백나무의 흰색, 진주의 흰색, 미얀마 페구 왕조의 '흰 코끼리 왕'이라는 칭호에 나오는 흰색, 시암 왕국 국기에 그려진 네발짐승의 흰색, 하노버 왕국 군마軍馬의 흰색, 오스트리아 황실의 흰색, 조로아스터교의 갈고리 모양 불빛의 흰색, 그리스 신화에 나오는 흰색 황소, 북아메리카인디언 이로쿼이족iroquois이 신에게 바치는 개의 흰색, 기독교도가 입는 양털처럼 하얀 사제복······. 흰색은 존귀함과 우아함의 상징이지만 선원에게 흰색은 북극곰과 백상아리의 시퍼렇게 번쩍이는 송곳니를 연상시킬 뿐이다. 몸이 덜덜 떨리는 흰색 말이다.

이렇듯, 감미롭고 명예롭고 숭고한 것들이 전부 거듭해서 흰색과 관련되는데도 불구하고 이 색의 가장 깊은 관념 속에는 파악하기 어려운 뭔가가 도사리고 있어서 두려움을 자아내는 피의 붉은색보다 더 많은 공포를 영혼에 안겨준다.■

다른 예로, 57장 '그림과 이빨, 나무, 철판, 돌 조각, 산과 별자리에 나타난 고래들'을 보자. 여기 나오는 상아는 고래 이빨을 뜻하기도 한다. 어떤 선원들은 치과 의사들이 쓰는 것과 같은 자그마한 조각 도구를 가지고 다니면서 시시때때로 고래 이빨에 격렬한 고래잡이 전쟁을 그림으로 남기기도 하고 고래 뼈로 만든 여성들의 코르셋 살대에 그림을 그리기도 한다. 별자리에 나타난 고래는 또 뭘까? 알고 보니, 항해사에게 이런 기억이 남아 있었다.

그래서 나는 북극해에서 처음으로 고래의 형상을 보여준 반짝이는 별자리의 순환과 함께 북극을 빙빙 돌며 바다 괴물을 뒤쫓았다. 그리고 눈부신 남극의 하늘 밑에서는 아르고내비스 호에 올라 물뱀자리와 물고기자리를 훌쩍 넘어 반짝이는 고래자리 추격에 합류했다.■■

■　　허먼 멜빌, 강수정 옮김, 《모비딕(상)》, 열린책들, 2013, 321쪽.
■■　위의 책, 446쪽.

《모비딕》은 오늘날 가장 위대한 미국 소설로 평가받는다. 하지만 17개월에 걸쳐 완성된 이 작품은 당시 여러 출판사에서 퇴짜를 맞았고 출간 첫해에는 겨우 다섯 권이 팔렸다. 그로부터 얼마 지나지 않아 출판사에 불까지 나는 바람에 남아 있던 재고들이 모두 불타버렸다. 이후에도 멜빌은 계속해서 글을 썼지만 출판사는 인세를 미리 지급해주지 않았다. 당시 멜빌은 《주홍 글씨》의 저자 너새니얼 호손에게 이런 편지를 썼다. "……더는 못 쓰겠습니다. 출판사에서 돈이 한 푼도 안 들어옵니다. 하지만 저는 이런 글이 아닌 다른 글은 쓰지 못합니다."

소설가 윌리엄 포크너는 《모비딕》에 최고의 찬사를 보냈다. "다 읽은 뒤 처음 떠오른 생각은 이 작품이 내 작품이었으면 좋겠다는 것이었다." 허먼 멜빌은 사망하고 17년이 지난 뒤에야 드높은 문학적 지위를 인정받았다.

현재 세계적으로 가장 유명한 브랜드들, 이를테면 세계 최대 커피숍 체인인 스타벅스, 역사상 최고의 베스트셀러인 일본 만화 《원피스》에 나오는 해적선 모비딕 호, 미국 광고 음악과 영화 음악계에서 가장 많이 찾는 뮤지션 모비 등의 이름이 모두 《모비딕》에서 나왔다. '스타벅스'는 포경선의 일등항해사인 '스타벅'에서 나왔고 '모비'는 세계적인 뮤지션 리처드 멜빌 홀Richard Melville Hall이 직접 지은 예명이다. 홀은 허먼 멜빌과 먼 친척 관계라서 예명을 이렇게 지었다고 한다. MTV 시상식의 사회자였던 트라이엄프Triumph(독설을 쏟아내는 투견 인형)가 객석에 있던 모비를 찾아가 허먼 멜빌과의 관계를 물어보자 모비는 이렇게 답했다. "《모비딕》의 저자인 허먼 멜빌은 제 고조할아버지의 친형제이십니다." 그러자 트라이엄프가 이렇게 대답했다. "그럼, 당신은 '딕Dick(영어에서 '남성의 생식기'를 뜻하는 비속어)'이 없는 '모비'구먼. 캬캬캬." 순간 모비의 얼굴이 일그러졌다. 아마 그는 동물 보호론자라서 말본새가 고약한 이 가짜 개를 흠씬 패주지는 않았을 것이다. 아니면 당시 이미 여러 차례 MTV상과 그래미상을 받은 성숙한 뮤지션이었던 까닭에 속으로 화를 삭여버렸거나.

모비는 제작자이고 가수이며 싱어송라이터이고 동물 보호론자이며 채식주의자다. 그는 신시사이저의 현악을 능수능란하게 활용하고 각종 전자 비트와 완벽하게 결합해서 정靜과 동動이 교차하는 음악을 만들어낸다. 그의 음악은 에어컨처럼 구석구석으로 스며든다. 영화에서든, 광고에서든, 식당에서든, 집에서든, 이어폰에서든 듣는 이를 홀가분해지게 하고, 그러면서도 눈가를 적신다.

무명 시절 모비도 에이해브 선장과 같은 복수를 해본 적이 있다.

전자 음악의 전성기였던 90년대, 수많은 초기 팬들에게 모비의 음악은 비 오듯 땀을 흘리게 하는 클럽 스테이지의 음악이었다. 그는 강렬하고 격렬하며 섹시하고 흥분되는 비트를 선사했다. 한 곡, 한 곡 이어질 때마다 점점 더 격렬해졌고 점점 더 빨라졌다. 비트만 빠르다면 주변을 음악이라는 벽으로, 이해받지 못하는 소년들을 이 역겨운 세상과 떨어뜨려줄 벽으로 둘러칠 수 있었다.

1995년 유명 인디레이블 뮤트Mute에서 발매한 모비의 〈에브리싱 이즈 롱〉은 드럼 앤 베이스, 테크노, 브레이크 비트, 하드 하우스 등 각종 스타일의 음악에 정통한 그의 성숙한 실력을 보여주는 세 번째 앨범이다. 당시 〈스핀SPIN〉지가 이 앨범에 올해의 앨범상을 수여하기는 했다. 하지만 대부분의 대중 매체들은 이 전위적인 스타일의 음악에 적응하지 못했고 별다른 반응도 보이지 않았다. 미디어의 안이한 태도에 격노한 모비는 그 분노를 다음 앨범에 모두 담아냈다. 그 앨범이 바로 1996년 발표한 〈애니멀 라이츠〉다. 모비의 앨범 중에 가장 참혹한 판매량을 보인 이 앨범에 대중들은 어떤 반응을 보여야 할지 난감해했다. 모비는 뜻밖에도 이 앨범에서 펑크록을 선보였고 그의 매니저는 이를 두고 "한바탕의 재앙"이라고 말했다. 이 앨범은 기존 전자 음악 팬들을 경악과 분노의 도가니에 빠뜨렸고 새로운 팬들은 뒷걸음치게 했다. 여기에 미디어의 차가운 외면이 이어지면서 하마터면 모비의 음악 인생이 끝날 뻔했다. 하지만 당시 이런 소식에 대해 아무것도 몰랐던 나는 온갖 기괴한 음반들이 모여들던(그래서 나중에 결국 망해버린) 시먼딩西門町▪의 타워 레코즈Tower Records에서 이 CD를 샀다. 스윕 피킹sweep picking 주법으로 연주한 거친 기타 음에 피아노와 현악기가 어우러진 펑크 곡들이 너무 좋았다.

〈애니멀 라이츠〉를 발표하고 3년 뒤, 모비는 〈플레이〉를 발표했다. 발매 초기 판매량은 평범한 수준으로, 영국 차트 30위권에 올랐고 그로부터 몇 주 뒤에는 아예 순위권 밖으로 밀려나 모비를 우울하게 했다. 라이브 공연 때도 청중들이 별 관심을 보이지 않는 듯했다. 그런데 누가 알았을까. 10개월 뒤, 이 앨범이 갑자기

▪ 서울의 명동 같은 타이베이의 번화가.

차트로 돌아올 줄을. 영국 차트 1위까지 느긋하게 쭉쭉 치고 올라
갈 줄을. 이 앨범은 천천히 그리고 아주 오랫동안 팔려나갔다. 이
는 아마 수록곡 하나하나가 각종 영화의 삽입곡으로 사용된 것과
도 관련이 있을 것이다. 영화 〈비치The Beach〉와 〈식스티 세컨즈Gone
in Sixty Seconds〉 등의 히트작을 보고 모비의 음악을 찾는 사람이 점점
늘어났다. 결국 〈플레이〉는 전 세계적으로 1200만 장이라는 어마
어마한 판매량을 기록했고 모비는 누구도 대적할 수 없는 배경음
악계의 지존으로 우뚝 섰다.

　〈플레이〉의 모든 곡이 영화와 광고에 사용되면서 귀에 익숙해
졌다. 단순하고 아름답지만 너무 뻔하지는 않은 곡들이었다. 모비
를 단 한 번의 공연에 100만 달러를 요구하는 황제급 DJ와 함께
언급하는 사람들도 있지만 모비의 음악적 공헌은 결코 그 정도로
그치지 않는다. 그는 비범한 리믹스 테크닉을 갖고 있음에도 언제
나 음악의 본질로 돌아가 다양한 음악의 가장 순수한 정수를 겸허
하게 모아낸다. 〈플레이〉의 틀은 전자 댄스 음악이지만 멜로디는
록의 가장 초기 형태이자 뿌리인 블루스로 돌아갔다. 단순하고 소
박하게 구성된 블루스는 오늘날 모든 대중음악의 모태가 되었다.
어떤 때는 가장 단순한 것이 가장 어려운 법이다. "내 이름을 이스
마엘이라고 불러달라." 한 선원이 내뱉은 이 단순하고 직접적인
말 한마디가 생과 사를 건 어마어마한 혈투를 끌어내리라고 누가
상상이나 했을까?

　2010년 새롭게 발견된 향유고래에 허먼 멜빌이라는 이름이 붙
었다. 정식 이름은 레비아탄 멜빌레이Leviathan melvillei. 하지만 과학자

들이 발견한 것은 고래의 화석뿐이었고 이미 오래전에 멸종한 이 고래에 이름을 붙인 것은 오로지 허먼 멜빌에 대한 존경을 표현하기 위해서였다. 너무나 시대를 앞서간 재능을 갖고 있었던 탓에 세상 사람들이 그 재능을 발견하기도 전에 화석이 되어버린 것이 지금까지도 안타깝다는 듯. 많은 이들이 모비가 엄청난 인기 뮤지션이라는 사실은 알아도 그가 절망의 바닥을 경험한 사람이라는 것은 모른다. 오만하기 그지없었던 뉴욕 언더그라운드의 총아는 한때 주류 세계와의 전쟁에서 패한 채 자신감마저 잃고 곤두박질쳤다. 창작자는 언제나 고독을, 영원히 누구에게도 이해받지 못할 거라는 거대한 공포를 마주해야 한다. 모비의 조상인 허먼 멜빌은 생전에 《모비딕》의 큰 성공을 지켜보지 못했다. 하지만 그렇더라도 자신이 이 책을 썼다는 사실을 단 한 번도 후회하지 않았을 것이다.

내가 이 글을 쓴 날짜는 9월 11일. 9월 11일 뉴욕 할렘가에서 태어난 미스터 모비에게 축하 인사를 건넨다. 생일 축하해요.

11

동물을 길들인다는 것

Badaling Wildlife World
바다링야생동물세계

바다링八達嶺에 가기 며칠 전, 베이징 전체가 미세먼지에 뒤덮였다. 당시 나는 선양야생동물원에 관한 오래전 기사를 읽고 있었다. 선양의 옛 동물원인 '완촨萬泉'은 공식적으로는 단 한 번의 이전도 없이 원래 자리에서 조용히 증발해버렸다. 선양 교외에 있던 야생동물원이 이를 대신하며 최고의 유명세를 치르던 2010년, 이 야생동물원에서 3개월간 11마리의 시베리아호랑이가 연이어 사망했다는 뉴스가 터졌다. 동물원 측은 자금 부족으로 많은 수의 맹수를 사육할 수 없었다고 밝혔고 언론은 호랑이들이 죽기 전까지 매일 닭 한 마리(뼈밖에 안 남은 닭이었으니 사실 닭 한 마리도 안 되는 양이었다)밖에 먹지 못했다고 보도했다. 동물원 직원들이 굶어 죽은 호랑이 뼈와 가죽을 팔아 돈을 벌었다는 이야기도 들려왔다.

호랑이가 굶어 죽은 동물원은 어떻게 되었을까? 그들은 '남아 있는 호랑이를 구제한다'는 명목으로 정부로부터 뉴타이완 달러로 3000만 달러(약 11억 340만 원)에 맞먹는 보조금을 받았다. 호랑이 한 마리가 매일 5킬로그램의 고기를 먹으니, 돼지고기 1킬로그램을 80위안(약 1만 5000원)으로 계산하면 호랑이 11마리가 6800년 동안 먹고도 남을 돈이다. 하지만 이런 아름다운 일은 일어나지 않는다. 동물원에 돈이 들어가기까지 거칠 곳이 한두 곳이 아니기 때문이다. 생태계의 먹이사슬에서는 꼭대기를 차지하는 호랑이도 '돈'의 사슬에서는 최하층민에 불과하다.

하지만 베이징 교외에 자리한 바다링야생동물세계에는 이런 불경기가 없다. 공식 홈페이지에 따르면 이곳은 중국에서 가장 면적이 넓은 산지 동물원 가운데 하나로 아무도 관심 없는 다른 도시의 야생동물원들과는 달리 여러 대의 버스가 정차하고, 휴일에는 전용 관광버스들이 운행된다고 한다.

야생동물 먹이 주기

　　　　　　　　그날 나와 친구는 해가 중천에 뜨고서야 일어났다. 우리는 세수를 하고 이를 닦고 꾸물거리다 결국 오후에야 문을 나섰다. 미세먼지가 자욱한 도로 너머로 브레이크등을 뚫어져라 바라보며 서다 가기를 반복한 끝에 쥐융관*과 바다링 장성長城**이 눈에 들어왔다. 길이 구불구불 이어지기 시작하면서 그제야 여행의 정취가 느껴졌다.

■　　베이징 북서쪽에 있는 만리장성의 8대 관문 중 하나.
■■　쥐융관의 북쪽에 자리한 만리장성의 대표적인 구간.

차가 동물원에 들어섰을 때는 이미 오후 4시가 넘어 있었다. 성인표는 90위안(약 1만 6880원)이다. 자가용 입장료는 별도로 계산하며, 보험 가입 차량이어야 한다. 동물원 안에는 사람이 거의 없었고 산비탈의 차도는 살수차 한 대가 느릿느릿 움직일 수 있을 정도로 좁았다. 그러니 우리도 천천히 지나가는 살수차를 기다릴 수밖에. 동물원이 5시에 문을 닫기 때문에 이 시간에는 대부분의 맹수가 우리 안으로 돌아간 뒤라서 녹색 철조망 사이로 호랑이 몇 마리가 보일 뿐이었다. 일과를 마치고 퇴근해서 유유자적 꼬리를 흔드는 모습이 꼭 "아이고, 오늘도 별일 없이 지나갔네"라고 말하는 듯했다.

우리가 아이를 데리고 동물원을 찾은 가족처럼 제대로 준비를 했던 것은 아니었다. 바다링야생동물세계에 가려면 먹을 것부터 챙겨야 한다. 과자, 빵, 찐빵, 말린 고기 등등. 어른용, 아이용, 사자용, 당나귀용, 코끼리용, 기린용까지. 동물원 여기저기에 애완동물 입장 금지, 취사 금지, 하차 금지, 창문 열기 금지, 대소변 금지, 쓰레기 투기 금지 등의 경고 문구가 가득하다. 몰래 음식을 먹는 것도 금지다. 그래도 대부분의 사람들이 동물 방목장에 들어가면 별생각 없이 곧바로 환호성을 지르면서 창문을 열고 먹이를 던져준다. 동물원에서는 동물 먹이를 판다. 코끼리에게 줄 옥수수구이는 10위안(약 1870원), 기린에게 줄 커다란 나뭇가지는 5위안(약 940원)이지만 맹수 구역에서 파는 고깃덩이와 통닭은 수십 위안이나 된다. 가정교육을 중시하는 부모들은 이 기회에 동물에게 먹이를 주겠다고 난리를 치는 아이들을 가르친다. 어디에 돈을 써야 하는

지, 또 어디에 돈을 쓰면 안 되는지. 사람이 먹는 간식과 비교해봐도 맹수 구역에서 파는 먹이가 훨씬 더 고급이다. 남은 건 모아뒀다가 아이에게 먹여도 된다. 이럴 때는 동물원 직원들도 눈을 감아준다.

나 혼자 독야청청할 생각은 없다. 나도 '이식위천以食為天'을 받드는 민족의 일원이기 때문에 어떤 동물(이를테면 남아프리카 작은 영양)을 보고 있으면 먹어보고 싶다는 생각이 들기는 한다. 동물을 먹고 싶다는 생각에 비하면 동물에게 먹이를 주고 싶은 마음은 고상하다고 할 수 있다. 이런 행위는 인간이 생명을 사랑하는 덕성을 가지고 있다는 가설을 증명해주기는 하지만 사실 바다링야생동물세계에서는 관람객들이 마구잡이로 먹이를 던져주는 바람에 이제는 동물들도 이를 '당연하게' 여길 정도다. 맹수 구역으로 차가 들어올 때마다 호랑이와 곰이 고귀한 체면 따위는 내팽개치고 앞으로 달려와 먹이를 달라고 아양을 떤다. 어쩐지 녀석들이 '고대 로마식 야생 복원장'으로 유명한 이곳에서 편식 따위는 절대 하지 않을 거라는 생각이 든다. 찐빵을 먹다가 실수로 당신의 손가락 한두 개를 먹어치우고도 녀석들은 아마 이렇게 말할 것이다. "아이고, 미안해라. 보지를 못했네." "오, 그건 그렇고, 집게손가락이 가운뎃손가락보다 신선하고 맛있구먼." 몇 년 전, 캐나다 경찰이 대마 재배지를 찾아냈다. 그런데 뜻밖에도 온순한 흑곰 10여

■ 사람이 사는 데 먹는 것이 가장 중요하다, 백성은 먹는 것을 하늘로 삼는다는 뜻으로 《사기》에서 유래했다.

마리가 재배지 주변을 '지키고' 있었다. 캐나다처럼 삼림이 밀집한 국가에서는 곰에게 먹이를 주는 것이 법에 어긋난다. 이런 행위로 인해 순수한 곰들의 마음속에 '먹이'와 '인간'이 동의어로 각인되기 때문이다. 캐나다는 동물 보호 마니아들이 가장 많은 국가에 속한다. 많은 마니아들이 동물을 사랑하고 인간을 미워한다지만 아무리 동물을 사랑한다 해도 곰에게 손이 잘리고 싶은 사람은 없지 않을까? 바다링의 사자와 호랑이는 모두 사람을 먹은 전적이 있는, 인육의 맛을 아는 녀석들이다. 그러니 관람객 여러분, 먹이를 주기 전에 심사숙고하시기를.

제일 거리낌 없이 먹이를 달라고 매달리면서도 매번 성공하는 것은 역시나 온순한 동물 구역에 사는 초식동물들이다. 말, 양, 낙타를 모아놓은 온순한 동물 구역은 장소가 좁지 않고 험한 비탈도 있다. 소목 동물의 다리 건강에 가장 필요한 것이 바로 이렇게 충분히 내달릴 수 있는 공간이다. 다만 식생 쪽은 좀 처참할 정도다. 전체 구역 중에 풀이 남아 있는 곳이 거의 없는 데다 주변의 울창한 산들과 대비되어 더 걱정스럽다. 유난히 눈에 띄는 말 한 마리가 빠른 속도로 승용차마다 쫓아다니며 먹이를 달라고 차창을 건드렸다. 누군가 차창을 내리자 녀석이 바로 머리를 안으로 들이밀고는 커다란 콧구멍으로 사람을 향해 김을 내뿜었다. 말들이 다들 아래로 축 처진 둥근 배를 갖고 있지 않았다면 나는 이 말이 출산을 앞두고 있다고 착각했을 것이다. 그냥 이 말이고 저 말이고 너무 많이 먹어서 배가 그런 것뿐이었는데 말이다. 좋은 거지 뭐. 굳이 비교해야 한다면 많이 먹는 것이 굶어 죽는 것보다 훨씬 나으니까.

　이곳의 후천적인 야생 환경을 적절히 활용해서 사회적 야성을 기르는 동물도 있다. 바로 원숭이 산에 사는 짧은꼬리원숭이들이다. 바다링야생동물원 측은 원숭이 산의 내정에 '간섭하지 않고 먹이만 준다'는 원칙을 지킨다. 집단생활을 하는 원숭이는 구성원이 너무 많다 보니, 보통은 원숭이 사육사가 일일이 이름을 지어주지 않는다. 1988년 개원 이래 지금까지 이곳에서 정식 이름을 얻은 원숭이는 뎬뎬點點과 디디滴滴 그리고 싱싱猩猩뿐이다. 그들은 이름이 나열된 순서대로 원숭이 무리의 왕을 역임했다. 2003년 원숭이 산에서 일어난 쿠데타는 아예 전국 신문을 장식했고 수많은 독자가 새로 정권을 잡은 원숭이 산의 왕이 내세운 '새로운 통치'의 핵심 강령이 무엇인지를 묻는 편지를 보냈다. 싱싱은 유별날 정도로 상냥한 왕이라고 한다. 전임 왕의 노선에 반대해서 언제나 신하, 백성들과 먹이를 나누어 먹는다. 전임 왕을 따르는 원숭이들은 전자 철조망 밖으로 뛰쳐나가 버린 탓에 동물원이 제공하는 먹이도 먹을 수 없게 되었다.

　바다링야생동물세계에서는 동물 쇼도 열린다. '공작동남비孔雀東南飛'는 공작새들이 단체로 날아오르는 공연으로, 매일 한 차례씩 열린다. 토요일과 일요일에는 서커스 공연도 있다. 늦게 도착한 탓에 모든 공연을 놓친 우리는 문밖에서 직원들에게 불평을 늘어놓을 수밖에 없었다. 왜 그렇게 일찍 '동물들을 데려가세요?' 표는

■　중국 육조시대六朝時代의 장편 서사시로, '공작이 동남쪽으로 날아가다'라는 뜻이다.

샀지만 아무것도 볼 수가 없었으니! 바로 그때 매표소 밖에 시동을 끄지 않고 서 있던 차에서 청년이 걸어 나왔다. 꽤 괜찮은 외투를 걸친 그는 자신감 넘치는 발걸음으로 우리의 차창 옆까지 걸어왔다.

"아가씨들." 그가 입을 열었다. "이렇게 하시죠. 제가 표에 서명해드릴 테니, 일 년 안에 다시 오셔서 이 표로 동물원에 들어가시는 걸로요."

우리는 표에 날짜를 쓰고 서명을 하는 남자를 어안이 벙벙해서 바라보았다. 알고 보니 그는 이 동물원 윗사람이란다. 동물원도 윗사람의 한마디면 안 되는 일이 없는 것이다.

춤추는 곰의 행복

바다링에서의 반나절 여행은 이렇게 엉성하게 끝나버렸지만 예전에 서커스 공연장에서의 일이 떠올랐다.

관중이 한 명도 없는 서커스 공연이었다. 원형 공연장의 좌석 전체가 망가져 있었고, 비를 피하기 위해 여기저기 흩어져 앉은 사람들만이 공을 던지고, 자전거를 타며, 줄을 넘는 흑곰을 바라보았다. 곰도 조련사도 너무 서툴렀던 탓에 곰은 잡기를 선보일 때마다 몸을 덜덜 떨었다. 몸을 떨며 공연을 하는 것만으로도 이미 너무 가여운데 좌석 한 줄도 못 채울 정도로 관객이 적으니 그렇게 처량할 수가 없었다. 공연자는 소년이었다. 소년은 윤기가 흐르는 검은 머리카락에 진보라색의 서커스단 유니폼을 입고 있었다. 소년이 땅에 무릎을 꿇고 흑곰에게 뭐라고 귓속말을 하자 흑곰이 무리 없이 팔굽혀펴기를 선보였다.

묘기를 모두 선보인 뒤, 소년이 굴렁쇠와 고무공을 챙기고 흑곰에게 들어가자고 말했다. 흑곰은 몸을 일으키더니 남자아이와 어깨를 나란히 하고는 무대 뒤로 걸어나갔다. 어깨동무한 엇비슷한 키의 둘을 바라보았다. 이 외로운 동물의 행성에서 둘이 서로 의지하며 사는 것도 나쁘지 않다는 생각이 들었다.

'춤추는 곰'은 길거리에서 묘기를 선보이며 돈을 번다. 이미 여러 세기 동안 이어진 공연이다. 단순한 동물 잡기는 떠돌이나 노숙자들에게 가장 적합한, 밑천이 들지 않는 돈벌이였다. 동물 공연은 인도, 중동, 시베리아, 터키 등지에서 성행하다가 대략 13세기경부터는 유럽 전역에서 유행하기 시작했다. 이후 점차 사라지기는 했지만 발칸반도와 불가리아에서는 춤추는 곰으로 생계를 잇는 집시들을 여전히 만날 수 있다. 춤추는 곰의 공연을 폐지하고 곰을 구해낸 다음 적절한 거처로 보내는 일을 전문으로 하는 동물 보호 운동가들이 있다. 이들은 곰 사냥 음성화를 막기 위해 신중하게 접근한다. 베를린동물원에서 새끼 곰 크누트를 낳고도 기르지 않았던 어미 곰 토스카가 바로 춤추는 곰이었다. 동물 보호 운동가가 이렇게 질문한 적이 있다. "꼭 곰을 데리고 다녀야 합니까? 앵무새는요? 강아지는 안 되나요?" 우르사리^{ursari}(루마니아어와 불가리아어에서 유래한 말로 곰을 데리고 다니는 사람이라는 뜻)—에밀 쿠스트리차 감독의 영화 〈집시의 시간〉에 나오던 집시(정확하게 말하면 로마니^Romani^)와 닮은 외모에 무성한 곱슬머리가 축축하면서도 기름져 보였다―가 우울하게 고개를 가로저으며 말했다. "소용없어요. 춤추는 곰만큼은 안 돼요." 우르사리는 춤추는 곰과 함께 길거리 카페들을 이리저리 돌아다니며 돈을 구걸한다. 행인들은 대부분 공포에 질려 돈을 준다. 곰이 자신에게서 떨어지게 하려고. 이런 심리적 요인 때문에 새나 강아지의 효과는 곰과 비교도 되지 않는다.

나는 춤추는 곰도 행복해질 수 있을 거라고 착각했었다. 예전에 내가 제일 좋아했던 책 《왕자와 매 맞는 아이》에 '피튜니아^Petunia^'라는 춤추는 곰이 나온다. 매 맞는 아이와 왕자가 숲을 떠돌다가 만난 곰이다. 위급할 때는 이 곰의 힘을 빌려서 악당을 물리치고, 돈이 없을 때는 이 곰과 길거리에서 벌어들인 동전으로 감자를 사 먹는다. 김이 펄펄 나는 뜨거운 감자에 소금을 칠까, 아니면 후추를 칠까?

"저는 후추, 피튜니아에게는 소금 주세요." 곰을 데리고 다니는 베시가 말했다.

대부분의 춤추는 곰들은 자기 주인을 좋아할 거라는 생각이 든다. '스톡홀름 증후군'과 비슷한 심리일 것이다. 강제로 엄마와 떨어진 순간부터 새끼 곰의 세상에는 먹이를 챙겨주는 딱 한 사람만 존재하게 된다. 곰으로서는 당연히 운명을 받아들이고 자기 일을

공연용 곰을 데려가는 슬로베니아 소년.

좋아하려고 노력하는 수밖에. 그래도 곰은 곰이라서 발톱도 있고 이빨도 있다. 말 한 마리는 거뜬히 죽이고도 남을 정도로 힘이 넘친다. 그래서 춤추는 곰들은 대부분 이빨이 다 뽑힌다. 사람이 다치는 일을 막기 위해서.

맑고 밝게 살아가는 도시인들은 서커스단을 비롯해서 동물을 팔아 구걸하는 온갖 '야만' 앞에 고개를 돌려버릴지도 모른다. 그런데 야만을 경시하는 태도는 야만스럽지 않은 건가? 내가 동물원에 가서 사육사들이 동물들에게 먹이를 주는 방식에 대해 이러쿵저러쿵 트집을 잡는다면 그것도 야만스러운 걸까, 야만스럽지 않은 걸까?

동물을 길들이는 사람들은 보통 오갈 곳이 없는 떠돌이거나 부지런히 땀을 흘리는 노동자이거나 사회 밑바닥에서 타인을 착취하는 기회주의자인 경우가 많다. 잘사는 이들 중에 온갖 고생을 마다치 않고 동물을 길들이는 사람, 여행에 지친 몸을 이끌고 송곳니와 날카로운 발톱 그리고 동물들의 대소변 냄새 속에서 밤낮을 보내는 사람, 낯선 관람객을 즐겁게 해주고 그 대가로 생계를 잇는 사람은 단 한 번도 본 적이 없다. 가난한 자는 더 가난한 자나 동물을 착취한다. 동물 노예화의 먹이사슬을 그림으로 그리면 춤추는 곰이 가장 밑바닥에, 우르사리가 바로 그 위에 자리하겠지.

다시 앞의 얘기로 돌아가면, 동물에 관한 모든 논의는 결국 장자莊子가 남긴 한마디로 되돌아온다. "그대가 곰도 아닌데, 춤추는 곰이 행복한지 행복하지 않은지 어찌 안단 말인가?" 춤추는 곰도 기분 좋을 때가 있다. 심지어 곰은 웃어 보이기도 한다. 그럼에도 나는 춤추는 곰들에게서 비할 데 없는 슬픔을 본다. 춤추는 곰은 모두 쇠사슬에 묶여 있으니까.

흐느끼는 낙타

"낙타가 없다면 사막은 그냥 사막일 뿐이오." 왕자웨이 버전의 서독西毒이었다면 아마 이렇게 말할 것이다. "낙타 없는 사막에는 사람이 없지. 사람 없는 곳에서 문학인들, 영화인들이 무슨 소용이란 말인가?"

홍칠 : 이 사막의 뒤엔 무엇이 있을까?
서독 : 다른 사막이 있겠지.

왕자웨이가 내용을 철저하게 뜯어고쳐 아예 새롭게 재탄생시킨 아트 무협 영화 〈동사서독〉에서 장궈룽張國榮이 연기하는 서독 구양봉歐陽鋒은 우아하게 사막에 산다. 북개北丐 홍칠洪七의 아내가 남편을 찾아 사막까지 오자 서독은 홍칠이 이곳에 살지 않는다고 말하지만 이 시골 여인은 그 말을 믿지 않고, 뜨거운 태양 아래 삿갓을 쓰고 기다린다.

"여인 하나 속이기는 쉽다고 착각하지 마라. 단순한 여인일수록 더 직접적이다. 자신의 남편이 이곳을 떠나지 않았다는 걸 아는 것이다. 홍칠은 낙타를 내팽개칠 사람이 아니니까."

사막에서 낙타는 생명을 유지하기 위한 기본 조건이고 궁극적인 정신적 귀착점이다. 낙타가 없었다면, '아라비아의 로렌스'는 기껏해야 긴 옷을 즐겨 입는 영국 군인에 지나지 않았을 것이다. 〈아라비아의 로렌스〉는 토머스 에드워드 로렌스Thomas Edward Lawrence의 자서전인 《지혜의 일곱 기둥》을 원작으로 한 영화다. 주인공 로렌스 역을 맡은 배우 피터 오툴Peter O'Toole은 산꼭대기에 단정하게 앉아 있다. 그의 뒤로는 눈이 휘둥그레질 정도로 잘생긴 3000명의 대군이 두건을 쓴 채로 늘어서 있다. 머리에서 내려온 순백의 두건 아래로는 깊고 푸른 눈동자가 반짝인다. 그는 지금도 여전히 할리우드 역사상 가장 중요한, 아랍 세계의 대표자다.

이 작품의 촬영 과정에도 당연히 낙타와 관련된 크고 작은 에피소드가 가득하다. 요르단 암만에서 촬영하던 초기, 아직 낙타에 익숙하지 않았던 피터 오툴은 스펀지를 안장 위에 깔고 낙타를 탔다. 그러자 모든 단역 배우들이 이를 따라 했고 피터 오툴은 이때부터 아랍어로 '스펀지의 아버지'라는 별명을 얻게 되었다. 이후 스페인에서 알아카바 점령 장면을 찍다가 낙타에서 떨어진 적도 있는데 그의 낙타가 긴 다리를 뻗어 그를 자신의 네 다리 사이에 넣고 보호해준 덕분에 무사할 수 있었다. 듣자 하니 토머스 에드워드 로렌스도 전장에서 비슷한 경험을 했다고.

동시에 낙타는 중요한 재산이기도 하다. 아랍 국가만이 아니라 유목민족이 세운 수도 베이징(원나라의 대도大都)도 한때 곳곳이 낙

■　영화 〈동사서독〉 중 구양봉의 내레이션.

타 거리였다. 라오서가 쓴《낙타 샹즈》의 주인공 샹즈는 얼렁뚱땅 병사들에게 잡혀 포로가 되고 자신의 가장 중요한 재산인 인력거를 빼앗긴다. 그 뒤 부대 안에서 낙타를 본 샹즈는 자신이 아직 평지에 있다고, 산 위로 끌려간 것이 아니라고 생각하고는 혼란을 틈타 도망칠 준비를 한다.

샹즈는 20～30보쯤 뛰어가다가 멈춰 섰다. 낙타 몇 마리에 미련이 남았던 것이다. 이제 세상에 남은 재산이라곤 그의 목숨 하나밖에 없었다. 그러니 땅에 떨어진 삼노끈 한 오라기라도 달갑게 주워야 할 판이었다. 설사 그것이 아무짝에도 소용없다 할지라도 얼마간 위안을 받을 수는 있을 것이다. 적어도 자기 수중에 삼노끈이라도 있으니 완전히 빈털터리는 아니기 때문이었다. 도망쳐 목숨을 건지는 것도 중요하지만 맨몸뚱이만으로 무슨 소용이 있겠는가? 그는 그 몇 마리 짐승이라도 끌고 가야 했다. 비록 낙타를 어디에 쓸지 뾰족한 생각이 있는 것은 아니었지만, 그것 역시 몇 개의 물건, 덩치가 작지 않은 물건임에 틀림없었다.▪

낙타는 덩치가 거대하고 강건한 데다 인내심도 강하다. 바람을 막아주는 속눈썹과 순간 개폐식의 콧구멍을 갖고 있으며, 등에 솟은 혹에 지방을 저장한다. 타원형 적혈구에는 물을 저장하고, 가시 달린 식물도 씹어 먹는다. 낙타의 살갗은 햇볕에 타지 않으며,

---

▪ 라오서, 심규호 옮김,《낙타 샹즈》, 황소자리, 2008, 34쪽.

열을 차단한다. 또 크고 두꺼운 발바닥 덕분에 진흙과 모래에 빠지지 않는다. 그리고 강력한 콩팥이 대부분의 수분을 몸 안에 남기고 아주 농축된 소변만 몸 밖으로 내보내며, 대변은 불을 붙일 수 있을 정도로 건조시켜 내보낸다.

낙타의 외형은 광활한 사막처럼 크고 고요하며, 단순하고 신비롭다. 어른 쌍봉낙타는 혹까지 치면 키가 2미터 이상이고 눈동자에는 가늠할 수 없는 이슬람의 깊이가 서려 있다. 이에 비하면 라마, 과나코, 알파카 등 산에 사는 낙타의 친척들(역시나 낙타과에 속하며, 위장이 세 개인 라마 계열)은 태어날 때부터 살짝 웃는 얼굴에 키가 작아 사람과 눈높이도 잘 맞아떨어진다.

《땡땡의 모험 : 태양의 신전》*에 등장하는 인디언 가이드는 이렇게 말한다. 짐을 실을 라마가 없으면 산에 올라 실종된 교수를 찾기 어려울 거라고. 이 말에 라마가 득의양양해하자 아독 선장이 아주 언짢아하며 라마를 비웃는다. 그러자 라마가 곧장 아독 선장의 수염을 물어뜯더니 물을 쏘아대며 공격한다. (아마 사람의 상상일지는 모르지만) 옆에서 이를 보던 라마와 인디언이 웃어댄다.

낙타의 얼굴은 우리가 상상하는 표정과 잘 맞아떨어진다. 긴 속눈썹과 위로 올라간 입꼬리, 곧고 높게 뻗은 콧날, 쉼 없이 뭔가를 씹어대는 입 때문에 낙타는 건들건들해 보인다. 게다가 더 이

■   벨기에 만화가 에르제의 대표작으로, 탐방 기자 땡땡과 그의 개 밀루가 전 세계를 모험하는 이야기다. 1929년부터 1976년까지 연재되었다. 엄청난 인기를 끌었지만 나중에 작가가 직접 인정하고 반성한다고 여러 차례 밝혔을 정도로 당대에 만연했던 민족 차별주의와 인종 차별주의를 보여주는 작품이라는 평을 듣기도 한다.

상 올라갈 수도 없을 앞머리까지. 낙타가 웃을 줄 안다면 당연히 울 때도 있는 법. 북아프리카 사하라 사막에 살던 싼마오*의 일상은 시시때때로 낙타의 생로병사에 둘러싸였다. 《흐느끼는 낙타》에 실린, 이 책의 중심이 되는 동명의 단편 〈흐느끼는 낙타〉는 낙타 도살장을 이렇게 묘사한다.

도살장은 평소에 제일 가기 싫어하는 곳이었다. 늘 죽음을 기다리는 낙타의 슬픈 울음소리가 울려 퍼졌고, 죽은 낙타의 썩은 몸과 뼈가 모래 계곡에 가득 쌓여 있었다. 이 일대는 바람이 늘 거세게 불었고 대낮에도 음산한 분위기였다. 지금은 노을의 끝자락만 남아 있었다. 저녁 해는 한 줄기 옅은 꼬리만을 지평선 위로 끌어당겨 가느다란 빛을 뿌리고 있었다.**

라마가 정말 일부러 저렇게 매를 버는 짓을 저질렀는지, 낙타가 진심으로 흐느꼈는지는 중요하지 않다. 인간을 가장 울고 싶게 만드는 사실은 머리를 들고 낙타의 혹 사이를 바라보면 맑고 밝게 빛나는 사막 위로 보이는 것이 인간과 인간 사이에서 벌어지는 적나라한 살육과 약탈뿐이라는 것, 이런 살육과 약탈이 아직도 끝나지 않았다는 것이다.

■ 타이완을 대표하는 여성 작가. 1973년 스페인 남자와 결혼해 북아프리카 서사하라에 정착했다. 당시 사하라 사막에서의 일상을 담백하고 재치 있게 담은 《사하라 이야기》, 《흐느끼는 낙타》 등의 대표작을 남기며 크게 사랑받았으나 1991년 자살했다.
■■ 싼마오, 조은 옮김, 《흐느끼는 낙타》, 막내집게, 2009, 147쪽.

죽음의 땅, 마지막 눈표범

2013년 4월, 창백한 낯빛의 청년이 테가 두꺼운 안경을 쓰고 보호 패드가 들어간 노트북 배낭을 짊어진 채 네이멍자치구 가장 서쪽의 아라산 맹阿拉善盟*을 찾아왔다. 점점 사막화가 진행되고 있는 초원의 유목민들은 베이징에서 찾아온 책벌레를 보고 바로 알아차렸다. 이 대학원생이 '그 눈표범' 때문에 왔다는 걸.

아라산 맹은 네이멍구 자치구의 가장 서쪽에 자리하고 있으며, 줘치左旗와 유치右旗로 나뉜다.

4월 15일 유목민 세 사람이 트럭을 몰고 유치의 바단지린 사막 끝을 지나갔다. 그들은 이곳에 분명 야생 낙타가 있을 거라고 생각했다. 야생 낙타는 값이 꽤 나가는 동물이다.

유목민들은 담배도 피우고 노래도 부르면서 휴대전화도 터지지 않는 그 사막을 넘어갔다. 낙타의 그림자도 구경하지 못한 그들이 발견한 것은 목마름과 굶주림에 지친, 허약하기 이를 데 없는 눈표범이었다. 당시 이 눈표범은 사막 외곽과 '죽음의 땅' 가장자리

■　네이멍구 자치구 12개 지급 행정구역 중 하나이자 현존하는 세 개의 맹 중 하나. 네이멍구 자치구에서도 인구 밀도가 가장 낮은 지역으로 알려졌다.

를 걸어가다가 '먹이사슬이 0으로 끊어지고' 생명체의 흔적이라고는 없는 지대로 들어가려던 찰나였다. 눈표범은 지쳐 있었음에도 이빨과 발톱 모두 온전했고 아주 사나웠다. 오래전부터 이런 맹수에 대해 알고 있던 세 사람은 옷과 밧줄 그리고 조상 대대로 전해오는 몽골 정신으로 솜씨 좋게 눈표범을 잡아 차에 실었다. 일단 물부터 먹인 다음 차를 몰아 사막을 나왔다. 세 사람은 끝도 없는 사막에서 눈표범과 네 시간을 더 보낸 뒤에야 휴대전화가 터지는 지역에 도착해 삼림공안국森林公安局에 연락했다.

눈표범은 저마다 세상에 단 하나뿐인 얼룩무늬를 가지고 있다. 아라산 맹까지 찾아온 대학원생은 베이징 임업대학과 옥스퍼드 대학의 중국인 교수와 서양인 교수의 지시에 따라 이 눈표범을 비교 · 대조 · 분석한 끝에 한 달 전 쥐치에서 놓아준 눈표범과 같은 놈이라는 것을 알아냈다. 실망스러운 결과였다. 아라산 맹에서 눈표범이 멸종한 지 70년이 지난 상태에서 한 마리를 발견했느냐 두 마리를 발견했느냐는 생태학적으로 그 의미가 완전히 달랐기 때문이다. 하지만 기쁘기도 했다. 지난번에는 마취가 제대로 되지 않은 바람에 눈표범이 검사 도중 갑자기 깨어나 사무실 철창 위로 올라가 내려오지 않았다. 그래서 눈표범의 피도 뽑지 못했고 이빨도 검사하지 못했다. 혈액은 동물의 심신 상태 등 중요한 정보를 담고 있고, 이빨은 동물의 나이와 영양 상태를 알려준다. 그러니 이번에는 뭐라도 제대로 검사를 해야 했다. 삼림국에서 대규모 인원을 파견해주었고 마취를 위해 진짜 '몽골 의사', 그러니까 경험이 풍부한 아라산 맹의 수의사를 모셔다 주었다.

대학원생 : 알겠습니다. 저희가 일단 시범을 보여드릴게요. 선생님께서는 앞발을 잡아주시고 선생님께서는 뒷발을 잡아주세요. 그리고 선생님은 목을 잡아주시고, 또 선생님은……

아저씨 1 : 아니야, 내가 꼬리를 잡아야지.

아저씨 2 : 나는 앞발을 잡아야 맞고.

대학원생 : 네? 아, 그럼 다시 한 번 정리해볼게요. 선생님은 머리를 잡으시고, 두 분은 꼬리를 잡으시고요…….

이번에도 사람들이 우르르 달라붙어 정신없이 일을 진행하기는 했지만, 어쨌거나 과학적인 증거들은 모두 기록했다. 덕분에 대학원생은 대도시로 돌아가 결과를 보고할 수 있게 되었다. 논문, 순조롭게 통과되시길.

아라산 맹에 현지 출신 동물학자는 없지만 동물에 대해 해박한 유목민은 차고 넘친다. 아무도 직접 손을 뻗어 눈표범을 만질 엄두를 내지 못하자 이들은 나뭇가지를 우리 안에 넣어 눈표범의 머리를 쓸어주었다. 그러자 정신없이 사방을 돌아다니던 눈표범이 조용해졌다. 눈표범은 우리 안에서 며칠을 쉬고 나자 더 이상 허약하지 않았고 허둥대지도 않았다. 야간 카메라로 몰래 찍은 화면 속에서 녀석은 고양이처럼 배를 뒤집기도 했고, 우리 안의 유일한 적수인 밥그릇과 결투를 벌이기도 했다.

■ 중국어로 '몽골 의사'가 '돌팔이 의사'라는 뜻으로 쓰일 때가 있다. '돌팔이 의사'가 아니라 '진짜 몽골 출신의 의사'라는 뜻으로 '진짜 몽골 의사'라고 한 것이다.

이제 돌려보낼 때가 왔네. 다들 이렇게 말했다.

그런데 어디로 돌려보낸다? 국가일급보호동물의 경우 이론적으로는 구호와 치료 활동을 진행한 뒤에 '원래 자리에' 놓아주어야 한다. 그러니까 발견된 곳에 풀어주는 것이다. 하지만 이번에는 유목민과 동물학자들의 의견이 부딪쳤다. 동물학자는 낭만적인 진화론적 사고를 하고 있었다. 눈표범이 그 방향으로 갔던 것은 자연의 부름에 응하기 위한 어떤 신비한 이유 때문일 거라고 생각했다.

베이징 임업대학 교수는 이렇게 말했다. "이 사막을 넘어갈 수만 있다면, 녀석은 눈표범이라는 종을 사막 밖의 세상으로 데리고 나가는 셈이 됩니다."

대부분 유목민 출신인 삼림국의 공무원들은 고개를 절레절레 흔들었다. 유목민들이 가장 중요하게 여기는 일은 바로 동물을 살리는 것이다. 한 달 전에 '원래 있던 자리에 놓아줬다가' 녀석이 400킬로미터를 걸어 유치까지 오는 바람에 죽음의 땅 언저리에서 발견되었는데 기껏 살려놓고는 어떻게 다시 사막으로 돌려보낸단 말인가? 초원 회의에서 교수 대신 낭만적인 선언을 발표한 대학원생은 어찌해야 할지 난감했다. 운동 부족과 햇빛 부족으로 창백해진 얼굴에 땀이 났다. 그는 유목민들에게 둘러싸여 있었다. 삼림국 제복을 입은 이 몽골인들의 얼굴은 햇볕에 벌겋게 그을려 있었고 바람에 날린 모래가 오랫동안 스치고 지나간 흔적이 남아 있었다. 손가락 마디마디는 굵고 거칠었으며 손톱에서는 소와 양 냄새가 났다. 대학원생은 알고 있었다. 이 초원에서 백면서생이 유목민들을 설득할 방법은 없다는 걸.

결국 눈표범을 아라산 맹 줘치의 아오룬부라거^{敖倫布拉格} 산에 놓아주기로 했다. 그 일대에서 눈표범의 흔적이 발견된 적도 있고 산에 먹이와 물도 있어서 눈표범을 놓아주기 가장 적합한 지점이었다. 그들은 눈표범이 들어 있는 우리를 트럭에 싣고 산기슭으로 이동했다. 그리고 눈표범을 트럭에서 하룻밤 재우고 이튿날 정식으로 이별하기로 했다.

다음 날 아침, 트럭에는 크게 구멍이 뚫린 우리만 남아 있었다. 눈표범은 그림자도 보이지 않았다. 전날 밤에 자신이 일주일 동안 편히 먹고 지낸 우리를 찢고 떠나버렸던 것이다. 사람들에게 남긴 거라곤 일렬로 찍힌 발자국뿐이었다. 발자국을 따라가자 풀 한 포기 자라지 않는 험준한 절벽이 나왔다. 발자국은 불모의 절벽 앞에서 자취를 감춰버렸다.

눈표범은 생존 상식에 따라 산으로 걸어간 걸까? 아니면 그 신비한 자연의 부름에 응해 사막으로 향한 것일까? 눈표범 자신만 알 테지. 우리가 할 수 있는 것이라고는 그를 산 아래로 보내주는 것뿐이다.

어쩌면 노래 한 곡은 불러줄 수 있겠지.

우르나 차하르투구치는 세계적으로 가장 유명한 몽골 가수다. 네이멍 유목민의 딸인 그녀는 '노래의 바다'라 불리는 오르도스 초원에서 자랐다. 글자를 배우기도 전에 이미 양 치는 법을 배웠고, 말을 타고 학교에 다녔으며, 몽골 글자로 숙제를 했다. 그러다 스무 살이 되자 처음으로 기차를 탔고, 상하이음악원에 입학했다.

할 줄 아는 중국어는 한두 마디 정도였다. 우르나의 음성은 전 세계에서 수많은 상과 갈채를 받았다. 그녀의 노래가 소니의 카메라 광고로 유명해지면서 그녀는 몽골 출신의 스모 챔피언인 아사쇼류朝靑龍 외에 가장 유명한 몽골인이 되었다. 하지만 우르나의 예술적 성취는 노래에만 국한되지 않는다. 그녀는 종종 자신의 곡에 서로 다른 문화권의 전통 음악을 융합한다. 2012년에는 헝가리 바이올리니스트 졸탄 란토스Zoltan Lantos와 이란의 국보급 톤박konbak• 연주가인 여든 살의 잠쉬드 쉐미라니Djamchid Chemirani와 함께 중국 순회공연을 했다. 비단결 같은 머리카락을 길게 늘어뜨린 몽골 사람들이 늘 무대 아래서 함께 노래를 불렀다. 가수는 자기 자신을 악기로 여긴다는 말을 들은 적이 있다. 하지만 우르나는 공연장에서 자신이 악기가 되는 대신 톤박과 바이올린이 노래하게 했다.

우르나가 세계 무대에서 순수한 전통 음악을 연주하고 전통적인 초원 풍경을 재현하는 바로 그 순간 네이멍 초원에서는 끝없는 변화가 일어나고 있다. 몽골인들은 더 이상 순수를 원하지 않는다. 전자음과 확성기, 화려한 색채의 혼방 직물, 촬영 기술 등이 이미 보편화하여 목축 생활에 스며들었다. 건반 한 대면 몽골 민요를 반주하고 녹음할 수 있고, 핸드 헬드 카메라 한 대면 초원을 배경으로 뮤직비디오도 찍을 수 있다. 몽골 아가씨들의 화려한 현대식 패션과 말끔한 주택 그리고 가지런한 공장들이 현대화된 도시의 이미지를 구성한다. 하지만 변하지 않는 것들도 있다. 방목하

■ 손으로 두드려서 소리를 내는 페르시아의 전통 악기.

는 소와 양, 말들이 지금도 초원 위를 내달리며, 노래방의 인기 몽골 가요 가사는 여전히 세로 자막으로 봐야 한다. 우르나가 부른 '자장가'를 눈표범에게, 몽골 전통 가요 '아름다운 아라산'을 아라산의 유목민들에게 바친다. 살아남는다는 것은 얼마나 신산스러운 일인지. 눈표범에게도, 유목민들에게도 전하고 싶다. 고생했다고. 같이 노래나 한 자락 부르자고. 같이 술이나 한잔하자고.

12

동물원이 역사를
기억하는 방식

Beijing Zoo
베이징동물원

© May Wong

숫자가 많으면 아름답다.[■] 많은 것으로 치면, 중국의 수도는 어디 가서 절대 질 일이 없다. 현재 베이징 면적은 1만 6410제곱킬로미터로, 타이베이의 60배 크기다.^{■■} 상주 인구만 2400만 명이다(현재 뉴욕 인구도 840만 명밖에 되지 않는다).

베이징동물원은 베이징 시청구^{西城區} 시즈먼^{西直門} 와이다제^{外大街}에 있다. 동물원의 대중교통 허브는 260대의 버스가 드나드는 버스 종점이다. 종점 뒤의 '동물원 도매시장'은 북부에서 가장 큰 기성복 도매 집산지로, 점포 수가 우펀푸^{五分埔}^{■■■}의 두 배에 달한다. 동물원의 동쪽에는 베이징전시관이, 남쪽에는 베이징천문관이 있다. 매년 600만 명이 찾는 '베이징동물원'은 방문객 규모로는 세

■　중국 시인 쉬즈모^{徐志摩}가 자신의 일기에 남긴 '수대편시미^{數大便是美}'에서 따온 표현이다.
■■　베이징은 서울의 27배 크기다.
■■■ 한국의 동대문과 비슷한 타이완의 쇼핑 거리.

계 1위에 올라 있다. 1984년에는 1200만 명이 방문하는 기염을 토했다. 동북쪽의 황제선마두皇帝船碼頭에서 배를 타면 베이징동물원 내의 운하를 지나 바로 이허위안頤和園에 도착한다. 노년의 서태후가 이 물길을 따라 이허위안에 와서 휴가를 보내곤 했다.

청나라 황실의 동물원

황가 소유의 동물원이었으니, 당연히 모든 것이 최상이었다. 동물원 내의 모든 건축물이 국보급 문화재이고, 가장 오래된 곳은 원나라 말기부터 연꽃이 피기 시작한 연못이다. 베이징동물원의 전신은 삼패자화원三貝子花園으로, 서열 3위였던 패자*복강안군왕福康安群王은 곳곳에서 전쟁을 벌이면서도 진귀한 동물을 잊지 않고 데려와 이곳에서 길렀다. 이곳도 파리의 귀족 메나주리와 마찬가지로 이후 공공 동물원의 토대가 되었다. 베이징동물원은 독일과도 관련이 있다. 개원 초기 남양상무대신南洋商務大臣 겸 양강총독兩江總督이었던 단방端方이 독일에서 적잖은 수의 동물을 사왔다. 당시 왕성하게 일하던 독일의 동물상 가운데 하겐베크가 있었다. 베이징동물원의 전신인 '농사실험장'**이 설립된 그해 하겐베크는 마침 미국에서 순회공연을 끝내고 서커스단과 함께 함부르크로 돌아와 장차 전 세계 동물원에 영향을 미

■　청나라 황실이 내리는 총 14등급의 작위 중 네 번째 작위에 해당한다.
■■　베이징동물원은 삼패자화원, 만생원萬牲園, 중앙농사실험장中央農事實驗場 등 여러 전신을 거친 끝에 지금에 이르렀다.

칠 '하겐베크동물원' 설계에 착수한 참이었다. 하겐베크동물원은 울타리를 둘러치는 대신 도랑을 팜으로써 한정된 공간 안에서 인간과 동물이 자연에 가까운 체험을 할 수 있게 했다. 현재 대다수의 동물원이 이 방식을 따르고 있고 '베이징동물원'도 그중 하나다.

광서光緒 34년(1908년) 6월, 농사실험장과 부설 동식물원이 완공되면서 대중에게 개방되었다. 실험장과 식물원 그리고 동물원의 입장료를 따로 받았고, 두 개의 매표소 창구 가운데 한쪽은 남자, 다른 한쪽은 여자에게 표를 팔았다. 남자 입장객은 흰색 표, 여자 입장객은 붉은색 표를 받았으며, 입장료는 모두 동원銅元 ▪ 8매였다. 짐을 맡길 수 있었고, 남자는 왼쪽, 여자는 오른쪽 통로로 들어갔다. 개원 3년 뒤, 청나라가 망했지만 농사실험장은 원래 모습 그대로 계속 대중에게 개방되었고 더 많은 관람객을 모으기 위해 온갖 묘안을 발휘했다. 중국공정원中國工程院 ▪▪의 천쥔위陳俊愉 원사院士는 처음 베이징동물원에 갔던 때를 기억한다. 키 2미터가 넘는 두 거인이 입구에서 표를 팔았던 그 해(민국 15년, 1926), 그는 아홉 살이었다.

동물원 입구 옆의 벽에는 중요 인물들의 사진이 걸려 있다. 지난 100년을 돌아보니, 이 동물원의 발기인과 선량한 거액 기부자가 하나같이 청조의 관모官帽를 쓰고 변발을 하고 있다. 여기서 두

▪　청나라 때의 동전으로, 100매가 은 1원에 해당했다.
▪▪　중국 최고의 과학 연구 기관 중 하나.

걸음을 옮겨 다음 칸으로 가보니, 사진 속의 인물들 모두 변발을 자른 모습이다. 그중에는 스리피스 슈트를 입은 이들도 있고, 창파오長袍와 제복을 입은 이들도 있다. 사진 한가운데 쑨원孫文 선생이 있다. 그의 뒤에 있는 서양식 건물은 서태후가 행차하던 창관루暢觀樓다. 쑹자오런宋教仁(아마도 중국 역사 교과서에 등장하는 인물 중 최고의 미남일 것이다)은 농림총장農林總長을 맡고 있던 당시 동물원 내의 창춘탕暢春堂에서 살기도 했다. 창춘탕은 창문을 열면 호수 위의 철새들이 물가에 머물거나 날아오르는 모습을 볼 수 있는 중국식 저택이었다.

100년의 역사를 간직한 베이징동물원도 베를린동물원이나 파리의 동식물원과 마찬가지로 전쟁의 불길에 휩쓸렸다.《베이징동물원지北京動物園志》에 따르면 중일전쟁 당시 한 마리뿐이던 코끼리가 굶어 죽었고(샤위안위夏元瑜▪ 선생은 이 코끼리가 독살되었다고 주장하기도 했다) 사자와 표범 같은 대형 고양잇과 동물들은 안전을 이유로 일본군에게 독살당했다. 2차 대전 시기 일본군은 유독 동물원의 맹수들을 죽이는 데 집착했던 것 같다. 일본 본토의 동물원도 이런 악랄한 손아귀에서 벗어날 수 없었다.

1949년 베이징동물원에는 앵무새 세 마리, 짧은꼬리원숭이 13마리, 에뮤 한 마리밖에 남아 있지 않았다. 이후 다시 동물을 채워 넣는 작업이 외교적 교류의 통로로 활용되면서 베이징동물원은 수십 년 동안 국제 관계의 요충지 역할을 했다. 당시 화친 정책에

■　베이징동물원의 전신이었던 만생원의 원장으로 중국의 유명한 동물학자.

는 왕소군王昭君■이 아니라 아시아 코끼리, 인도 코뿔소, 한국 표범, 일본 산양, 아메리카 비버, 아프리카 사자, 태국 악어, 카리브 바다소, 뱅골 호랑이, 북극곰 등이 오갔다. 정치인들에게 동물원 방문은 온화한 이미지를 한껏 드러내는 동시에 과학 교류에 이바지하는 영광의 주인공이 될 기회였다. 세 명의 일본 총리 부인과 미국의 낸시 레이건Nancy Reagan을 비롯해서 아이슬란드, 아일랜드, 핀란드, 피지, 방글라데시, 태국, 탄자니아 등의 정치인이나 그 부인들이 모두 이곳을 찾았다. 정치인의 부인들이 가장 애용하는 장소였던 셈이다.

중국에서 가장 강력한 강철대오

중국에서 베이징동물원보다 역사적 지위와 존재감이 높은 동물원은 없다. 하지만 이렇게 독보적인 베이징동물원도 얼마 전 '몰래 이전될' 위기에 처했었다.

2000년부터 중국 전역에서 최소 20여 개의 동물원이 강제 이전되기 시작했다. 마치 불 꺼진 열차가 어둠 속에서 미지의 운명을 향해 묵묵히 앞으로 나아가는 듯한 모습이었다. 다들 건물 부지, 집값, 철거와 이주, 도시 개발 등에 정신이 팔려 있었기 때문에 사람들이 동물원 강제 이전을 눈치채지 못한 것도 당연한 일이었다. 하지만 인간이 살던 곳조차 얼마나 엉터리로 철거되고, 또 얼마나

■ 한나라 원제元帝 때 흉노와의 화친을 위해 보내진 궁녀. 중국의 4대 미녀로 꼽힌다.

베이징동물원의 입구.

대충대충 이주가 이루어지는지 안다면, 공익적인 '도시 동물원'이 민간의 수익 사업으로 운영되는 '야생동물원'으로 전환되는 과정에서 얼마나 많은 동물의 생명과 건강이 저당 잡히게 될지 상상하기는 어렵지 않다. 2004년 하얼빈 시의 동물원 이전은 그나마 비교적 투명하게 이루어졌다. 수많은 시민이 의견을 냈지만(하지만 받아들여지지 않았다) 결국 고속도로조차 별도로 출구를 파야 하는, 교통이 극도로 불편한 지점으로 옮기게 되었다. 그야말로 심각한 실패였다. 애당초 동물원 이전을 밀어붙였던 사람마저도 국영 방송에 출연해 실패한 이전이라고 인정할 정도였다. 하지만 달리 방법도 없었다. 당시 "그나마 좀 가까웠던 부지가 있었다. 그런데 그 부지에 자리 잡고 있던 화장터가 이주하려 하지 않았다".

2004년 봄, 베이징 전체가 올림픽 준비로 최고의 열기에 휩싸여 카운트다운 단계에 진입했을 즈음, 시 외곽의 다싱 현에 있던 야생동물원은 빚이 산더미처럼 쌓여 있었다. 이에 따라 다싱 현정부와 베이징시발전개혁위원회가 비공개 협상에 들어갔다. 그들은 베이징동물원을 다싱에 이전 합병하고, 기존의 베이징동물원 부지는 상업용으로 전환하기로 했다. 돈벌이에 눈먼 현대 중국에서는 너무나 정상적인 사고방식이었다. 하지만 그들은 이 결정이 중국에서 가장 건드리기 어려운 강철대오를 발로 차버렸다는 사실을 깨닫지 못했다. 그건 바로 베이징 토박이들과 지식인들이었다.

언론이 '밀실에서 이루어진 강제 이전 협의'를 폭로하기 시작하자 법률, 컴퓨터 프로그램, 역사, 문화, 건축, 과학, 교육, 가정, 도시 생활, 공익 등 각 방면에 종사하는 학자와 유명인들이 전면적으로 반대 의사를 밝혔다. 시나닷컴^{sina.com.cn} 뉴스 특집판에는 당시 두 진영이 벌였던 격렬한 토론의 흔적이 남아 있다.

시민들의 입장에서 동물원 이전으로 발생할 휴식과 교육비용의 증가가 달가울 리 없었고, 동물원의 비밀 이전은 명백한 과실이었다. 자원 활동 단체인 '그린어스 발런티어스^{Green Earth Volunteers}'는 어린이와 함께 동물원 이전에 관해 토론하는 자리를 마련했다. 거기서 한 아이가 이렇게 말했다. "동물원 이사는 모든 베이징 시민이 투표로 결정해야 해요. 초등학생도 투표해야 한다고요."

동물원이 역사를 기억하는 방식

오래된 동물원은 거만하지도 그렇다고 비굴하지도 않게 그 시대의 흐름을 담아낸다. 순식간에 사라지는 그 어떤 건물들보다도 훨씬 더 진실하게 그 도시의 성격을 반영한다. 이미 오랫동안 평온한 시절을 보낸 유럽의 동물원에서는 무언가 일단락되어 안정기로 접어든 곳의 우아함이 묻어난다. 이와 달리 중국 동물원들의 백태는 불안으로 가득한 시대를 증명한다.

세계 최초의 동물원인 런던동물원은 실력파 과학자들의 이상과 고집이 응축된 결정체였다. 그렇다면 베이징동물원은 개장 당시 어땠을까. 광서제가 그냥 놀아볼 마음으로 이 동물원을 열었을까? 광서 32년(1906년), 광서제는 유신^{維新}*에 실패했고 변법^{變法}을 이끌었던 지식인 '육군자^{六君子}'는 청난시장 입구에서 참수되었다.

베이징을 침략한 팔국연합군八國聯合軍이 닥치는 대로 도시를 불태우고 마구잡이로 사람들을 죽인 지 6년째 되던 해, 서태후는 거머쥔 권력으로 진실을 감추고, 백성을 기만하며, 군비를 가져다 이 허위안 수리에 써버렸다. 광서제는 보수파의 강압적인 통제 아래 농사실험장 건설을 밀어붙인 것이었다. 그러나 실험장 겸 동식물원이 대중에게 개방되고 5개월 만에 그는 세상을 떠나고 말았다. 베이징동물원은 애초에 '지식을 통한 완강한 저항'의 상징이었던 것이다. 광서제의 개혁은 끝까지 가지 못했지만 시민들은 그 동물원을 오늘까지 지켜냈다. 2013년 베이징동물원은 개원 107년을 맞이했다.

한 시간 정도 지하철을 탔더니, 머리가 빙빙 돌았다. 동물원 역에서 지상으로 걸어 나왔다. 북풍이 불어오는 가운데 천문대의 둥그런 지붕에 쌓인 눈이 천천히 미끄러져 내렸고, 동물원 정문의 석조상은 세월의 풍파 속에서 우아함과 중후함을 더하고 있었다. 궈모뤄郭沫若ᐧᐧ가 기념으로 썼다는 베이징동물원 현판은 문화대혁명 당시 일찌감치 패여 나갔고, 그 뒤 마오쩌둥毛澤東의 친필들을 모은 베이징동물원 현판도 이미 50년의 풍상을 견뎌냈다. 남아 있는 사진을 보고 복원한 100년 전의 조각 문양들이 오히려 더 새것 같다. 하지만 100년, 1000년이 흐른 뒤에는 이 글자들도 조각 문

■　광서제가 일본의 메이지 유신을 모델로 단행한 무술戊戌 개혁. 광서제의 할머니였던 서태후와 이홍장李鴻章 등 보수파의 반격으로 실패했고, 이에 가담했던 지식인들은 망명하거나 사형당했으며, 결과적으로 서태후의 섭정이 재개되었다.
■■　중국의 유명 문학가이자 정치가.

양들도 오래된 역사 속으로 들어설 것이다. 역사와 문화는 멈추었던 그 자리에 쌓이고 또 쌓여서 이루어진다. 누군가는 이렇게 말할 것이다. 동물원이야 여기 있든 저기 있든 상관없지 않습니까? 아니요, 절대 상관없지 않거든요!

흩날리는 눈발 속에서 군복 외투를 입은 경비원이 붉은 카펫 위에 쌓인 눈을 치우며, 입으로 흥얼흥얼 노래를 부른다. 운하가 얼어붙어 배도 뜨지 못하는데, 까마귀들은 발톱이 얼지도 않는지, 얼음 위를 오가며 먹이를 쪼아댄다. 동물원에 사는 한대寒帶 동물들은 하나같이 신이 났다. 북극곰, 눈표범, 은여우, 알파카, 흰올빼미(《해리 포터》에 등장하는 바로 그 흰올빼미)는 눈밭에서 즐거이 뛰놀고 사향소(생김새가 소와 비슷하고 이름에도 '소' 자가 붙기는 하지만 사실 거대한 산양의 일종이다)와 아메리카들소는 눈밭 한가운데에서 오후 내내 꿈쩍도 하지 않는다. 온몸에 두른 가죽이 유용해지는 순간이다. 이런 날씨에는 녀석들도 고향 생각이 날까? 아닐 것이다. 녀석들에겐 베이징이 집일 테니까.

늑대의 심플 라이프

〈모노노케 히메〉의 여주인공 산サン은 늑대 소녀다. 사나운 외모 아래 따뜻한 마음을 지닌 그녀는 미야자키 하야오의 다른 여주인공과 마찬가지로 비범한 힘을 지녔지만 평화를 파괴하고 싶어 하지 않으며, 작은 동물을 사랑하고 보호한다. 또 다른 아름다운 늑대의 화신으로는 매기 큐Maggie Q가 영화 〈낭재기〉에서 연기한 야만족 여성이 있다. 실오라기 하나 제대로 걸치지 못하고 동굴에서 살아가는 여주인공을 보고 관객들은 눈 호강을 한다며 만족스러워하지만 사실 이노우에 야스시井上靖의 원작 속에서 이 여성은 "송장 냄새가 진동하는 온몸에 해진 누더기를 걸치고 있어 마치 죽은 사람 같았다"고 묘사되어 있다. 황야의 동굴에 사는 쫓겨난 과부이니 원작 속의 묘사가 맞을 것이다.

돈 드릴로의 소설 《코스모폴리스》를 원작으로 하는 영화 〈코스모폴리스〉에서 로버트 패틴슨Robert Pattinson은 차 속에서(기본적으로 이 영화는 80퍼센트 이상이 차 안에서 진행된다, 그것도 보통 차가 아니라 샴페인이 제공되는 고급 리무진에서) '원하지도 않을 만큼 돈이 많은' 억만장자의 우울한 낯빛을 하고는 친구인 인터넷 보안 총책임자에게 말한다. "그들(미디어와 바깥세상)이 우리에 대해 어떻게 말하지? 늑대가 키운raised by wolves 자식들이라고 하나?" 입을 옆으로 찡으며 반쯤 웃어 보이는 표정 속에서 흡혈귀 같은 뾰족한 송곳니가 드러난다. 늑대가 키운 젊은 실업가가 늑대 소년처럼 얼마나 가차 없고 악랄한지, 스물아홉 살도 되지 않아 억만장자가 되었다. 그는 리무진을 스쿠터 겸 회의실로 사용하면서 섹시한 전속 아트 에이전트를 수시로 차에 불러 섹스를 즐긴다. 그리고 섹스가 끝나면 곧장 수백만 달러짜리 명화를 주문한다. 하지만 중요한 건 이런 게 아니다. 핵심은 로버트 패틴슨의 냉혹한 모습이 섹시하다는 것이다. 여자들이 그를 위해서라면 어떤 희생도 마다하지 않고 덤벼들 정도로. 그러니 늑대가 되는 정도로는 부족하다. 늑대의 매력과 멋을 갖추고 늑대의 본성에 걸맞은 비상한 분위기를 발산해야 한다. 게다가 행동도 비범해야 한다.

중국 북방의 정재계 인사들이 외치는 구호를 들어보면 사업가는 '늑대의 야성'을 갖고 있어야 한다. 원활한 인간관계와 우아한 품격을 중시하는 중국 남방의 상인들과는 확연히 다르게 북방에서는 늑대처럼 빠르다, 매섭다, 정확하다, 때리면 바로 달려나간다는 말이야말로 더할 나위 없는 극찬이다. 미국 오클라호마 출신으로 2차 대전에 참전했던 작가 토니 힐러먼은《코요테가 기다린다》라는 추리소설을 썼다. 나바호의 늑대는 언제나 기회를 엿보고 있다가 인간이 준비되어 있지 않은 순간 공격해서 치명상을 입힌다는, 늑대에 관한 나바호족의 전설에서 제목을 따왔다. 엔거링의《푸상》은 샌프란시스코에 사는 중국인 매춘부의 삶을 담고 있다. 어느 날, 푸상은 잭 런던에 관해 이야기를 나누다가 이렇게 말한다.

그(잭 런던)는 중국인이 음험하다고, 게으르고 산만하다고 생각했다. 이해하기도 가까이 지내기도 어려운 사람들이라고. 미국에 뭐 하나 도움될 게 없을 거라고. 난 웃으면서 말했다. "내가 어렸을 때 제일 좋아했던 작가가 잭 런던이었어. 왜냐하면 그는 늑대에 관해서는 공정한 생각을 갖고 있었거든."

맞다. 고립 속에서 존재와 삶의 처절한 고통을 또렷이 체험한다는 것이 무엇인지 잭 런던보다 더 잘 이해한 작가는 분명 없을 것이다. 늑대 본성의 심오한 의미와 매력을 그만큼이나 잘 이해하는 이도 없을 것이다. 잭 런던은 늑대에 관해서는 두 번째로 잘 아는 사람이다. 그러나 감히 그 앞에 일인자라고 나설 수 있는 사람은 없다. 솔직히 말해서 황야의 삶이란 단순하기 그지없다. 온기를 유지하고, 배불리 먹고, 거처에서 날이 밝을 때까지 자는 것이다. 극한의 세상에서 살아갈 때 개는 함께해야 할 반려이지만 늑대는 준비된 적수다. 그러나 개와 늑대는 또한 동전의 양면 같은 가까운 친척이기도 하다.《야성의 부름》속, 지칠 만큼 지치고 굶을 만큼 굶은 개는 배고픔에 미쳐버린 대형 허스키 10여 마리에 둘러싸이자 인간의 가장 가까운 친구에서 늑대로 돌변한다. 그런데 단편인 〈불을 지피다〉에서 영하 45.5도의 눈길을 함께 가주는 건 늑대와 개의 잡종이다.

그의 뒤를 쫓아오는 개 한 마리가 있었다. 커다란 토종 허스키로, 형제인 야생 늑대와 외관이나 기질에서 차이가 없는 완연한 늑대 개였다. 개는 지독한 추위에 기가 죽어 있었다. 녀석은 지금이 나다닐 때가 아니라는 걸 알았다. 개의 본능이 인간의 판단보다 나았다. ◼

설원에서의 여정에 낭만 따위는 존재하지 않는다. 늑대 개가 느끼는 우울은 이 여정이 삶과 죽음 중 하나를 향해 발걸음을 재촉하는 길임을 보여준다. 앞에는 아무것도 없지만 몇 발짝 뒤에서는 사신死神이 쫓아온다.

불필요한 동정심은 타인을 해치고 자신도 해친다. 원양어선에도 같은 진리가 적용된다.

'마르티네즈' 호의 전설적인 선장에게 붙여진 '바다 늑대'라는 별명은 선장의 전문성과 성격을 잘 설명해준다. 바다 늑대는 도망자, 사냥꾼, 주변인들, 한때 부잣집 아들이었던 조난자와 함께 사람들이 들어찬 밀폐된 환경 속에서 사나운 파도와 무역풍을 헤치며 삶을, 돈을, 생명의 가치를 찾아간다. 바다 늑대가 이끄는 배에서는 잔혹이야말로 정의의 다른 이름이다.《바다 늑대》의 한 대목을 살펴보자.

바지가 사이에 있는데도 나날이 부어가는 무릎이 만져졌다. 고통이 너무 심해 거의 까무러칠 지경이다. 어쩌다가 한번 내가 묵고 있는 객실 안 거울에 얼굴을 비춰본다. 얼굴은 죽은 사람처럼 창백하

◼   잭 런던, 이한중 옮김,《불을 지피다》, 한겨레 출판, 2012, 222~223쪽.

고, 이목구비는 고통으로 일그러져버렸다. 다들 이런 내 모습이 눈에 들어올 텐데도 아무런 이야기를 하지 않고 아무런 신경도 쓰지 않는다. 결국 내게 위로가 되어준 건, 그릇을 씻고 있던 나에게 '바다 늑대'가 던진 말이었다.

"그런 사소한 일로 우울해하지 말게. 남은 시간이 기니, 자네도 익숙해질 거야. 걸을 때 조금 절뚝거리기는 하겠지만, 걷는 법은 배울 수 있잖아."

"자네들 내가 이상한 이야기를 한다고 생각하는 거지?" 그가 덧붙였다. 고개를 끄덕이며 그렇다고 말하는 나를 보더니, 그는 기분이 좋아진 듯했다.

"자네는 문학을 좀 아는군. 그렇지? 응? 아주 좋아. 틈날 때 둘이서 이야기나 좀 하자고."

이렇듯 늑대의 유머에는 잔혹한 매력이 넘치고, 그래서 거부할 수가 없다. 그가 호의를 베푼다는 건 거의 있을 수 없는 일이라서 마치 당신이 그 수많은 사람들 중에 혼자 선택된 행운아처럼 느껴지기 때문이다.

문학에 대해 함께 이야기하자고 당신에게 청할 때 늑대는 분명 진지할 것이다. 하지만 함축된 시적 언어로 당신의 목을 물어뜯기로 결정하는 순간에도 그는 조금도 주저하지 않을 것이다.

당나귀를 탄 멋진 남자들

　　　　　　　　　드라마 〈옹정황제의 여인〉에 마음에 걸리는 에피소드가 하나 있다.

　첫 회, 안릉용安陵容은 첫 등장에서부터 간택일에 지각한다. 그는 그 이유를 이렇게 설명한다. "멀리 살다 보니, 발이 빠른 마차를 부르지 못했습니다." 그런데 안릉용 신분에 마차를 어떻게 부른단 말인가? 내가 보기에 안릉용은 '나귀가 끄는 수레'를 탔을 것이다.

　소녀들은 과학적인 근거도 없이 왕자의 존재를 믿는다. 그리고 그 왕자는 반드시 백마를 탄다. 아주 보기 드물고 귀한 동물인 백마를 소유할 수 있는 이들은 당연히 왕족과 귀족들뿐이다. 부장副將과 시종들은 회색 말을 몰지만, 그래도 그렇게 더러워 보이지는 않는다. 물론 저잣거리 평민들에게 주어지는 것은 나귀뿐이다. 《돈키호테》의 주인공 돈키호테는 말을 몰고 시종인 산초는 나귀를 몬다. 바로 신분이 드러난다. 산초가 아무리 지혜롭다 해도 좋은 일이 생기면 그건 당연히 주인님의 은덕 덕분이다. 나귀는 다리도 짧아서 그 위에 올라탄 사람은 그저 위를 우러러 볼 수만 있을 뿐, 아래를 내려다보며 깔볼 수 없다.

　사실 역사상 상당수의 능력자들이 나귀를 몰았다. 나귀 등에는 늘 멋진 남자들이 앉아 있다. 두광정은 《규염객전》에서 주인공을 중간쯤에야 등장시킨다. 그날 밤, 이정李靖과 홍불녀紅拂女는 수隨 나라에 반대하는 이씨를 지지하러 가던 길에 여관에서 잠을 청한다. 이정이 말을 돌보고 홍불녀는 머리를 빗는데, 주인공인 규염객이 난입한다. "갑자기 한 사람이 나타났다. 보통 체격에 수염이 붉고 용의 수염처럼 구불구불했으며, 나귀를 타고 있었다." 붉은 수염의 사나이는 비실비실한 당나귀를 몰고 하늘을 가로질러 화면 안에 등장하더니, 자리에 앉아 고기를 진탕 먹고, 나귀에게 먹이를 먹이고, 홍불녀와 의남매를 맺는다. 이정과는 원대한 대업에 대해 이야기한다. "여기까지 말을 하더니, 나귀를 타고 떠났다. 나는 듯이 떠나더니 순식간에 사라졌다." 눈 깜짝할 사이에 사람과 나귀가 야경 속으로 사라진다. 멋지구나!

나관중의《삼국연의》에서 유비, 관우, 장비가 삼고초려三顧草廬 중 '두 번째'로 제갈량을 찾아갔던 날은 마침 눈 날리는 한겨울이었다. 그들은 생각지도 못하게 또다시 헛걸음을 하고 제갈량은 만나지도 못한다. 화가 나지만 글이나 남길 수밖에. 그때 "모피를 걸치고 손에는 술이 담긴 호리병을 들고는 당나귀를 모는" 노인이 눈에 들어온다. 노인이 시 한 수를 읊는데, 맨 마지막 시구가 이렇다. "나귀를 타고 작은 다리를 건너며 매화가 질까 홀로 탄식하노라." 이 노인이 바로 황승언黃承彥이다. 이 노인이 어디가 멋있느냐고? 딸을 자기 손으로 직접 제갈량에게 소개해서 시집보낸 장본인 아닌가. 딸 시집 한번 제대로 보냈으니, 이 역시 대단한 능력이다. 멋지구나!

시선詩仙 이백李白은 나귀를 타고 화음현華陰縣에 왔다가 세금을 쥐

어짜는 현의 관리를 보고는 크게 반발한다. 결국 그는 나귀와 함께 관청으로 끌려간다. 현령은 비단옷에 관모를 걸친 그를 보고 직위가 무엇인지 묻는다. 그러고는 약간의 은전 때문에 이러는 이유가 무엇인지 다그친다. 시선은 지필묵을 가져오게 하더니 일필휘지로 이렇게 써 내려간다.

"나는 쇄엽현에서 태어나 잠시 장안에 살았노라. 천상의 벽도碧桃는 가까스로 몇 개 먹어보았으니 그걸로 되었다. 달 속의 계수나무 가지를 꺾어야 한다면 가장 높은 가지를 꺾으려다. 내 일찍이 천자의 수건으로 침을 닦고, 황후께서 음식의 간을 맞춰주셨으며, 양귀비께서 벼루를 갈아주셨고, 고력사高力士▪가 신발을 벗겨주었다. 보자니 이곳 현령이 황제보다 큰 인물이고 이곳이 황제가 계신 도성보다 더 대단한 곳이 분명하구나. 천자 앞에서도 말에 올라타 바로 올라갔건만, 화엄현이 내게 나귀에서 내리라 한단 말인가?"

우리의 록스타 이백 선생께서는 시를 쓰고는 커다랗게 서명을 했다. 그리고 두 다리가 풀려버린 현령에게 시를 넘겨주고는 나귀를 몰며 득의양양하게 자리를 떠나버렸다. 멋지구나!

팔선八仙 중 가장 나이가 많았던 장과로張果老▪▪는 나귀를 아예 거꾸로 몬다. 《구당서》에 기록이 남아 있다. 어린 시절 가난했던 장

▪ 당나라 때의 환관.
▪▪ 당나라 사람으로, 동양화에 신선의 모습으로 자주 등장한다.

과로는 수계현灤溪縣에서 스승을 모시고 술 담그는 법을 배우다가 큰 병이 난다. 그는 병이 낫자 신과의 약속을 지키기 위해 대방사大方寺로 출가한다. 그리고 노승의 선삼仙參을 몰래 먹고 신선이 되는데, 그의 나귀는 이 선삼의 탕을 마시고 '신성한 나귀'가 된다. 이렇게 보면 나귀 덕에 협객들은 여기저기 자유로이 오가고, 늙은 장인은 우아하게 다리를 건너며, 시인은 시적 영감이 용솟음치게 된 셈이다. 그러다 나귀는 아예 주인과 함께 신선까지 된다.

모옌의《인생은 고달파》에서는 윤회가 여섯 번 일어난다. 처음 지옥에 떨어진 주인공 서문뇨西門鬧는 염라대왕에 의해 기름에 튀겨져 꽈배기가 된다. 죽 잡아당기니 부서지는 통에, 우두牛頭 귀신과 마두馬頭 귀신이 서문뇨의 바스락거리는 늑골 위에 나귀 피를 뿌린다. 선지 덩어리처럼 만들었다는 뜻이다. 그러고는 이 선지 덩어리를 속세의 가오미둥베이샹高密東北鄉에 내던져버린다. 그렇게 그는 입가가 희고 보드라우며, 새하얀 발굽이 네 개 달린, 작은 나귀로 환생한다. 이 1부의 제목이 '나귀의 고초'다.

나귀의 삶은 꽤 고달프다. 나귀는 천천히 걷지만 무거운 짐을 진다. 그래서 말을 타고 앞서가는 기사는 자신을 내세울 수 있지만, 온갖 고생을 참아내야 하는 하인은 일상을 짊어진 채 매일매일 쉴 틈도 없이 살아야 한다. 나귀는 고집도 어마어마하게 세다. 한 번 성질이 나서 안 간다고 하면 절대 안 간다. 채찍도 당근도 아무 소용이 없다. 그것도 모자라 똥까지 싼다. 린하이인의 단편〈봄을 기약하고 떠난 사람들驢打滾兒〉에 등장하는 유모 쑹씨 아주머니에게는 앞니가 누런 남편이 있다. 그는 매번 '바닥을 온통 나귀 똥 천지로 만들어'놓지만, 그래도 매번 선물을 짊어지고 온다. "나귀 등에서 떨어지는 마대 자루 안에는 땅콩, 아니면 술에 절인 대추가 들어 있었다."

어떤 사람들은 나귀를 우습게 보지 않는다. 그들은 나귀가 잘 난 척 나대지 않고 다른 이들과도 잘 어울린다는 점을 특히 좋아 한다. 평범한 일상에서 최고의 친구가 되어준다는 것이다. 그들은 나귀가 고집스러운 이유도 위험에 예민해서라는 것을 안다.

이 길지 않은 책에서 기쁨과 고통은 쌍둥이 자매 같습니다. 마치 제 작은 나귀 플라테로의 양쪽 귀처럼 말입니다…….

스페인의 현대 시인 후안 라몬 히메네스는 《플라테로와 나》에 서 학부모들에게 보내는 말에 이렇게 썼다. 스페인에서 나귀 플라 테로는 돈키호테와 맞먹을 만큼 유명하다. 시인 후안 라몬 히메네 스를 모르는 사람도 어린 시절 한 번쯤은 이 작은 나귀의 이야기 를 읽어본 적이 있을 정도로. 어린 남자아이의 시각으로 시작하는 이 1인칭 산문 시집은 천진난만한 동심을 담고 있으면서도 철학 적 메시지가 가득하다. 우주에서 실연을 당하고 외로이 슬퍼하는 '어린 왕자'를 가난한 안달루시아에 데려다놓은 것만 같다. 강바 닥은 말라붙고 아이들은 남루한 옷을 걸쳤지만 아이들은 이 땅에

■ 이 단편의 중국어 원제인 '뤼다구얼'은 이 단편에 등장하는 길거리 음식이다. 기장 가 루를 쪄서 반죽한 다음 그 안에 흑설탕을 넣고 녹두가루에 굴려서 만든다. '뤼다구얼'은 '당 나귀가 구르다'라는 뜻이다.

서 너무나 즐겁게 논다. 이 작은 나귀를 어찌나 좋아하는지, 아이는 서두에서 플라테로를 이렇게 묘사한다.

> 플라테로는 아주 작아요. 두툼한 털을 걸치고 있어서 만지면 스펀지 같고, 뼈도 없는 것처럼 보드라워요. 녀석의 눈동자는 끝을 알 수 없이 새까매요. 꼭 까만 왕쇠똥구리 두 개 같아요.
>
> 제가 놔주면, 플라테로는 순식간에 풀밭으로 달려가서 땅에 난 꽃과 풀에 입을 맞춰요. 빨간 꽃도 있고 노란 꽃도 있어요. 새파란 하늘색 꽃도 있고요……. 제가 부드럽게 "플라테로?"라고 외치면 제 앞까지 가볍게 뛰어오는데요, 웃고 있는 것처럼 보여요…….

나귀를 타고 다니는 사람은 언제나 고통받는 이와 동행하려 한다. 로버트 루이스 스티븐슨의 《당나귀와 떠난 여행》은 프랑스의 가장 가난한 산동네를 지나가면서 보고 들은 내용을 담고 있다. 그는 이렇게 말한다.

> 나는 어떤 한 장소로 가기 위해서가 아니라 단지 떠나기 위해 여행한다. 나는 여행 자체를 위해 여행하는 것이다. 중요한 일은 움직인다는 것이다. 우리 삶에 필요한 것과 장애가 되는 것들을 보다 더 긴밀하게 느껴보는 것이다. 문명의 깃털로 된 침대를 빠져나와 날카로운 부싯돌이 섞여 있는 둥근 화강암을 발밑에 느껴보는 것이다.[*]

■ 로버트 루이스 스티븐슨, 원유경 옮김, 《당나귀와 떠난 여행》, 새움, 2003, 65쪽.

반평생을 폐결핵과 정신병으로 고통받았던 이 문학가는 겨우 44년을 살았음에도 서른여섯 살에 이미 《보물섬》, 《지킬 박사와 하이드 씨》 등 수세기에 걸쳐 인류에게 영향을 끼친 작품을 써냈다.

나귀의 등에 오른, 가장 영향력 있는 사람은 아마 예수 그리스도일 것이다. 그는 나귀를 타고 예루살렘에 들어갔다. 평범한 사람으로 지낸 마지막 주에 성에 들어갔다. 그리고 예수의 이름을 사칭해서 성전을 점령한 이들의 탁자를 뒤엎어버리고 거짓 선지자들을 내쫓아버렸다. 이 일이 결국 큰 화를 불러오지만 그는 조금도 두려워하지 않는다.

"시온의 딸에게 알려라. 네 임금이 너에게 오신다. 그는 겸손하시어 암나귀를 타시고 멍에 메는 짐승의 새끼, 어린 나귀를 타고 오신다" 하신 말씀이 이루어졌다.

　　　　　　　　　　　　　　　　-《신약》, 〈마태복음〉 21장 5절

나귀는 그리스도만이 아니라 이슬람교의 현자인 나스레딘도 태우고 유럽과 아시아, 아프리카대륙을 누볐다. 나스레딘은 사실 이름이 아니라 위구르어로 '선생님'이란 뜻이다. 이 현자의 출생지가 어딘지에 대해서는 지금까지도 정설이 없다. 신장웨이우얼자치구의 카슈가르이거나 바그다드일 수도 있고 우즈베키스탄이나 터키일 수도 있다. 심지어 그 이름을 부르는 방법도 다 다르다. 유일하게 나스레딘이 나귀를 타고 다녔다는 사실에만 이의가 없다.

나스레딘에게는 성질이 흉포한 나귀가 있었습니다. 그는 나귀를 가축시장에 끌고 가서 어떤 사람에게 맡기고는 자기 대신 나귀를 팔아달라고 당부했습니다.

나귀가 자신을 보러온 중개상인과 자신의 등을 어루만지는 사람들을 물거나 걷어차는 바람에 사람들이 하나같이 깜짝 놀라 도망가버렸습니다. 나귀를 맡은 사람은 어쩔 수 없이 나스레딘에게 나귀를 돌려주면서 이렇게 말했습니다. "나스레딘, 맡기신 나귀가 성질이 너무 흉포해서 여러 손님을 내쫓아버렸습니다. 저로서는 팔 방법이 없네요."

"나도 팔 생각이 없다오. 다른 사람들도 이 짐승이 얼마나 퉁명스러운지 한 번 보라고, 이 녀석이 내게 얼마나 골칫거리인지 겪어보라고 보낸 거라오." 나스레딘이 대답했습니다.

—《나스레딘 호자 이야기》 중에서

속세의 욕망은 나귀를 닮았다. 나귀는 삶을 짊어지고 혁명도 짊어진다. 아이를 업고 다니고, 신의 자식도 업고 다니며, 꽃과 풀을 사랑한다. 그러나 때때로 누군가를 물어뜯고 걷어차기도 한다. 보기에는 바보 같지만 실은 현자였던 나스레딘은 자신이 이 나귀에게서 벗어날 수 없다는 걸 잘 알았다.

어떤 사람들은 단순히 말이 필요해서 나귀를 탄 게 아니었다는 사실을 믿어야 한다. 수많은 나귀가 천고의 세월을 거치며 쌓아온 명예가 이를 증명해준다. 나귀 등에서 세상은 더 낮고 더 느리다.

오직 지혜로운 자의 눈에만 희비극이 교차하는 세상사가 더 또렷하게 들어온다.

마지막으로 다시 〈옹정황제의 여인〉에 대해 이야기해볼까. 드라마의 처음부터 끝까지 만병통치약으로 나와 크고 작은 병에 모두 쓰이는 '동아아교東阿阿膠'. 도대체 어디서 나온 아교일까? 해답은 당나라의 진장기가 쓴 《본초습유》에 나온다. "모든 교膠는 풍을 치료해주고, 기가 빠져나가지 않게 해주며, 허한 기를 보충해준다. 풍을 관장하는 데는 나귀 가죽으로 만든 교가 최고다."

나귀 가죽이 최상급 아교의 원료라니, 이로써 나귀의 업적이 하나 더 추가된 셈이다.

판다의 정치 인생

'소년의 마음'이라는 닉네임의
네티즌이 물어왔다.

도무지 알 수가 없네요.
판다가 흑과 백이 뚜렷하게 생기긴 했지만 그게 도대체 무슨 소
용이 있나요? 자기를 위장할 수도 없고, 적에게 겁을 줄 수도 없고
……설마 귀여운 척하려는 건가요?

인공 사육한 판다는 '3저'의 특징을 보인다. 발정률이 낮고, 출
산율이 낮으며, 유아 생존율이 낮다. 그래서 타이베이동물원 측은
위안위안圓圓이 새끼 위안자이圓仔를 낳자 며칠 동안 격리·관찰하
다가 위안위안이 아기를 돌볼 수 있겠다는 판단이 서고 나서야 모
자를 만나게 했다.

판다는 빙하시대가 남긴 종이다. 이렇게 보면 판다의 털이 검고
하얀 이유가 설명된다. 하얀 부분은 설원에서 보호색이 되어주고
검은 부분은 포식자들이 판다를 먹이인지 아닌지 판단할 수 없도
록 '모호한' 느낌을 준다. 판다는 이렇게 도망칠 시간을 번다. 하
지만 숲에서는 흑백이 분명한 털이 눈에 확 들어온다. 눈에 잘 띄

니 몸을 숨기기는 쉽지 않지만 판다들끼리 서로의 위치를 확인하거나 일정한 거리를 유지하는 데는 도움이 된다. 덕분에 서로가 서로에게 피해를 주지 않을 수 있다.

판다(붉은색 너구리판다와 구분하기 위해 대왕판다라고도 부른다)는 진화가 낳은 걸작이다. 판다는 식육목에 속하는 동물이지만 대나무만 먹는다. 대나무를 먹기 위해 판다는 원래 있던 다섯 손가락 말고 특별히 '엄지손가락을 하나 더 갖게 되었다'. 생물학자 스티븐 제이 굴드의 명저《판다의 엄지》에 따르면 원래 이 '엄지손가락'은 진짜 손가락이 아니라 요골종자골sesamoid로, 판다의 친척인 곰과 동물에게도 있지만 판다처럼 길게 뻗어 나오지는 않았다고 한다. 원래는 이 엄지손가락을 자유자재로 움직일 수 없었지만 윗부분에 살이 붙으면서 미끌미끌한 대나무도 움켜쥘 수 있게 되었고 움직이는 각도도 자유롭게 조정할 수 있게 되었다. 이렇게 해서 판다는 대나무를 깨끗하게 먹어치울 수 있게 되었다.

판다는 인류와 매우 밀접한 관계를 맺고 있다. 역사시대 이전 판다는 허난 성 일대에서 대량으로 번식했다. 사냥을 주업으로 하던 고대인들은 당연히 적지 않은 판다 고기를 먹어치웠고, 가죽과 뼈도 모두 사용했다. 어쩌면 당시 원시 부락 안에서는 흑백 모피를 입은 사냥꾼이 표범이나 호랑이 모피를 입은 사냥꾼보다 더 의기양양했을지도 모를 일이다. 물론 내 상상에 불과하지만.

아이러니하게도 판다는 인류의 사냥으로 멸종 위기에 처했다가 인류의 개입과 지배로 멸종을 면하게 되었다.

문화대혁명이 중국 전역의 대도시와 작은 마을을 휩쓸던 시절,

온갖 하극상과 비난이 난무하던 그때 판다는 쓰촨의 산비탈에서 대나무를 뜯어 먹으며 평화롭게 살았다. 1963년 우룽국립자연보존공원이 쓰촨 성 아바티베트족창족자치주 내의 원촨汶川 현 서남부에 있는 충라이邛崃 산맥 동남쪽 비탈에 설립되었다. 주민 대부분이 농사를 지었다. 우룽은 지형이 평탄하지 않고 풍부한 생물다양성을 보유하고 있어서 판다는 물론 들창코원숭이와 영양 등 각종 동물이 살기에 매우 적합하고 원내 식물만 수천 종을 넘어서는 하늘이 내린 생물 천국이다. 이런 천혜의 조건에도 불구하고 처음에는 동물 보호 관련 지식과 경험 부족, 농민 출신 직원들의 무관심으로 수많은 판다가 제대로 자라지 못했고 오래 살지도 못했다.

1984년 여름 심각한 가뭄으로 우룽의 대나무들이 갑자기 대량으로 꽃을 피웠다. 대나무는 꽃이 피면 순식간에 고사하기 때문에 판다가 먹을 수 없었고 일부 판다가 굶어 죽는 일이 벌어졌다. 이 일이 언론의 관심을 불러일으켰고 '판다를 구하자'는 호소도 열기를 더해갔다. 사실 중국에서 자라는 대나무는 종류가 수없이 많으므로, 그중 일부에 꽃이 핀다고 해서 판다의 전면적인 식량 위기로 이어질 리는 없다. 하지만 판다는 단일 식물만 섭취하는 동물이라 큰 위기에 부닥치게 된 것도 사실이었다. 단 한 번 대나무가 꽃을 피운 덕분에 사람들이 동물의 권익에 관심을 갖게 되었으니, 판다를 위해 자기 자신을 희생한 대나무에게 감동하지 않을 수 없다.

판다는 중국에만 서식하는 종이기 때문에 서구에서 판다는 중국이라는 나라처럼 신비롭고 이해하기 어려우며 기이하고 너무나 매력적인 생물로 비춰진다. 지난 세기 초에는 중국에 들어가 위험을 무릅쓰고 판다 가죽을 밀수하려던 외국인도 있었고, 아예 판다를 생포해 자기 나라로 데려가려던 야심가도 있었다. 루스 엘리자베스 하크니스는 사교계 명사였다. 1936년 그녀는 뉴욕에서 환락을 즐기며, 개츠비처럼 방탕한 삶을 살고 있었다. 그런데 돈 많은 남편 윌리엄이 판다를 잡아오겠다며 중국으로 떠났다가 상하이에서 후두암으로 죽게 되자 이 귀부인은 남편이 이루지 못한 꿈을 이루기로 한다. 배를 타고 중국에 도착한 그녀는 미국 국적의 화교 양쿤팅楊昆廷을 고용하고 영국 국적의 자연학자와 함께 쓰촨을 뒤지고 뒤진 끝에 쓰촨과 티베트의 경계 지역에까지 가서 결국 생후 9주 된 아기 판다를 포획했다. 역사상 최초로 살아서 중국 국경을 넘은 이 판다는 해관 서류에 '샤페이sharpei'■로 기록되었다. 아기 판다는 울타리에 갇히지도, 킹콩처럼 쇠사슬에 묶이지도 않은 채 미국에 도착했다. 유아용으로 처방된 분유를 먹으면서 루스의 품에 안겨 바다를 건넜다. 루스가 최고급 모피를 입고 있었으므로 아마 아기 판다에게는 더 엄마처럼 느껴졌을 것이다! 이 판다는 길을 안내했던 양쿤팅의 아내 이름을 따서 '쑤린蘇林'으로 불렸고 이 이야기는《여인과 판다》라는 책으로 세상에 알려졌다.

판다는 중국을 대표하는 상징일 뿐만 아니라 세계자연기금World Wildlife Fund의 마스코트이기도 하다. 공식 로고에 등장하는 판다는 치치를 모델로 했다. 한 편의 구슬픈 방랑곡인 치치의 삶은 판다

■   티베탄 미스티프의 피기 섞인 주름투성이의 개.

버전의 왕소군 이야기 같다.

암컷인 치치는 1954년 쓰촨에서 태어나 베이징동물원으로 옮겨졌다. 1957년 소련 소비에트 최고회의 의장이 베이징을 방문하자 또 다른 판다 핑핑平平과 함께 국가적 선물로 추운 모스크바에 보내졌다. 그런데 생각지도 못한 일이 일어났다. 모스크바에서 치치를 수컷으로 오해하고 베이징동물원에 돌려보낸 것이다. 1958년 치치를 마음에 들어하던 오스트리아의 동물 판매상이 기린 세 마리와 코뿔소 두 마리에 하마와 얼룩말까지 더해 치치와 바꿔갔다. 중국에서는 그 뒤에야 판다의 사냥과 포획, 매매와 교환을 금지하는 법안이 생겨났다. 이때부터 중국 전역의 판다들은 태어나자마자 공무원과 같은 지위를 부여받게 되었다. 국가가 일률적으로 판다를 사육·분배했고 보육이나 외교의 목적으로 이동이나 교배를 진행했다. 그러나 이때 치치는 이미 영국 런던동물원으로 팔려간 상태였다. 가격은 1만 2000파운드(약 2042만 원이었는데 치치에게는 단 한 푼도 돌아가지 않았다)였다. 이제 치치의 방랑은 끝난 듯했지만 결과는 전혀 그렇지 않았다! 영국과 소련의 협상에 따라 치치는 고생스럽게도 '다시' 모스크바로 돌아가 다른 수컷 판다와 '결혼'을 했다. 결혼 전후로 둘이 북방의 얼음 도시로 두 차례나 여행을 다녀왔지만 둘 사이에는 전혀 스파크가 튀지 않았다. 심지어 둘은 치고받고 싸우기까지 했다. 결국 치치는 런던동물원으로 돌아갔다. 치치는 1972년 영원한 안식에 들었고 시신은 표본으로 제작되어 런던자연사박물관에 보관되었다. 그렇게 우여곡절로 가득한 고난의 일생, 친선 사절로서의 생애에 마침표를 찍었다.

영국의 동물원 경영자는 판다를 개인 재산으로 여기던 시대는 이미 지나갔다면서 판다를 구하기 위해 전 세계 판다들이 함께 노력해야 한다고 했다. 이런 기준으로 보면 판다 '쟈쟈佳佳'야말로 봉건적인 의미의 육종전사育種戰士라 하겠다.

이 신사 분께서는 1981년 전용 비행기를 타고 워싱턴에 가서 암컷 '링링珍珍'과 교배했다. 하지만 나중에는 둘의 사이가 그다지 좋지 않아 인공 수정이 이루어졌다. 이후 쟈쟈는 스페인 마드리드 동물원에 정자를 기증해 딸을 하나 낳았다. 그다음 해, 서베를린의 판다 '톈톈天天'이 대량 출혈을 일으키자 쟈쟈는 또 다른 판다와 함께 2.5리터의 피를 수혈해주었다. 이외에도 쟈쟈는 냉동 정자 한 상자를 고향인 쓰촨의 우룽국립자연보존공원에 기증했다. 1989년에는 가난한 멕시코동물원에 사는 소녀 판다의 임신을 도와주었다. 쟈쟈는 먼저 미국 신시내티에 가서 동물 쇼에 출연하여 여비를 풍족하게 벌어들였다. 그러고는 다시 멕시코에 가서 종족 번식이라는 대사를 치렀다. 멕시코에서 아기 판다가 태어났을 때 쟈쟈는 이미 열여덟 살의 고령이었다. 늘그막에 얻은 늦둥이였음에도 동물원은 만족하지 못하고 다시 중국에서 미녀 판다 '밍밍明明'을 불러왔다. 그런데 밍밍이 런던 공항에 발을 내디딘 순간, 쟈쟈가 갑작스레 죽고 말았다. 결국 동물원 측은 베를린동물원의 판다 '바오바오'를 데려와 쟈쟈의 '대역'을 맡겼다. 아무와 마구 교미시키는, 어떻게 봐도 원시적이고 야만적인 행위다. 하지만 그 옛날 쓰촨의 암컷 판다가 발정이 나서 날뛰다가 철창에 갇혀 이것저것 물어뜯고 여기저기 부딪치며 힘들어하는 모습을 봤다면 영국과 독일의 동물원들이 판다에게 짝을 찾아주기 위해 온갖 고생을 마다치 않는 정신에 고마운 마음을 갖게 될 것이다.

지금은 우룽국립자연보존공원의 판다연구소도 많이 발전했다. 과학 기술 발전을 이끄는 모범적인 조직으로서 판다의 번식률을 높이기 위한 각종 과학적인 방법들을 시도한다. 예전에는 야생 판다를 우룽국립자연보존공원에 데려가 연구하고 보호했지만 이제는 공원에서 태어나 자란 판다 가족을 숲으로 데려다줘야 한다. 공원 직원들은 판다가 독립적인 생존 능력을 회복하도록 온갖 방법을 동원한다. 사육사들 모두 판다의 오줌에 담가놓았던 판다 옷을 입는다. 판다가 인간에 대한 의존심을 키우지 못하게 하려는 것이다. 매번 순차적이고 점진적으로 판다를 숲으로 데려가 '야생 실습'을 하는데, 판다 복장의 직원들은 대나무 숲에서 보면 눈에 확 띈다. 꼭 영화 〈트레이닝 데이〉 포스터 속의 장면 같다. 옆 사람이 보기에는 좀 웃기겠지만 오줌 냄새가 나는 동물 옷도 기꺼이 입는 직원들은 분명 아주 진지한 마음일 것이다.

서로 다른 유럽 도시의 벽에서 판다 그림이 그려진 똑같은 표어를 본 적이 있다. "인종주의를 말살시키자. 판다처럼. 검으면서도 희고, 그리고 아시아 출신인 판다처럼." 이 사진을 웨이보微博에 올렸더니, 100만이 넘는 조회 수를 기록했다. 어쩌면 판다는 이미 인기 스타를, 장벽을 대체한 것인지도 모르고, 가장 많은 중국인이 인정하는 중국의 상징이 된 것인지도 모른다. 또 어쩌면 판다의 외모와 삶은 영원히 인간과 인간이 부여한 온갖 정치적 색채에서 벗어나지 못할지도 모른다. 설사 판다가 태어나면서부터 흑과 백처럼 순수할 뿐이라 해도(갈색 판다도 있기는 하다).

흑 아니면 백, 인생은 이렇지 않다. 하지만 흑백이 컬러보다 더
또렷하게 보이는 순간들이 있게 마련이다.

13

100년을 이어온 생태공원

|

Bioparco di Roma
로마동물원

　　　　　로마의 스카우트 센터에서 창구
직원에게 내가 묵을 방의 열쇠를 받으려고 기다렸다. 깨끗하고,
넓고, 밝고, 질서 정연한 곳이다. 하지만 상대가 이탈리아 사람이
다 보니, 어떤 일을 하든 한두 번은 실수가 있으리라는 가정을 하
고 있어야 한다.

　여기서 혼자 배낭여행을 왔다는 서른일곱 살의 폴란드 여성을
만났다. 그녀의 의연한 눈빛에서 숱한 고난을 겪은 모국 폴란드의
고통이 드러났다. 스무 살에 '가와사키山崎' 오토바이를 타던 남자
와 연애를 했다고 한다. 양쪽 집안의 극렬한 반대에도 서로에 대
한 믿음은 변하지 않았지만 남자는 오토바이 사고로 온몸이 갈가
리 찢기고 말았다. 문학도였던 그녀는 극한의 슬픔 속에서 학업
을 그만두었다. 문학을 포기한 여자는 서른 살에 네덜란드로 이사
해서 영어를 공부하기 시작했다. 이제 그녀는 아주 유창한 영어를
구사한다. 지금의 남자 친구는 매년 저축을 털어 그리스 바다로
배를 몰러 간다고 한다. 그래도 그녀를 7년이나 충실히 사랑해준

사람이기에 이제는 그녀도 그를 사랑하게 되었다고 한다.

　이번에는 리비아 사람이 2층 남자 숙소에서 걸어 내려오더니, 멍하니 소파에 앉았다. 그의 아랍계 외모가 살짝 거칠게 느껴졌지만 눈빛은 너무나 우울해 보였다. 그는 내게 필사적으로 매달렸다. 혁명이 지나간 시대를 사는 무슬림 남자의 고충을 들어달라면서. 그는 올해 겨우 서른 살이었다. (정말 많이 놀랐다. 너무 나이 들어 보였기 때문이다.) 이름도 기억나지 않는 로마 근교의 작은 도시에서 기계를 전공한다고 했다. 순조롭게 학교를 졸업해도 곧 무너져 내릴 이탈리아의 취업 시장이 불안한 정국의 고향 북아프리카보다 나을 바 없다는 것을 그는 알고 있었다. 게다가 그는 최우수 학생도 아니고, 뻔뻔하기 그지없는 생존의 달인도 아니었다. 그의 가장 큰 걱정거리는 돈이 없다는 것이었다. 돈 없는 무슬림 남자는 아내를 얻을 수도 없다. 단 한 명도 얻지 못할 판에 넷이 가당키나 한가. 게다가 이제 '페미니즘'까지 자리 잡은 마당에.

　"여자들은 왜 밖에서 일하겠다는 거예요? 아이는 안 보고? 그럼 애는 누가 보나요? 나는 절대 육아와 집안일은 못 한다고요." 그는 미간을 잔뜩 찌푸린 채 국가와 민족의 앞날을 걱정했다.

　일단 현대인의 고달픈 인생살이는 제쳐놓자. 로마를 찾은 사람들은 대부분 유적을 보러 온다. 나는 고대 로마인들과 똑같은 취미를 두 개 갖고 있다. 하나는 목욕탕에 가는 걸 즐긴다는 것, 또 다른 하나는 동물을 보러 가는 걸 좋아한다는 것이다.

영원의 도시

서기 455년 로마가 함락되면서 로마 전체가 거침없는 살육으로 쑥대밭이 되었다. 남은 로마인은 단 7000여 명뿐이었다고 한다. 하지만 그들은 전과 다름없이 목욕탕에 가고 경기장에서 동물과의 검투를 관람하며 취미 생활을 이어나갔다. 제국은 이미 사라졌지만 로마는 여전히 존재했다. 목욕탕, 술, 여색은 위대한 제국을 타락시켰지만 이것들이야말로 로마의 일상에서 가장 떼어내기 힘든 부분이기도 했다. 전쟁이든 평화든, 신교든 구교든, 동양이든 서양이든, 누가 침략하고 누가 통치하든, 누가 세웠든 로마는 하나의 도시로서 늘 존재해왔다. 그래서 로마는 '영원의 도시'다. 그런데 영원이란 무엇일까?

중국어 사전은 '영원'이라는 단어를 두 가지 의미로 정의하는데, 이 둘을 합쳐놓으니 공포감이 밀려온다.

永恒

1. (permanent, everlasting, perpetual) 영구 불변, 영원히 존재하다
2. (die) 죽다

베르길리우스Publius Vergilius Maro의 서사시에서 신들의 제왕인 주피터는 다음과 같이 로마의 영원을 예언했다.

나는 로마에 어떤 한계나 존속 기간을 정해놓지 않았다. 나는 로마에 끝이 없는 제국을 부여했다.

하지만 지금 이 시각, 로마 중앙 기차역 밖에서는 나란히 늘어선 관광버스 엔진들이 부릉부릉 울어대며 연기를 토해내고 있다. 그리고 기차역 안에는 프랑스, 스위스, 동유럽, 이탈리아 각지에서 열차들이 속속 들어오고 있다. 안팎으로 여행객들이 가득하다. 집시 소매치기와 삐딱하게 서 있는 경찰은 서로 눈빛으로 대치 중이다. 로마제국은 이미 존재하지 않는다.

영원한 것은 공화共和도, 제국도 아니다. 그럼 건축일까? 신앙일까?

로마에 오면 당연히 고대 유적을 봐야 한다. 봐도 봐도 끝이 없고 아무 데나 파도 유적이 나오는 곳. 그렇다 보니 유럽에서 인구가 네 번째로 많은 도시인데도 지하철은 두 노선밖에 없다. 그런데 세상에서 가장 여백이 없는, 그라피티로만 가득한 지하철 차량을 다른 데도 아닌 여기서 봤다. 로마 콜로세움은 중요한 지하철역이다. 리들리 스콧은 영화 〈글래디에이터〉 촬영 현장을 답사하던 당시 이 경기장이 "너무 작다"고 불평했다지만 보잘것없는 관광객인 내게는 이미 충분히 크다. 지하철역에서 나오면 한쪽 면이 없는 타원형의 경기장으로 인해 하늘의 빛깔이 도드라져 보인다. 빈틈은 이토록 완벽하다. 마치 신이 의도한 것처럼 달이 떠오르는 순간, 그 부서진 단면은 핏빛 같은 붉은색을 희미하게 내비친다. "콜로세움이 서 있는 한, 로마도 서 있으리라"라는 말처럼 핏빛

■ 8세기 영국인 사제 성 베다Beda의 예언, "콜로세움이 서 있는 한, 로마도 서 있으리라. 콜로세움이 무너지는 날 로마도 무너지리라. 로마가 무너지는 날이면 이 세상도 무너지리니"에서 인용한 말.

이 새어 나오는 한, 콜로세움은 살아 있다. 사실 보잘것없는 인간을 단번에 삼켜버릴 듯한 지금의 아치형 문을 포함해서 발아래 빈틈없이 배치된 바짝 마른 수로와 통로는 19세기에 재건된 것이고, 대리석과 같이 뒤엉켜 있는 콘크리트는 현대의 산물이다. 고대 화산 진흙이 마그마에 섞여들면서 만들어진 오랜 유산이 아니다.

로마동물원의 역사도 막 100년을 넘어섰다. 그러나 2700년에 달하는 로마 역사에서 100년이란 세월은 정말 아무것도 아니다. 광서제와 그의 신하들이 베이징동물원을 세우고 독일의 동물 판매상에게 동물을 사들이던 그즈음, 세 개의 대륙을 무대로 사업을 벌이던 독일의 동물 판매상 하겐베크는 로마에 들어설 완전히 새로운 개념의 현대적인 동물원을 기획하고 있었다. 과학 연구를 중심으로 하던 당시 유럽의 동물원들과 달리, 로마동물원은 시작부터 시민에게 서비스하는, 여가 활동 위주의 동물원으로 설립되었다. 그래서 동물들이 동물원 내의 푸른 초원을 자유롭고 한가로이 거니는 듯 '보이게' 만들었다. 게다가 '우리를 최소화'하는 설계 원칙은 놀기 좋아하는 이탈리아인들의 천성에도 딱 들어맞았다.

동물원은 보르게세공원이 있는 핀초 북쪽 언덕에 자리하고 있다. 로마에서 두 번째로 큰 삼림공원이다(세 번째로 큰 삼림공원이라는 말도 있다). 이탈리아 작곡가 오토리노 레스피기Ottorino Respighi는 〈로마의 소나무〉라는 제목으로 교향시를 썼다. 이 교향시는 어느 맑은 아침, 아이들이 소나무 숲에서 노는 모습을 묘사한다. 이 아이들은 동요를 부르고, 군인 놀이를 한다. 사실 그 맑은 아침은 파시즘의 아침이었다. 그해는 1924년이었고, 파시스트당은 이탈리아 대선에서 3분의 2 이상의 표를 얻어 승리했다. 파시스트 정권은 9년간 집권하면서 아프리카 에티오피아를 침략해 전쟁을 일으켰다. 그리고 같은 해, 건축가 라파엘레 드 비코^{Raffaele De Vico}가 동물원 확장 공사 중에 파충류관과 조류공원을 설계했다.

스페인 계단^{Scalinata della Trinità dei Monti}에서 출발해 등산길을 넘어가 보았다. 널따란 차도 위로 최신 자동차와 대형 관광버스가 끝없이 달려갔다. 신문을 든 아저씨가 여유롭게 길을 걸어가고, 2인승 자전거를 빌린 젊은 오빠가 행인들에게 끊임없이 말을 걸었다. 이어폰을 귀에 꽂고 대자연의 메아리와 잡음을 차단한 채 조깅을 하며 눈앞의 길을 정복하는 사람도 있었다. 한 시간을 걸으면서 티치아노 베첼리오^{Tiziano Vecellio}, 라파엘로 산치오^{Raffaello Sanzio}, 미켈란젤로 메리시 다 카라바조^{Michelangelo Merisi da Caravaggio} 등이 남긴 국보급 작품들을 소장하고 있는 미술관을 지나쳤다. 표지판을 보니, 동물원에 도착하려면 산을 하나 더 넘어야 한다. 마침내 동물원 입구에 도착해 8유로(약 1만 원)짜리 표를 사서 안으로 들어갔다. 최근 몇 년간 새롭게 단장한 이 100년된 동물원은 아무리 봐도 다른 도시에 새로 생긴 동물원들과 딱히 다를 것이 없었다. 녹색 울타리에 동물원보다 더 크고 화려한 동물원 입구, 광장도 분수대도 없이 무공해 소형 관람 열차 같은 현대식 동물원 설비만 들어차 있었다. 기대가 너무 컸나 싶다. 아니면 이곳 풍경이 너무나 로마답지 않은, 고대의 철학적 사고라고는 전혀 없는 시대적 조류의 축소판이거나. 이 동물원은 1997년 9월경 전면적인 리모델링을 거쳐 지금의 모습을 갖추게 되었다. 현대적인 외관 외에도 오락성이 강한

'동물원'에서 다양한 사명을 짊어진 '생태공원'으로 전환하는 중요한 변화를 선보였다. 이후 로마동물원은 더 이상 진귀한 동물이나 동물의 수를 목표로 하지 않게 되었고, 멸종 위기종을 우선 보호 대상으로 선정했다. 현재 동물원에는 약 218종이 서식하고 있다. 부상당한 동물을 치료해주기 위해 동물원에 데려오는 사람은 입장권을 살 필요가 없다고 한다.

새 시설 중에는 아이들을 위한 것들이 많았지만 아쉽게도 동물원 안에는 아이들이 많지 않았다. 예상과 달리 야외 학습을 나온 아이도 한 명 볼 수 없었다. 이탈리아 국민이 그 우수한 행동파의 본능을 잃어버린 것일까? 곧 죽어도 '폼생폼사'인 이탈리아 사람들의 기질은 여전해서 남자들은 횡단보도를 무대 삼아 모델 워킹을 선보이고, 여자들은 12센티미터 굽의 하이힐을 신고 울퉁불퉁한 돌길을 지나가며 섹시함과 터프함을 모두 지켜내겠다는 결연한 의지를 보여준다. 이탈리아 남녀에게 페로몬 부족이란 있을 수도 없는 일이다. 하지만 그렇게 아이 낳기를 좋아하던 이 나라의 2013년 출생률은 걱정스러운 수준이다. 경제 위기가 고조되면서 이탈리아의 출생률은 여성 한 명당 1.41명으로 떨어져 세계 203위를 기록했다.

나무 계단을 올라갔다. 걷기에 완벽한 폭과 너비의 계단이었다. 계단을 올라가 벤치에 앉으면 기린과 시선을 맞출 수 있다. 느릿느릿 뭔가를 씹는 기린을 쳐다보면서 한동안 멍하니 그곳에 앉아 있었다. 문 닫을 시간이 가까워서 주위에는 사람 하나 보이지 않았지만 혹서의 남유럽은 여전히 눈이 부실 정도로 밝았다. 이곳은

내가 찾아온 열네 번째 동물원. 갑자기 이제 작별할 시간이라는
생각이 들었다.

종의 기나긴 여정

　　　　　　　처음 동물원 순례에 나섰던 그때
런던에서도 이렇게 기린의 집에 앉아 있었다. 물론 그때 그 기린
과 지금 이 기린은 전혀 다르다. 아마 나중에 또 다른 기린을 만나
게 되겠지. 하지만 미래의 그 기린과 지금의 이 기린도 전혀 다른
기린일 것이다. 세상에 똑같은 기린은 없다. 서로 완벽하게 대체
가능한 동물원도 없고.

"네 생각은 어때?" 나는 두 마리의 기린 중에 좀 더 큰 기린에게
물어보았다. 옆에 작은 기린은 새끼였다. 로마 출생이고 올해 다
섯 살이었다.

큰 기린이 긴 다리를 들어 걸음을 내디뎠다. 새끼가 그 옆에 붙
어 섰다. 둘 다 걸음걸이가 느리지 않았다. 다만 그 움직임으로 공
기가 요동치면서 기린들은 파도를 타듯 가볍고 우아하게 걸었다.

이제는 나도 인간 세상으로 돌아갈 준비가 되었다.

영원의 도시만큼 작별을 고하기에 적합한 곳도 없으리라.

사실 땀을 뻘뻘 흘리며 핀초에 오를 이유는 없었다. 동물원 뒷
문에 바로 전차 역이 있으니까. 3호 노면전차가 나를 콜로세움으
로 데려다주었다. 예전에 콜로세움은 동물을 집단으로 사육하던
곳이었다. 육식의 포식자와 초식의 피포식자가 하늘도 보이지 않

고 해도 비추지 않는 토굴에서 함께 먹고 마시고 번식했다. 그러다 몸이 건강해지면 장렬하게 죽음을 맞이했다. 그들이 그곳에서 태어난 이유는 그곳에서 죽기 위해서였다. 콜로세움 준공 100일째 되던 날에 경축 의식을 위해 죽은 동물만 9000여 마리가 넘었다. 노예, 전사 그리고 이교도 포로들도 마찬가지였다. 과거 수십만 명이 이 거대한 원형 무덤에 묻혔다. 요즘 관광객들은 12유로(약 1만 6000원)를 내고 줄서서 들어가 철제 난간에서 휴대전화로 사진을 찍는다. 한때 사자, 호랑이, 이교도를 가둬두던 격자 천장은 이미 열려 있고, 그 안에 있던 돌덩이와 풀도 공기 중에 드러나 있다. 마치 뼛조각이 이리저리 흩어진 무덤 같다. 죽음은 정말 죽은 자에게 영원을 가져다줄까?

1871년 콜로세움을 수리할 때 이 유적지 전체가 400여 종에 달하는 식물들로 층층이 덮여 있었다고 한다. 어떻게 이렇게 놀라운 식물 다양성을 이룰 수 있었던 것일까? 이국에서 끌려왔던 진귀한 맹수들은 몸에 수많은 외래 식물 씨앗을 지니고 있었고 몇백 년간 폐허였던 타원형 극장은 마치 하나의 온실처럼 주변 기후의 영향을 받지 않는 미니 대기권을 형성했다. 이곳에서 죽어간 생명이 남긴 선혈과 뼈와 살은 양분이 되어 나무와 풀을 키워냈고, 이렇게 자란 나무와 풀은 꽃을 피우고 열매를 맺고 씨앗을 남겼다. 영원한 것은 사실 도시가 아니라 끊임없이 이어지는 종이다.

동물을 바라보게 된 이유가 인류에 대한 실망 때문이 아니었던 사람, 어디 또 있을까? 내게도 도피하고 싶은 마음이 있었다. 하지만 돌아보니 동물원은 참 좋은 곳이었다. 나를 이 기나긴 여정으로 부드럽게 이끌어준 곳. 영원의 도시 로마에서도 영원불변한 것은 없다. 하지만 인류가 동물이 새로 낳은 새끼를 보기 위해 새로 태어난 아이를 데리고 이곳에 오는 한, 온 지구가 아주 조금씩 영원에 가까워질 것이다.

검은 백로

            이 시대에 일어나는 대규모 전쟁 치고 석유가 원인이 아닌 것이 있을까? 이라크 전쟁을 다룬 영화 〈자헤드〉를 보면, 석유가 미군 손에 들어가지 않도록 이라크군이 초토화 정책으로 유전을 태워버리는 장면이 나온다. 안 그래도 뜨거운 사막의 전장에서 유전을 하나하나 태워버리다니. 하늘을 뒤덮은 검은 연기와 화염 속에서 말 한 마리가 미군 병사(제이크 질렌할Jake Gyllenhaal 분)를 향해 걸어 나온다. 말이 바로 앞까지 걸어오자 그는 자기도 모르게 말을 쓰다듬고는 그제야 말의 온몸에 석유가 묻어 있음을 알아챈다. 그는 말에게 말한다. "걱정하지 마. 괜찮아." 그는 알고 있다. 이 말이 곧 죽을 거라는 사실을.

  석유 속에서는 천천히, 그리고 더럽게 죽어간다. 원유를 뒤집어쓰고 죽어가는 동물을 보고 있으면, 석유 시대에 친히 강림한 새로운 버전의 이솝우화를 보는 듯하다.

  미국 루이지애나 주 인근의 멕시코만. 따뜻한 바닷물이 풍부한 자연 생태를 보호하고 있다. 부근에는 해양 생태 보호구역이 설치되어 있다. 이 해안선의 참다랑어, 돌고래, 향유고래, 펠리컨, 붉은 백로, 바다거북, 각종 부유생물 등은 복잡다단하면서도 밀접하게 연결된 먹이사슬을 형성하고 있다.

산란기인 2010년 4월 20일 밤, 멕시코만에서 영국 석유회사 BP의 석유 굴착 플랫폼이 폭발하면서 11명이 실종되었고 이후 전원 사망으로 보고되었다. 94개의 유정에서 작업 중이던 인원들은 모두 철수했다. 이틀 뒤, 해수면 1520킬로미터 아래의 파손된 유정에서 대량의 석유가 새어 나오기 시작했고 일주일 뒤에는 유출 지점이 세 곳으로 늘어났다. 흔하지 않은 심해 석유 유출 사건이었다. 그 이전에 일어났던 어떤 석유 유출 사태보다 수습이 어려웠다. 6월 23일까지 모든 조치가 실패로 돌아갔고 잠시나마 석유 유출을 막아주던 수면 아래 장비마저 고장을 일으켰다. 장비를 수리하다가 더 많은 원유가 용솟음쳐 나오는 사태가 발생했다. 기름과 물이 분리되는 원리에 따라 원유는 널리 퍼지고 퍼져서 멕시코만 일대를 뒤덮어버렸다. 미국 드라마 〈뉴스룸〉의 첫 시즌 첫 회가 바로 이 대사건으로 시작한다.

인류가 석유를 발견한 이래 최대 규모의 석유 유출 사태였다. 7월 15일에야 석유 유출이 멈췄다는 발표가 나왔다. 86일 동안 매일 2500만 배럴의 석유가 유출되었고 BP는 9억 3000만 달러(약 1조 1104억 2000만 원) 이상의 손해를 입었다. 석유를 위해서라면 못할 일이 없는 미국 정부가 이번에는 여론 때문에 역외 33개의 심해 유전 공사를 잠시 중단했다. 날릴 석유와 돈 그리고 유전을 생각하면, 또 앞으로 배상해야 할 돈을 생각하면 가슴이 찢어지게 아팠겠지만 석유 유출로 인한 생명의 위기, 영구적인 환경 파괴와 비교하면 경제적 손실에 대해서는 말을 꺼낼 수도 없었다.

이 사태로, 160킬로미터에 이르는 루이지애나 주의 해안선이 오염되었다. 원유에 오염된 해수면이 길이로는 200킬로미터, 너비로는 100킬로미터에 이르렀고, 석유는 시시각각 퍼져나갔다. 수질 오염으로 대규모 수생 동식물이 순식간에 죽어나갔을 뿐만 아니라 물에 뜬 원유는 조류와 양서류의 생명에도 끊임없이 심각한 타격을 주었다. 게다가 파도를 따라온 석유가 모래사장을 오염시키면서 제거하기도 어려운 오염을 발생시켰다. 설사 동물이 직접 석유에 닿거나 원유를 먹지 않았더라도 환경 전체의 먹이사슬은 이미 모두 오염된 상태였다. 어미 몸에서 막 나온 알과 새끼 모두 너무나 냉혹한 환경에 맞닥뜨려야 했고, 크고 작은 수많은 생명이 즉시 죽고 말았다. 석유 유출을 완화하기 위해 투하한 기름 분해제도 위험하기 그지없었다. 이런 화학물질은 거북과 어류의 신체 조직을 분해할 수도 있고, 이 분해제를 잘못 먹은 해양동물은 사망에 이를 수도 있다. 어느 방향에서 봐도 이 사태는 생태계에 어마어마한 타격을 입힌 대참사였다.

'생태계 대참사'라고 하면 머릿속에는 언제나 동식물의 그림자가 떠오른다. 아니면 자연환경이 떠오르거나. 하지만 우리 역시 '생태계'의 일원이라는 점은 종종 잊어버린다. 원유가 동물에게 일으킨 심각한 타격은 마찬가지로 동물인 인류에게도 동일하게 적용된다. 재난 앞에서 몸을 사리지 않는 헌신은 인간이 가진 너무나 빛나는 면모이지만 비행 안전에 대해 거듭거듭 강조하듯, "긴급 상황에서는 자신이 먼저 산소마스크를 쓰고 나서 어린아이를 도와야 한다". 성인, 특히 아이를 데리고 있는 성인으로서는 아이를 먼저 보호하고 싶은 게 인지상정이다. 그러나 자기 자신의 안전을 도모한 뒤에 타인을 돕는 것이 효과적이고 과학적이다.

멕시코만에 석유가 유출되는 동안 학자와 전문가들은 '디스커버리 채널'을 통해 지역 주민들에게 당부했다. 자칫 자신도 원유에 오염될 수 있으니, 오염된 동물을 보면 자신이 직접 구하는 대신 반드시 구조 전화를 하라고. 또한 봉사 활동에 참여하고 싶다면 우선 전문 기관에서 훈련을 받아야 한다고. 석유에 오염된 동물을 구할 때 가장 중요한 건 타이밍이다. 원유가 동물의 몸을 뒤덮고 나면 치명적인 독소가 피부를 통해 몸 안으로 스며든다. 그 동물이 기름때를 제거하거나(혀로 핥는다든가 부리로 쪼아서) 아예 먹어버리면 더 빨리 죽게 된다.

전문가들은 유출된 석유에 피해를 입었지만 아직 생존 가능성이 있는 동물을 구조하는 일곱 단계의 방법을 소개했다. 이 방법은 사람에게도 적용할 수 있다.

1단계 : 수색 구조. 신속하고 효과적으로 수색해서 재난을 입은 동물을 의료 센터로 보낸다.

2단계 : 건강 검진.

3단계 : 보온, 먹이 공급, 물 보충, 48시간의 휴식. (3단계를 소홀하게 여기지 마라. 급하게 구조를 진행해서는 안 된다. 일단 동물이 충분한 체력을 회복하게 해야 한다.)

4단계 : 희석한 청결제를 뜨거운 물에 섞은 다음 그 물에 동물을 넣고 깨끗이 씻긴다. 물론 전문적인 훈련을 통해 씻기는 방법을 배워야 한다. 새를 씻기는 방법과 거북을 씻기는 방법이 다르다.

5단계 : 씻긴 동물을 실외 연못이나 실내에 둔다. 회복기는 며칠에서 몇 개월까지 동물마다 다르다.

6단계 : 동물을 되돌려 보내기 전에 건강 검진을 한다. 전자 추적 장치를 채운다.

7단계 : 동물을 되돌려 보낸 다음 추적 검사를 통해 동물이 잘 살고 있는지 확인한다.

백로는 모든 해변의 단골손님이다. 멕시코만에는 붉은 백로(백로속)가 살지만, 단수이 강*이 바다로 흘러드는 입구에 자리한 홍수림紅樹林은 온갖 백로의 낙원이다. 내가 초등학교에 다니던 시절, 우리 학교에 사투리가 아주 심한 자연 선생님이 계셨다. 선생님은 늘 이렇게 말씀하시곤 했다. "아야, 관두關渡**에서 흔히 볼 수 있던 거시 백노여. 큰 거슨 대백노, 중간 거슨 중백노, 쬐까난 거슨 소백노다잉." 백로과는 중대형 조류로, 세 가지가 길다. 즉 다리가 길고, 목이 길고, 부리가 길다. 이런 생리적 특징 때문에 백로는 오염 사고가 발생해도 다른 조류에 비해 생존 조건이 훨씬 유리하다. 검은 석유를 온몸에 뒤집어쓴 백로들이 구조되었다는 뉴스가 신문 지상에 자주 오르내리는 이유가 여기에 있다. 다른 소형 물새들은 벌써 숨이 끊겼을 텐데 말이다.

여름 방학에 시골에 내려간 적이 있다. 나는 사촌 여동생과 함

■　타이베이 북서부의 강.
■■　타이베이 시 베이터우 구에 자리한 습지. 풍부한 생태 환경을 갖추고 있으며, 중요한 철새 서식지로 알려졌다.

께 한마디씩 주고받으며 노래를 불렀다.

　선장이 미치려고 해. 선장이 미치려고 해.
　선장이 미치려고 해. 오…….

'선장이 미치려고 해'는 뉴 포모사 밴드의 첫 앨범에 수록된 곡이다. 산업 시대의 타이완, 한 선장이 단수이 강 근처의 우구伍股와 시즈汐止 공업단지 하류에서 배를 타고 간다. 그를 미치게 하는 일이 많아도 너무 많다. 홍수림까지 와서 쓰레기를 버리는 사람, 조상들의 무덤을 망치는 화학공장, 공장에 나간 지 3개월 만에 갑자기 실명한 여자, 냄새나는 강에서 고기 잡는 일은 아버지나 하라는 불효자 아들. 하지만 선장을 가장 미치게 하는 것은 바로 백로한 마리다.

　별안간 배를 저어 여기까지 왔네.
　검은 백로 한 마리가 뱃머리에 서 있네.
　검은 백로가.

단수이 강에 석유가 유출된 적은 없지만 오염으로 고통받는 백로는 분명 존재했다. 뉴 포모사 밴드는 고속 성장기 세대가 겪었던 온갖 절절한 슬픔을 노래에 담았다. 그들은 '시멘트 산'에 가야한다면서 "백만장자가 되기 전에는 절대 돌아가지 않을" 거라고 노래한다.

고속 성장기 세대는 '타이완 드림'을 믿었다. 시멘트 산에 가서 죽도록 일하면 내 자식들은 지금보다 더 잘살 수 있으리라 믿었다. 그래서 조상들이 물려준 땅과 자신의 건강을 기꺼이 바쳤다. 1983년 학자들이 홍수림 보호 운동을 시작하면서 심하게 파괴되었던 단수이의 홍수림은 전기를 맞이했다. 강의 상류에 있던 공장들이 대거 폐업하면서 이곳은 자연 습지 보호구역으로, 온갖 백로의 집으로 새롭게 태어났다. 그리고 '선장이 미치려고 해'가 발표된 지 이미 20년이 지났다. 선장의 삶은 좀 나아졌을까?

그로부터 20년 뒤의 타이완은 공업에 의한 오염에서는 점차 벗어났지만 훨씬 심각한 새로운 위기에 맞닥뜨렸다. 위풍당당하게 돌아온 뉴 포모사 밴드의 아홉 번째 앨범에 수록된 '디젤유가 분명해'는 탈핵 운동인 '핵발전소 고 제로nuclear go zero'의 주제곡이 되었다. 일본 후쿠시마 원전 사고 이후 타이완 원전에서도 온갖 황당무계한 사고 소식이 들려오기 시작했다. 전 세계에서 가장 위험한 핵발전소 세 곳 중 두 곳이 타이완에 있고 툭하면 여기저기서 원전 사고가 터지는데도 정부는 예산을 늘려서 기어이 제4 핵발전소를 완공하고야 말겠다고 나섰다.[■] 도대체 생명보다 중요한 것이 무엇일까?

똑같이 아버지 어머니 밑에서 태어났는데 당신 혼자 잘났나?

■   저자가 이 글을 쓴 뒤인 2014년 시민들의 강력한 반대에 부딪친 타이완 정부는 결국 완공을 앞둔 제4 원자력발전소의 건설을 중단했다.

뭘 물어보면 딴소리로 둘러대기만 하고

핵폐기물 여기 버리고 저기 버리다

불쌍한 섬 란위˙에 가져다 버렸지.

세 살 먹은 어린애도 거기가 죽음의 땅이라는 걸 알아.

그렇게 문제없으면 대통령궁에 가져다 놓지그래.

뭐가 무서워서 미국에 가서 사나.

타이완에서 도망 못 갈까 두려워하나.

검은색이 무서운 게 아니다. 무서운 것은 백로의 몸 위로 보이는 영원히 씻어낼 수 없는 검은 석유다. 그렇게 값어치가 있다는, (타)인(생)명을 희생해서라도 어떻게든 먼저 손에 넣고 싶은 그 '검은 돈'은 지나가는 곳마다 씻어낼 수 없는 죽음의 흔적을 남긴다.

순식간에 그 검은 백로가 다시 뱃머리로 돌아올 것이다. 그리고 선장은 하얗게 새어버린 수염을 또다시 미친 듯이 잡아 뜯을 것이다. 이번에는 검은 백로는 물론, 방사능 오염으로 머리가 둘, 다리가 셋 달린 백로가 찾아올 테니.

■ 타이완 남부 동해안의 섬으로, 1980년 핵폐기장 부지로 선정된 이후 20년 동안 핵폐기물 처리장 역할을 했다. 그동안 주민들 사이에서 암, 백혈병, 피부병, 정신질환 등이 급증했고 결국 주민들을 중심으로 빈핵운동이 이어졌다.

철새가 텃새가 될 때

조류공원은 늘 뭔가 달라 보인다. 날아다니는 새들의 자유를 구속하면서도 새들이 관람객들 앞에서 날개를 펼치고 날아오르기를 바라는 모순된 두 가지 요구가 절충점을 찾다가 런던동물원의 '스노든 에이비어리'가 탄생했다. 세계 조류공원의 디자인을 심사하는 대회가 있었다면 스노든 에이비어리는 금메달을 따고도 남았을 것이다. 이 혁신적인 구조물은 동서남북의 모든 방향을 향해 삼면체나 사면체를 확장하는 방식으로 새들이 날아오를 공간을 더 많이 확보했다. 멀리서 보면 천둥의 신 토르의 궁전에 사는 요정 대모가 쓴 모자처럼 생겼다. 당시 핵심적인 설계자였던(이런 경우 보통 출자도 한다) 귀족 스노든 백작도 이로 인해 조류 역사에 이름을 남겼다.

근대 동물원을 탄생시킨 공은 모두 엘리트 계급에 돌아간다. 동물원이 개인 공간에서 공공 장소로 전환된 것 역시 먹고살 걱정 없이 고등교육을 받고, 덕분에 선구적인 사상을 갖게 되었던 지식인들 덕분이다. 《정치적 동물들 : 동물원과 아쿠아리움의 공공 예술》은 역대 미국 동물원의 시설과 미술 작품에서 출발해 동물원과 정치의 관계를 다루고 수많은 유럽과 미국 동물원들의 연혁을 나열한다. 초기 유럽의 동물원들 대다수가 개인의 감상을 위해 시작되었다면 국민이 주인이었던 신생국 미국은 이와는 상당히 달랐다. 미국의 수많은 동물원은 기획부터 설립에 이르기까지 모두 공공의 개념에 뿌리를 두었고 시민을 위한 서비스를 목표로 했다. 예를 들어 뉴욕에서 가장 큰 동물원인 브롱크스동물원은 일군의 학자들이 '미국 고유의 동물을 보호하고 관련 교육을 진행하면서' 신이 창조한 만물을 세상에 드러낸다는 목적을 위해 설립했다. 이들은 동물학회를 창립하고 자금을 모아 동물을 사육하는 공원을 열었다. 미국 동부 연안의 뉴잉글랜드 지역 엘리트들도 이와 똑같은 공공 정신에 따라 동물 보호 법안을 추진했다. 사격을 즐기는 미국 서부의 카우보이들을 규제할 목적으로 '사격 자격증제' 도입을 요구한 것이 그 예다.

브롱크스동물원이 개장한 때는 1899년. 존경하고 사랑해 마지않는 우리의 대부 비토 안돌리니 코르네오네Vito Andolini Corleone가 바로 이 시기에 태어났다(영화 〈대부 2〉에는 그가 1892년 12월에 태어난 것으로 나온다). 〈대부〉는 이탈리아 이민자들이(여기서 이탈리아 이민자 모두가 마피아는 아니었다는 점을 주의하자) 순식간에 미국 전역에 정착했던 시대를 배경으로 한다. 미남과 미식의 나라인 남유럽의 이탈리아는 일단 미남들을 바다 건너에 상륙시킨 다음 미식의 전통을 미국에 함께 옮겨감으로써 당시 가장 인기 있었던 상륙 지점, 즉 뉴욕 시에서 이를 꽃피웠다. 내 동료 작가인 천이칭沈意卿은 이런 명언을 남기기도 했다. "뉴욕에서 가장 끝내주는 곳이 바로 이탈리아지."

브롱크스동물원의 첫 원장은 동물학자 윌리엄 템플 호너데이

William Temple Hornaday였다. 그는 늘 이탈리아 사람들에게 총을 들고 동물원에 들어오지 말라고 사정해야 했다. 이탈리아 사람들이 노래하는 새들을 사냥해서 꼬치구이를 만들어 먹으라고 동물원을 열어놓았다 여겼기 때문이다.

동물을 사랑하는 당신은 이탈리아 사람들의 멱살을 잡고 흔들어대며 큰 소리로 묻고 싶을 것이다. "그렇게 작고 예쁜 새를 왜 잡아먹는 건가요?"

이탈리아 남부의 새 요리는 14세기까지 거슬러 올라간다. 당시 통치계급은 자신들의 영토에 사는 동물도 당연히 자신들의 소유물이라 생각했다. 가난한 농민들은 고기를 사 먹을 수 없었고 지주의 땅에서는 사냥도 아예 금지되었다. 중대형 새들 역시 사냥이 금지되어 있었다. 이건 죽으라는 소리 아닌가? 하지만 다들 명령을 어길 엄두를 내지 못했다. 당시 영주였던 비스콘티Visconti 가문은 잔혹하기로 악명이 높았다. 야사에 따르면 그들은 몰래 사냥을 하다 걸린 사람들을 온갖 방법으로 처벌했다고 한다. 사지를 잘라버리거나 살아 있는 토끼를 통째로 삼키게 해서 질식사하게 만든다거나. 그러니 가난한 사람들은 새 그물을 펼쳐놓고 살점도 없는 작은 새들이라도 잡아먹을 수밖에. 농민들이 새를 잡은 데는 또 다른 정당한 이유가 있었다. 농작물과 씨앗을 죄다 먹어치우는 꼴도 보기 싫은 새들은 농민들의 천적이었다. 사실 새들이 불쌍하기는 해도 농민들은 그보다 처참한 상태였다. 귀족의 통치에서 벗어나고 고통이 옅어진 뒤에도 이 음식은 지역의 특산 요리가 되어 오늘날까지 전해지고 있다.

새 요리를 광적으로 즐기는 이탈리아인들이 먹지 않는 새가 딱 하나 있다. 바로 갈매기다. 갈매기가 공격성이 강한 탓이란다. 무리 중 한 마리가 공격을 당하면 나머지가 떼를 지어 복수한다고 한다. 갈매기의 모습이 이탈리아 마피아의 전형적인 이미지와 잘 맞아떨어지지만, 지금은 이 이야기를 접어두도록 하자. 환경운동가들은 지난 한 세기 동안 새를 보호하기 위해 계속 활동해왔다. 환경 의식이 보편화하고 각계의 비판과 호소가 잇따르면서 달걀과 오리, 거위 이외의 조류가 들어가는 음식 조리법은 찾기 어려워졌다. 1991년 홍콩에서 번역 출간된 《유럽식 새 요리 홈쿠킹 European Homely Cooking of Poultry》에도 메추라기와 비둘기 등 인공 사육한 작은 새만 보일 뿐, 야생 명금류鳴禽類로 만든 음식은 보이지 않는다. 하지만 제비집 같은 야생 명금류 요리를 여전히 목숨 걸고 파는 사람들이 있다. 밀렵한 조류의 매매와 요리는 지하로 숨어들었을 뿐, 절대 사라지지 않았다. 2011년 이탈리아에서 1만 마리의 명금류가 도살되었다는 기록이 그 증거다.

최근 본 영화 〈철새가 오는 계절〉에 윈린 현의 커우후 향口湖鄉이 나왔다. 내 기억에 차가 지나갈 때마다 물이 튀는 시골로 남아 있던 그곳은 20년이 지난 지금 이미 물새들의 서식지가 되었다. 영화의 주제처럼 고향을 떠나 죽기 살기로 발버둥치며 살아가는 아이는 철새를 닮았다. 여기저기 옮겨 다니는 철새가 있는가 하면, 타향에 정착해 텃새가 되는 철새도 있다. 총을 들고 동물원을 돌아다니던 이탈리아 사람들의 수많은 자손이 이제는 진짜 뉴요커가 되었다. 그리고 새로운 철새들은 변함없이 이 대도시를 찾아와 발버둥치거나 뛰어오른다. 발 뻗을 자리라도 마련할 수 있기를 바라면서.

또다시 철새가 날아오는 계절이다. 사냥꾼 여러분, 그물을 열어 얼마 되지도 않는 비쩍 마른 작은 새들을 놓아주시길. 그들이 그 짧은 일생 동안 귀여운 모습으로 나뭇가지에 앉아 우리를 위해 노래해줄 테니.

위 이야기가 비유는 아니지만, 비유가 될 수도 있겠다.

14

한 도시의 기억

|

Taipei Zoo
타이베이동물원

　　　　　　　　　　타이베이는 내 삶에 필요한 대부
분의 상식을 가르쳐주었다.

　위안산동물원과 어린이놀이공원이 붙어 있던 시절, 초등학교와
중학교에서 당일 일정으로 견학을 다녀오는 날이면, 늘 위안산 호
텔이 보이곤 했다. 위안산 호텔은 화려한 붉은색 닭장처럼 산꼭대
기에 서 있었다. 중영문화성中影文化城,[■] 고궁박물관, 천문대, 충렬사^忠
^{烈祠} 그리고 1983년에 건립된 타이베이미술관(위층에 다른 차원으로
연결되는 듯한 통풍구가 달려 있었다)이 위안산의 스카이라인을 모던
하게 바꿔놓았고 미군협방대만사령부美軍協防台灣司令部, 중산 축구장,
8층짜리 하이바왕海霸王 해산물 레스토랑은 직선으로 널따랗게 뻗
은 중산베이루中山北路 위로 도시적 삶의 흐름을 그려냈다. 우리는
늘 버스를 타고 위안산에 갔다. 그때 신성고가도로의 커브 길에
서 목숨 걸고 도망치듯 차를 몰던 버스 기사 아저씨는 내게 '원심

■　타이베이 교외의 영화 촬영 세트장.

력'이 무엇인지 가르쳐주셨다. 내가 지룽 강에 가장 가까이 가본 순간이었다. '계엄'이라는 단어도 배웠다. 그 시절, 우리는 제각각 피아노나 태권도, 서예를 배우거나 복도에서 구슬치기를 하며 자랐는데 유독 동물원만은 기억 속에 '우리 모두'가 가본 곳으로 남아 있다. 어째서 동물원에 관한 기억은 이렇게 보편적인 경험으로 남아 있을까? 여러 해가 지난 뒤에야 나는 이런 경험과 계엄이라는 단어를 연결짓게 되었다. 생각해보니 당시 타이완은 출판과 해외여행을 규제하는 나라였다(계엄이 내려진 상황이라 책이나 해외여행 등 다양한 오락거리를 경험할 수 없었기 때문에 동물원 방문이 모두에게 보편적인 오락거리가 되었던 것이다).

나는 언제부터 동물원을 좋아하게 되었을까?

어린 시절의 나는 동물의 습성에 특별히 관심이 없었다. 하이킹이나 소풍 이야기가 나와도 그저 다리만 아프겠거니 하는 생각뿐이었다. 하지만 동물원은 왠지 흥분을 불러일으켰다. 동물원에 간다고 하면, 며칠 전부터 기대에 부풀었다. 그리고 동물원에 다녀오고 나서는 또 며칠 동안 동물원 이야기를 떠들어댔다.

코끼리 린왕의 고단한 삶

타이완 사람이라면 절대 잊지 못할 린왕이라는 코끼리가 있다. 내가 린왕에 대해 알게 되었을 때, 그는 이미 너무 늙어 있었다. 그래서 아이들은 모두 린왕을 '할아버지'라고 불렀다. 1917년 10월 29일에 태어난 린왕은 쑨원, 장제스와 같은 전갈자리였고 젊은 시절에는 '아메이'라는 여성스러운 이름으로 불리기도 했다. 린왕은 미얀마 산속에서 전쟁에 패배한 일본군에게 버려졌다가 국민당 군대에 편입되었다. 그는 총포와 양식을 운반했고, 중국과 미얀마 국경을 걸어서 넘었으며, 광저우에서는 '항전열사기념비'를 세우는 일도 도왔다. 서커스 공연까지 해가며 후난 지방의 기근을 구제하기도 했다. 그가 타이완의 장군 쑨리런孫立人의 명령으로 군용선을 타고 타이완에 왔을 당시 그간 함께했던 12마리의 코끼리 동료들은 모두 사망한 상태였다. 1954년 아메이는 위안산동물원에 입주했고, 밝은 느낌을 주는 린왕으로 정식 개명했다. 미얀마에서 온 세 살짜리 어린 신부 마란과 결혼도 했다. 나이 차이가 서른네 살이나 나는 이 부부는 그때부터 타이베이 시의 명물이 되었다.

만년의 린왕은 늘 고약하게 성질을 부렸다. 고통스러운 대장 종양 수술을 받은 뒤로는 수의사와 사육사만 보면 미친 듯이 날뛰었다. 매년 11월부터 다음 해 5월까지 린왕의 '광폭한 나날'이 이어졌다. 툭하면 몸을 여기저기 부딪쳐서 다치는 바람에 사슬로 묶어두면 또 다른 건강상의 문제가 불거졌다. 코끼리 우리를 확장한 뒤에야 그나마 상황이 나아졌다. 새로운 무자동물원 안에 린왕과 마란을 위한 넓은 '화이트 하우스'가 지어졌다. 하지만 린왕은 여전히 화를 냈고 마란을 걷어차 도랑에 처박기도 했다. 관절염이 심해지자 체중으로 인한 부담을 줄이기 위해 대부분의 시간을 물속에서 보냈다. 린왕은 '사주바마오殺朱拔毛'▪ 문신을 새긴 몸에 땀에 젖은 셔츠를 걸치고 언짢은 얼굴로 동네 입구에 앉아 있

코끼리 린왕과 쑨리런 장군.

는 노인네 같았다. 힘든 군 생활이 남긴 외로운 기억에 휩싸인 채 아무도 알아듣지 못하는 고향 말로 병든 몸에 대한 원망을 쏟아내며, 툭하면 동남아시아에서 온 아내에게 욕을 퍼부었다. 그러다가도 아내가 시야에서 사라지면 어쩔 줄 몰라 했다. 뜻밖에도 마란이 2002년 린왕보다 먼저 세상을 떠났다. 오랜 짝을 잃은 린왕은 멍하니 코끼리 우리를 바라보곤 하다가 일 년 뒤에 세상을 떠나고 말았다. 86년간 생존한 린왕은 세계 최장수 아시아코끼리로 기록되었다.

그는 진실로 고단한 일생을 보냈다. 극도의 궁핍 속에서 여기저기를 떠돌며 전쟁기를 보냈고 목숨을 위협하는 온갖 질병에 시달렸다. 그러다 마지막 순간, 린왕이 가장 두려워했던 것은 외로움이었다. 이렇게 유명한 코끼리는 린왕뿐이다. 지금도 동물원의 화이트 하우스에 가서 코끼리를 보고 있으면, 코끼리 이름이 린왕이 아니고 마란이 아니라는 것이 어딘가 어색하게 느껴진다.

동물원 이전 행렬

계엄령은 1989년에 해제되었다. 그리고 장씨가 아닌 첫 대통령이 등장했다. 경제는 날로 발전했고, 타이베이 인구도 급증했다. 동물원을 확장해야 할 시기가 되

■　공산당과의 내전에서 지고 타이완으로 패퇴한 국민당이 내걸었던 반공 구호. '주를 죽이고, 마오를 제거하자'는 뜻으로 주는 전 중국 국가부주석 주더朱德, 마오는 마오쩌둥을 가리킨다.

자 어려운 문제가 나타났다. 위안산동물원은 산을 따라 지어졌다. 산을 따라 동물원을 지었다는 말이 정겹게 느껴지기는 하지만 이 산에는 수많은 선사시대 유적이 남아 있었다. 위안산 유적은 6000년 전으로까지 거슬러 올라가는데, 당시 타이베이는 커다란 호수에 불과했다. 이 호숫가 옆에 살았던 신석기시대의 위안산인은 조개를 먹고 나서 그 껍데기를 산 뒤에 버렸고, 이것이 쌓이고 쌓여 '위안산 패총貝塚'이라는 이름의 조개껍데기 산이 되었다. 겉보기에 녹음이 울창한 위안산의 암반 아래에는 약 200미터 길이의 갱도도 있다. 70년 전 일제강점기에 세워진 이 갱도에는 수많은 황금이 묻혀 있단다. 하지만 당시 이곳은 국군방공지휘소였고 군사요충지는 당연히 동물원에 길을 비켜줄 수 없었다.

그래서 동물원 이전을 위한 마스터플랜이 등장했다.

이전 일자는 1986년 9월 14일, 화창한 일요일이었다. 새로운 동물원 주변에는 비눗방울 장난감을 파는 장사꾼들 천지였다. 내 여동생은 아버지의 목말을 탔다. 나는 잠망경을 들고 아이궈시루愛國西路 일대에서 동물 행렬이 나타나기를 기다렸다. 위안산에서 새 무자동물원까지는 42.3킬로미터였다. 동물원 이전 행사의 진행표에는 '장제스 초상을 향한 경례'도 들어 있었다. 그때는 그런 시절이었다. 이전 준비에 여러 날이 걸렸다. 동물들에게 충분한 먹이를 줬고 사자는 마취시켰다. 코끼리와 거북을 깨끗이 씻긴 다음 원숭이와 오랑우탄을 잘 달래주었다. 의심이 많아진 린왕은 특히나 다루기 힘들었다. 수십 명이 여덟 시간 동안 린왕을 '속인' 끝에 특별 제작한 거대 컨테이너에 들여보냈다. 이 컨테이너는 지금도 무자동물원에 전시되어 있다.

이사 대열이 몇 킬로미터에 걸쳐 길게 이어졌다. 행진 악대가 포함되어 있었고, 경찰차는 앞에서 길을 텄다. 중정기념당中正紀念堂과 타이완대학 앞에서는 공연도 했다. 새 동물원 광장에서는 아이들이 사자춤을 추며 새 동물원에 입주하는 동물들을 반겼고 수십만 명의 사람들이 이 광경을 구경하느라 주변을 둘러쌌다. 엄청나게 더운 날이어서 양산을 든 사람이 많았다. 가로수 위에는 아이들이 가득했다.

동물원이 이사하던 날은 하늘을 가득 수놓은 아름다운 불꽃놀이의 날로 내 기억에 남아 있다. 돌아가신 아버지에 대한 희미한 기억 속에 유난히도 뚜렷한 잔상으로 남아 있는 날이기도 하다. 컨테이너 안에 주저앉은 기린이 머리를 밖으로 내놓고 있던 모습이 기억나고(이외에는 다른 방법이 없으니까), 호랑이가 화려한 꽃차에서 하품하던 모습도 기억난다. 하지만 인간의 두뇌는 믿을 만한 것이 못 되니까, 내가 나중에 이런 디테일들을 기억에 집어넣은 것인지도 모르겠다.

도시의 기억 장치

2년 전, 타이베이동물원의 동물 입양인이 되었다. 동물 입양인 카드에 그려진 눈표범이 사진 속 나를 뚫어지게 쳐다보고 있었다. 아마 많이 놀랐나 보다. 사실 눈표범은 멸종 위기 동물이다.

무더운 초여름, 나는 동물 입양인을 모집하는 이벤트에 지원했고 동물원에 들어가 실습을 했다. 사람들에게 개방되지 않은 공간에서 엄격한 보호 활동과 연구 작업이 이루어지고 있었다. 건물은 일본 드라마에 등장하는, 괴팍한 학자들이 오랫동안 머물며 연구하고 가르치는 그런 건물을 연상시켰다. 네모반듯하고 소박한 3층짜리 건물 외벽에는 덩굴과 줄기가 가득 뻗어 있었다. 작은 꽃이 피기 시작한 여름날이었고 매미 소리가 온종일 그치지 않았다.

　　뜨거운 태양이 내리쬐는 동물원에서 땀을 닦으며 서로 안부를 물었다. 다 같이 장화를 신고 소독물이 가득한 구덩이를 지나 호랑이를 보러 갔다. 호랑이 여섯 마리가 사는 곳에는 일주일 동안의 메뉴판이 붙어 있었다. 호랑이 밥에 붙어진 '로즈메리 닭다리', '영국식 비프스튜' 등의 이름에서 타이완 여성들의 장난기가 느껴졌다. 사육사 중에도 귀여운 여성들이 많았다(타이베이 시민 여러분, 동물 입양인으로 참여하고 싶지 않으세요?). 호랑이는 매주 두 끼를 굶겨야 한다. 덩치가 커다란 고양잇과 동물의 위는 배불리 먹기에 적합하지 않다. 반드시 날을 잡아 한 끼는 굶겨야 건강을 유지할 수 있다. 이뿐만 아니라 종종 먹이를 숨겨놓고 호랑이가 찾게 해야 한다. 그래서 사육사들이 늘 이런저런 아이디어를 짜내지만 호랑이에게 순식간에 들통 나버린다. 이런 일을 '동물 행위의 다양화'라고 하고 중국에서는 펑롱豊籠이라고 부른다. 호랑이 우리에 들어가 보았다. 우리 전체가 녹색 그물에 둘러싸여 있었고 황금색 덩굴과 줄기들이 폭포처럼 꼭대기에서부터 늘어져 있었다. 호랑이는 내게서 딱 50센티미터 떨어진 우리 안을 걸어 다녔다. 호랑

이가 한 발 한 발 내디딜 때마다 바람이 나를 스쳐 갔다. 얼룩무늬
는 아름답다 못해 두려움을 불러일으켰고, 동시에 이제는 헤어져
야 한다는 슬픔도 일깨웠다. 호랑이 우리를 나와 또 다른 대형 우
리로 걸어갔다. 작은 산에 사는 어른 오랑우탄이 '귀여움이 뚝뚝
떨어지는' 표정으로 우리를 바라봤다. 원래 암컷 오랑우탄에게 안
겨 있던 새끼가 입을 삐쭉이며, 절벽에 나 있는 알로카시아 오도
라 잎을 심각하게 쳐다보았다. 빗방울이 푸른 잎사귀에서 방울방
울 떨어져 내렸다. 흥분되면서도 살짝 걱정스러웠던 후반부 일정
에는 번식에 성공한 미얀마별거북과 타이베이청개구리도 포함되
어 있었다. 타이베이에만 있는 타이베이청개구리 새끼는 손톱만
큼 작고 여렸다. 반투명한 몸은 다른 모든 아름다운 것들처럼 맑
고 투명했지만 너무나 연약했다.

　나는 보육센터 밖에서 마음의 준비를 하고 바깥보다 훨씬 무더
운 온실 두 곳으로 걸어 들어갔다. 이 두 곳은 각각 아프리카 사막
과 열대우림 온도로 맞춰진 양서류와 파충류 수용소다. 수백 마리
의 냉혈동물들이 50평짜리 연구실 두 곳에 살고 있다. 좋게 이야
기해도 동물로 꽉 차서 걱정스러울 정도였고, 정확하게 이야기하
면 이미 수용 한계를 넘어선 상태였다. 나는 온실 안쪽에서 바깥
쪽으로 배열된 주황색 수조를 바라봤다. 상자마다 악어거북이 한
마리씩 들어 있었다. 악어거북은 지표 동물 중 입으로 무는 힘이
두 번째로 세다. 일단 입으로 물었다 하면 놓지 않기 때문에 '1인
실'에 살 수밖에 없고, 공격성 때문에 밖에 둘 수도 없다. 어디서
왔느냐고? 1980년대 수많은 사람이 주머니가 두둑해지자 여기저

기서 동물을 사와 키우다가 버렸다. 몇 년 전 다안삼림공원에서는 버려진 악어가 발견된 적도 있다. 아마 처음에는 동물 브로커에게 '자라지 않는' 애완용 악어라고 소개받았겠지. 하지만 자라지 않는 악어는 없다. 사람 무는 법을 모르는 악어가 없는 것처럼!

이곳에는 카멜레온, 땅거북, 초식 도마뱀처럼 무는 법을 모르는 동물들도 수용되어 있다. 대부분이 바다 건너에서 밀수되었다. 그러니 타이완에서 방생할 수도 없다(일단 살아남을 수가 없을 것이고, 타이완의 생태 균형에도 영향을 미칠 것이다). 불법 수입되었기 때문에 키울 사람을 찾는 것도 불가능하다. 모국으로 되돌려 보내는 것은 더더욱 안 된다. 그럼 어떻게 해야 하나? 그냥 생명이 다할 때까지 키우는 수밖에.

생명이 다할 때까지? 하지만 이곳엔 거북이 이미 너무나 많은데.

"맞아요. 아마 그때가 되면 우리는 여기 없을 걸요." 남자 사육사가 담담하게 말했다.

동물원은 기억 장치다. 아름다운 기억을 지상에 단단히 묶어주는 기억 장치. 눈앞에 보이는 동물원은 사실 그냥 동물원이 아니라 한 도시의 기억이다. 그 안에는 한때 이곳에 살았던 사람과 동물의 크고 작은 기억이 모두 보존되어 있다. 도시도 지진, 화재, 해일, 폭동, 테러가 아니라 달콤한 사탕 맛이 나는 장밋빛의 집단 기억 또는 동물들의 합창 속에서 행진하는 군악대의 집단 기억을 품을 수 있다.

여러 해가 지난 뒤, 사랑했던 누군가를 떠올려보면 그 사람과 함께 거닐었던 동물원이 떠오를 것이다. 웃으며 떠들기도 했고, 화를 내며 눈물을 흘리기도 했던 곳. 맑게 개었든 비가 내렸든 당신은 그와 함께했던 하루를 마음 깊이 그리워할 것이다.

그 사람은 이미 곁에 없을지 모르지만 동물원은 여전히 이곳에 있다.

| 부록 1 |

동물원 연대기

1640년	파리식물원, 대중 개방.
1726년	프란시스코 로메로, 말에서 내려와 가까운 거리에서 소를 정면으로 응시한 채 붉은 망토 케이프를 사용한 최초의 투우사가 됨.
1732년	프랑스령 모리셔스 섬에 살던 마지막 세이셸 대형 거북에게 '마리온의 땅거북'이라는 이름이 붙음.
1737년	영국에서 피비린내 나는 스포츠인 '수탉 던지기'가 유행.
1739년	조르주-루이 르클레르 뷔퐁, 파리식물원의 총책임자가 됨.
1755년	볼테르가 각색한 〈중국의 고아〉, 파리 무대에 오름.
1789년	프랑스 대혁명 발발. 루이 16세와 마리 앙투아네트, 베르사유 궁전에서 도망침.
1793년	국민대표회의, 베르사유 궁전의 진귀한 동물을 파리식물원 부설 메나주리에 기증하기로 결정.
1800년	프랑스령 서아프리카 군도에서 12종의 대형 거북 멸종.
1819년	영국 브리튼동인도공사, 토머스 스탬퍼드 래플스를 싱가포르로 파견.
1826년	런던동물학회 창립.
1828년	4월 27일, 런던동물원 대외 개방.
1844년	니체 출생. 마르크스와 엥겔스, 파리에서 만남. 영국 철강 공업, 연간 생산량 300만 톤 달성. 작자 미상의 《창조의 자연사적 흔적》, 베스트셀러 등극. (서)베를린동물원 개원. 카를 하겐베크 출생.
1848년	프랑스 2월 혁명 발발. 나폴레옹 3세, 대통령에 당선.
1851년	허먼 멜빌이 《모비딕》을 출간했으나 다섯 권 판매에 그침. 이후 출판사 창고에 불이 나면서 재고가 모두 잿더미가 됨.

1858년	다윈, 《종의 기원》 출간.
1860년	영불연합군, 베이징을 침략해서 원명원 불살라버림.
	석옥곤, 베이징에서 설화 공연 진행. 《삼협오의》 대유행.
1870년	프로이센-프랑스 전쟁으로 파리 포위, 파리 다클리마타시옹 공원의 동물들이 황실 식량 역할을 함.
1871년	400여 종의 식물로 층층이 덮여 있던 콜로세움의 재건 공사 시작.
1892년	영화 〈대부〉의 비토 안돌리니 코르네오네 출생.
1898년	런던 지하철 '워털루 앤 시티 노선' 개통.
	시튼, 《아름답고 슬픈 야생동물 이야기》 출간.
1899년	미국 뉴욕 브롱크스동물원 개원.
1901년	과학자들, 오카피와 기린의 친척 관계 확인.
1902년	동물원 지하를 지나가는 베를린의 첫 지하철 노선 U2 개통.
	미국 필라델피아의 사업가가 '필라델피아 애슬레틱스'를 사들이고, '흰 코끼리'를 샀다는 조롱을 당함.
1908년	광서제 붕어 5개월 전, 베이징동물원의 전신인 농사실험장 대중에게 개방. 당시 입장료는 동원 8매.
	세 살의 푸이, 즉위.
	카를 하겐베크, 독일 함부르크에서 현대 동물원 설계에 영향을 끼칠 하겐베크 동물원 개원.
	카를 하겐베크, 로마에 현대식 동물원 기획.
1912년	땅거북 '외로운 조지'가 탄생한 것으로 추정.
	청나라 멸망.
1917년	푸이, 12일에 걸친 1차 복위.
	코끼리 '린왕' 출생.
1921년	유럽 경제의 황금기, 재즈의 시대 시작.
1924년	이탈리아 파시스트당 총선 승리.
1926년	베이징동물원, 키 2미터가 넘는 매표원 두 명 고용.
1929년	대공황이 유럽을 휩쓸기 전의 마지막 번영기.
1930년	윌리엄 포크너, 《내가 죽어 누워 있을 때》 출간.

1931년	(위)만주국 성립, 푸이 2차 복위.
1933년	이탈리아, 에티오피아 침략.
	라파엘레 드 비코, 로마동물원의 파충류관과 조류공원 설계.
1934년	베르트홀드 루베킨의 건축사무소 '텍톤', 런던동물원의 '펭귄 풀' 설계.
1936년	스페인 내전 중 시인 로르카가 고향에서 총살당함.
	조지 오웰, 바르셀로나에서 참전.
	뉴욕 사교계의 여왕, 미국에 첫 판다를 데려옴.
1938년	일본, 중국 동북 지방 점령.
	창춘동식물공원의 전신인 '신징동식물원' 공사 시작.
1939년	일본군, 하얼빈 교외 지역에 731부대의 세균실험실 설치.
1940년	아우슈비츠 강제수용소 공사 시작.
1941년	연합국의 베를린 폭격으로 베를린동물원 파괴됨.
	태평양전쟁 발발.
1943년	일본군, 국방 안전을 이유로 동물원의 대형 동물과 맹수들 독살.
1945년	냉전 시작.
1947년	코끼리 '린왕', 바다 건너 타이완 입성.
1948년	창춘동식물공원, 연병장으로 전환.
1949년	독일민주공화국(동독) 설립, 동서독 분단.
1953년	독일에서 노동운동 발생. 소련 탱크, 동베를린 진입.
1954년	상하이동물원의 전신 시쟈오공원, 대중 개방.
	하얼빈동물원 입장료 2마오.
	코끼리 '린왕', 타이베이 위안산동물원 입주.
1955년	(동)베를린동물공원 완공 및 개원.
1956년	존 케이지의 아방가르드 작품 '4분 33초' 초연.
1957년	소련 소비에트 최고 회의 의장, 베이징 방문. 판다 치치, 모스크바로 보내짐.
1958년	소련, '관한경' 우표 발매.
1959년	타이완 중부에서 87수재 발생.
1960년	창춘식물원 복구.

1961년	헤밍웨이 권총 자살.
1962년	런던동물원 '스노든 에이비어리' 공사 시작.
	코닥, 세계 최초의 슬라이드 영사기 '캐러셀' 출시.
	투우사 후안 벨몬테 권총 자살.
1963년	미국 서부 워싱턴 주에서 세계 문어 레슬링 대회 개최.
	달리, 페르피냥 기차역을 우주의 중심이라고 말함.
	쓰촨 우룽국립자연보존공원 설립.
1964년	런던동물원 '스노든 에이비어리' 완공.
1965년	싱가포르, 말레이시아에서 분리 독립.
1966년	문화대혁명 시작.
1968년	파리 학생혁명.
1969년	코끼리 '린왕', 대장 종양 제거 수술.
1972년	이탈로 칼비노, 《보이지 않는 도시들》 출간.
	런던 지하철 '워털루 앤 시티 노선'에 7량짜리 전동차 도입.
1973년	루 리드, 앨범 〈베를린〉 출시.
1974년	싼마오, 남편과 스페인령 사하라 사막에 정착. 《사하라 이야기》 연재
	시작.
1975년	거북 '디에고', 갈라파고스국립공원 입주. 새끼 거북 600마리 번식.
1977년	핑크 플로이드, 앨범 〈애니멀스〉 출시. 날아다니는 돼지 사진으로 표지
	장식.
	패티 스미스, 한쪽 눈을 실명할 뻔했음을 밝힘.
1980년	판다 바오바오, 중국에서 베를린동물원으로 이주.
1981년	판다 쟈오쟈오, 전용 비행기를 타고 미국에 가서 교배.
1984년	베이징동물원, 연간 방문객 1200만 명 돌파.
	쓰촨 우룽 지역의 대나무 대량 개화.
1986년	9월 14일 타이베이동물원 이전 행사.
1988년	영화 〈마지막 황제〉, 오스카 아홉 개 부문 석권.
	베이징 바다링야생동물세계, 만리장성 근처 개원.
1989년	베를린 장벽 붕괴, 동서독 통일.

소련 해체, 냉전 붕괴.

1990년 밴드 U2, 베를린에서 앨범 녹음.

동베를린동물공원 원장 사망.

1991년 대형 클럽 '미니스트리 오브 사운드', 런던 개장.

1992년 남슬라브공화국 해체.

창춘 구 기차역 폭파 해체.

1993년 시인 구청과 아내 셰화, 같은 날 사망.

1994년 세계 최초 야간동물원, 싱가포르에서 개장.

무라카미 하루키, 중국 창춘과 하얼빈, 할힌골 전투 유적지 방문.

왕자웨이의 영화 〈동사서독〉, 홍콩 상영.

1995년 밀란 쿤데라, 《느림》 출간.

1996년 모비, 앨범 〈애니멀 라이츠〉 발표, 판매 저조와 냉담한 비평에 직면.

1999년 프랑스 인구 조사 결과 프랑스 전역에 170만 명의 '잠재적 무슬림' 거주 확인.

2003년 구 하얼빈동물원 폐관.

하얼빈동물원 코끼리 '빈빈', 시안 순회공연 중 관절염 악화.

바다링야생동물세계, 원숭이들의 쿠데타로 새로운 왕 싱싱이 즉위하고 전임 왕은 철조망 밖으로 도피.

코끼리 '린왕' 사망.

2004년 하얼빈 북방삼림동물원, 교외 지역에서 개원.

베이징동물원 이전 반대 시민운동 전개.

2005년 7월 7일 런던지하철 테러로 52명 사망. 이후 지하철 전 노선에 1만 2000대의 CCTV 설치.

'엘리펀트 앤 캐슬' 쇼핑몰, 최악의 건축물로 선정.

2006년 베를린동물원, 새끼 북극곰 크누트 출생, 역사상 최고 수익 경신.

체육관 '오투 월드' 건설을 위해 베를린 장벽 기념비인 '이스트 사이드 갤러리'가 50미터 철거됨.

2007년 실버백 고릴라 보키토의 '데이트 폭행' 사건 발생.

2008년 하얼빈 북방삼림동물원 호랑이, 인간 습격.

2010년 북극곰 크누트 요절, 사인 불명.

새롭게 발견된 멸종 향유고래 화석에 《모비딕》의 저자 허먼 멜빌의 이름 붙임.

선양 교외 삼림동물원에서 발생한 시베리아 호랑이 11마리가 아사 사건 폭로됨.

멕시코 외해 BP 유전에서 역사상 최대 석유 유출 사태 발생.

2011년 타이완 집고양이, 총 37만 2951마리로 증가.

3월 11일 동일본 대지진 발생, 후쿠시마 제1 원전 폭발.

이탈리아에서 조류 1만여 마리 도살.

2012년 런던올림픽.

6월 26일 거북 '외로운 조지' 사망.

스페인 카탈루냐 지방, 투우 경기 금지 법안 통과.

베를린동물원의 판다 바오바오, 서른네 살로 사망. 세계 최장수 판다로 기록됨.

2013년 유럽연합에서 가장 높은 건축물인 런던의 '더 샤드' 완공.

런던동물원에 806종, 1만 1978마리의 동물 서식 중.

13년에 걸친 현장 조사를 통해 '타이완구름표범' 멸종 가능성 확인.

남아프리카에서 코뿔소 1000마리 밀렵, 사살.

하얼빈 북방삼림동물원의 코끼리 '빈빈' 사망.

병든 코끼리 세 마리가 캐나다 토론토에서 미국 캘리포니아 요양지로 떠남.

네이멍구 자치구 아라산 맹에서 70년 만에 처음으로 눈표범 흔적 발견.

이탈리아 출생률, 세계 203위로 하락.

2014년 덴마크 코펜하겐동물원, 기린 마리우스 공개 사살.

타이베이시립동물원 설립 100주년.

동물원 기행 일정

2012년

5월 12일	타이베이시립동물원
5월 25일	런던 '엘리펀트 앤 캐슬 쇼핑센터'
5월 19일	런던자연과학박물관
5월 20일	런던 브릭 레인
5월 22일	런던동물원
6월 1일	파리식물원 부설 동물원
6월 2일	파리 다클리마타시옹 공원
6월 7일	(서)베를린동물원
6월 8일	(동)베를린동물공원
6월 8일	베를린 장벽 공원, 마우어 파크Mauerpark의 이스트 사이드 갤러리
6월 14일	상하이동물원
9월 16일	싱가포르 야간동물원
12월 16일	베이징동물원

2013년

2월 14일	타이베이 위안산동물원 옛터
5월 26일	베이징 바다링야생동물세계
6월 22일	선양시 완촨동물원 옛터
6월 25일	창춘동식물공원
6월 28일	하얼빈 북방삼림동물원
9월 8일	페르피냥 기차역
9월 9일	팔라바스 레 플로 해변
9월 10일	몽펠리에동물원
9월 12일	로마 콜로세움

9월 13일   로마동물원

11월 19일   상하이동물원

11월 22일   항저우동물원

2014년

2월 13일   타이베이시립동물원

3월 10일   쿤밍위안통산동물원昆明圓通山動物園

3월 20일   치앙마이 매왕 코끼리 캠프

누군가에게 보내는 감사 편지

사실 뭔가 대단한 동기가 있었던 것은 아니었습니다. 처음 동물원에 발을 내디딜 때는 그저 사람을 피하고 싶다는 생각뿐이었습니다. 길 위에서 보낸 2년 동안 술도 마시고 춤도 추며 행복한 나날을 보냈지만 외로움에 무너져 내릴 때도 있었습니다. 어쨌든 이 여정은 몇몇 사람들의 지지와 애정이 없었다면 완성되지 못했을 겁니다. 고맙습니다.

허만쉬안, 무보수 아트 에디터로서 온종일 같이 수다를 떨어준, 내 인생의 파트너. 여기서 너 대신 구혼 광고를 내줄게. 건강하고 유머러스한 독신 남자를 기다립니다.

양즈이, 소꿉친구이자 동물원 사진전 디자이너. 어려서부터 지금까지 우리의 키 차이는 줄곧 그대로였지. 고도^{Godot}■는 오지 않았고, 우리는 계속 친구 사이로 지냈잖아. 고도는 오지 않을 거야. 안

■ 《고도를 기다리며》의 '고도'를 말한다.

심해. 우리 계속 춤춰도 돼.

쉬전, 런던 웨스트헴프스테드의 아파트에 나를 재워준 마음 넓은 주인장. 그녀의 집에서 유럽 동물원 여행이 시작되었습니다.

장이웨이, 첫 유럽 동물원 여정에서 돌아오다 상하이에 들렀을 때, 네가 한턱 쐈지. 그러다 네가 타이완에 왔을 때 나는 베이징에 갔고. 보들레르가 말했듯 인생은 병원이야. 우리 늘 침대를 바꾸며 살자고.

린타이웨이, 〈오카피〉에 칼럼이 연재되는 일 년 동안 막후에서 중요한 조력자가 되어준 주인공. 오타를 수정해주고, 링크를 삽입해주고, 늘어지는 원고를 기다려주고. 내가 글을 얼마나 쓰든 개의치 않았던 너무 좋은 조력자였습니다.

리광한, 판다 언니이자 중국 문화유산의 온화한 대모. 언제나 제게 행운을 가져다주셨어요. 다음에도 같이 즐겁게 동물원에 가요.

왕린, 신이 내린 여성 라이더. 그날 미세먼지를 뚫고 북쪽의 바다링으로 함께 호랑이를 보러 갔잖아. 베이징은 네가 있어서 더 좋은 곳이야.

천이칭 여사님, 코끼리 등에서 수다를 나눈 뒤, 우리는 더 좋은 여자가 되었네요.

헨리 우와 셔레이드 우, 늘 세상 어디에선가 만날 수 있는 것에 감사합니다.

소냐 첸, 느긋했던 야간동물원 여행과 이어진 돼지고기 요리, 고마웠어요.

헬레네 조세핀 보닛, 몽펠리에서 달콤한 목소리로 '프티 데주네!Petite dejeuner!'■를 외치며 잠을 깨워줬던 그 시간, 고마웠어요.

샌디 양, 상하이에서 시간과 장소 내줘서 고마워요. 그리고 우리가 함께 나누었고 앞으로도 함께 나눌 모든 행복에 감사의 인사를 전합니다.

비올레타 카레카, 로마에서 들려주었던 당신의 이야기, 고마웠어요.

블라디미르 이폴리토프와 제네바대극장Grand Théâtre de Genève의 댄서들, 〈한여름 밤의 꿈〉 리허설 감사했습니다.

그리고

롭 리크루티아크, 동물원에서 집으로 가는 길을 함께해줘서 고마워요.

진심을 담아 나디아 허로부터

■ '아침 식사'라는 뜻.

공간은 기억을 남긴다

몇 년 전, 옛 질병관리본부가 있던 부지에 새로 생긴 조직에서 일을 했습니다. 조직이 생기기 전, 아직 리모델링 공사가 시작되지도 않았을 무렵, 부지에 직접 가봤습니다. 질병관리본부가 나가고 오랫동안 사람의 손길이 닿지 않았는지 공간은 여기저기 무너져 내려 있었고 아주 어두웠습니다. 질병관리본부가 있었을 당시 사용했을 게시판을 비롯해서 이런저런 흔적이 눈에 들어왔습니다.

리모델링이 끝나고 들어간 그곳은 전혀 다른 모습으로 변해 있었지만, 이 터에서 오랫동안 많은 사람이 질병과 싸웠고 그 과정에서 많은 동물이 실험용으로 안타깝게 희생되었다는 사실을 알고 있었기 때문인지 매번 들어설 때마다 그 공간이 특별하게 다가왔습니다. 사람과 동물은 사라졌지만 공간은 '살아서 말을 건다'는 느낌이 들곤 했습니다.

이 책을 처음 읽을 때 같은 생각을 했습니다. 저자가 소개하는 동물원 중 직접 가본 곳은 딱 한 군데, 타이완의 '무자동물원'밖에 없지만 책 속의 모든 동물원이 눈앞에서 말을 걸어오는 듯했습니다. 어떤 때는 희극적이고, 또 어떤 때는 비극적인 이야기로, 어떤 때는 희비극이 교차하고 또 어떤 때는 어떤 판단도 불가능한 이야기로.

왕족과 귀족의 개인 화원 또는 정원으로 시작된 초기부터 동물원은 계급과 착취, 침략의 산물이었습니다. 혁명이 발발해 시민계급이 성장하고 교육이 보편화하면서 '공공'의 공간으로 탈바꿈하지만 제국주의와 식민 통치, 전쟁과 분단, 독재 등 어두운 그림자는 늘 동물원을 뒤덮었습니다. 그리고 무엇보다 한 종에 의한 다른 종의 억압과 착취를 전제로 한다는 점에서 동물원은 태생적으로 동물을 향한 인간의 이기심과 잔혹함을 노골적으로 담아낸 공간이고, 지금도 이를 부정할 수는 없습니다. 그러나 이제는 동물원이 자연 상태에서 멸종 위험에 처한 수많은 생물 종을 지키는 보루이자 의미 있는 교육의 공간이 되었다는 점도 부인할 수 없습니다. 이렇게 보면 '동물원'은 야만과 진보의 역사를 함축적으로 담아낸 인류 역사의 '축소판'인 셈입니다. 시간이 지나면서 외관이 변하고 그곳을 지키는 사람과 동물도 사라졌지만 그곳을 일구었던 사람과 동물이 부대끼며 연출해낸 숱한 희비극이 지금도 동물원 곳곳에 간직되어 있기 때문입니다.

이 책은 정치와 역사, 음악과 미술, 영화와 드라마, 소설과 시, 연극 등 다양한 매개체를 통해 이 숨겨진 이야기들을 끌어냄으로써 '동물원'이 세상을 읽는 다채롭고 탁월한 텍스트가 될 수 있음을 매력적으로 보여줍니다. 책을 덮을 즈음이면 결국 이 세상 자체가 모순으로 가득한 하나의 '거대한 동물원'임을 깨닫게 됩니다.

얼마 전 140여 년의 역사를 자랑하는 아르헨티나 부에노스아이레스의 동물원이 문을 닫기로 했다는 소식이 전해졌습니다. 경영 악화로 폐쇄하는 것이 아니라 "동물들이 건물에서 산다는 자체가 이상한 일"이기 때문에 억압의 상징인 동물원을 폐쇄해 동물들을 서식지로 돌려보내고 동물원 부지에는 동물보호센터와 함께 생태공원을 조성할 계획이라고 합니다. 전례가 있었든 없었든 부에노스아이레스동물원의 폐쇄는 기나긴 동물원의 역사에 중요한 한 걸음이 될 것이 분명합니다. 그리고 이 동물원이 사라진 뒤에도 이 공간은 인간이 스스로 '동물원을 폐쇄한다'는 결정을 내리기 전까지 수백 년 동안 어떤 과거를 지나왔는지 증언할 것입니다.

인간이 처음 '동물원'을 만든 뒤 까마득한 세월이 흘러 '동물원을 폐쇄한다'는 결정을 내리기까지 지나온 길을 뒤쫓다 보면, '종의 변화는 수백 년에 걸쳐 이루어진다'는 책 속의 한 구절이 떠오릅니다. 이 책을 통해 이 '거대한 동물원'이 어딘가를 향해 가는 기나긴 과정에서 펼쳐지는, 다른 누구도 아닌 우리 자신의 야만적이고 구슬프고 허황되고 우스꽝스러운, 모순으로 가득하지만 다채롭고 매력적인 이야기를 만나게 되시기를 기원합니다.

끝으로 책을 알아봐주시고 출간을 결정해주신 도서출판 어크로스에, 특히 봄과 여름에 걸쳐 고생하신 박민지 편집자님께, 늘 응원해주고 격려해주는 가까운 동료와 친구, 가족들에게, 동물원의 역사를 함께한 인간을 포함한 모든 동물에게, 무엇보다 책을 읽어주실 모든 독자께 감사의 인사를 전합니다.

남혜선

| 참고 자료 |

프롤로그 : 두 번째 기린

로맹 가리Romain Gary, 〈친애하는 코끼리 선생에게Dear Elephant, Sir〉, 1967

중국 동물 질병 예방 컨트롤 센터The Center for Animal Disease Control And Prevention, P. R. China, 《해외 동물 복지 관리와 응용Animal Rights Management and Applications》, 2009

1 보통 사람들을 위한 동물원 티켓 · 런던동물원

조지 오웰George Orwell, 《1984Nineteen Eighty-Four》, 1949

셰익스피어William Shakespeare, 〈십이야Twelfth Night〉, 1601

스탠리 큐브릭Stanley Kubrick, 〈시계태엽 오렌지A Clockwork Orange〉, 1971

조 라이트Joe Wright, 〈어톤먼트Atonement〉, 2007

찰스 로버트 다윈Charles Robert Darwin, 《종의 기원On the Origin of Species》, 1859

핑크 플로이드의 돼지

빔 벤더스Wim Wenders, 〈베를린 천사의 시Der Himmel über Berlin〉, 1987

허우샤오셴侯孝賢, 〈비정성시悲情城市〉, 1989

좌구명左丘明, 《좌씨전左氏傳》, 대략 기원전 389

헤로도토스Herodotos, 《역사Histories》, 기원전 440

크리스틴 마인더스마Christien Meindertsma, 《피그 05049Pig 05049》, 2008

핑크 플로이드Pink Floyd, 〈애니멀스Animals〉, 1977

조지 오웰, 《동물 농장Animal Farm》, 1945

핑크 플로이드, 〈더 월The Wall〉, 1982

2 혁명이 낳은 산책로 · 파리식물원

스티븐 클라크Stephen Clarke, 《파리에서의 똥 같은 일 년A Year in the Merde》, 2004

리안李安, 〈라이프 오브 파이Life of Pi〉, 2012

프랑스 국민회의Assemblée nationale constituante, 〈인권선언Déclaration des droits de l'homme et du citoycn〉, 1789

거북이가 외로운 이유

폴 체임버스Paul Chambers, 《가려진 삶 : 갈라파고스땅거북의 숨겨진 역사A Shletered Life : The Unexpected History of the Giant Tortoise》, 2005

NHK 출판NHK Publishing, 《20세기에 사라진 동물들Lost Animals of the 20th Century》, 1998

3 적응하는 공원 · 파리 다클리마타시옹 공원

우위썬吳宇森, 〈페이스 오프Face Off〉, 1997

이노마타 류이치猪股隆一, 〈가정부 미타家政婦のミタ〉, 2011

데릭 시엔프랜스Derek Cianfrance, 〈플레이스 비욘드 더 파인즈The Place Beyond the Pines〉, 2005

앨프리드 히치콕Alfred Hitchcock, 〈열차 안의 낯선 자들Strangers On A Train〉, 1951

매튜 와이너Matthew Weiner, 〈매드 맨Mad Men〉, 2007

파리에서 가장 사나운 개

마티외 카소비츠Mathieu Kassovitz, 〈증오La Haine〉, 1995

타이판Taipan, '개Le Chien', 2012

50센트50cent, 〈겟 리치 오어 다이 트라인Get Rich Or Die Tryin〉, 2003

바이스Vice, "파리에서 가장 거친 래퍼들을 만나다Meet France's Toughest Rappers", 2012

족시아Zoxea, '모두 머릿속에Tout dans la tête', 2012

카를라 브루니Carla Bruni, '누군가 내게 말했지Quelqu'un m'a Dit', 2005

투우사의 붉은 피

페데리코 가르시아 로르카Federico Garcia Lorca, 〈이그나시오 산체스 메히아스의 죽음을 애도하는 노래Llanto por Ignacio Sánchez Mejias〉, 1935

칼로스 불로산Carlos Bulosan, 《내 아버지의 웃음소리The Laughter of My Father》, 1944

어니스트 헤밍웨이Ernest Hemingway, 《오후의 죽음Death in the Afternoon》, 1932

앙토냉 아르토Antonin Artaud, 《잔혹연극론The Theatre and its Double》, 1985

4 전쟁과 냉전의 그늘 · (서)베를린동물원

U2, 〈아흐퉁 베이비Achutung Baby〉, 1991

로버트 체임버스Robert Chambers, 《창조의 자연사적 흔적Vestiges of the Natural History of Creation》, 1844

프랜시스 스콧 피츠제럴드F. Scott Fitzgerald, 《위대한 개츠비The Great Gatsby》, 1925

에리히 마리아 레마르크Erich Maria Remarque, 《서부전선 이상 없다Im Westen Nichts Neues》, 1929

데이비드 보위David Bowie, '웨어 아 위 나우?Where Are We Now?', 2013

사랑에 빠진 실버백 고릴라

사카모토 류이치坂本龍一, 〈1996〉, 1996

DDB 암스테르담DDB Amsterdam, "보키토 안경(FBTO 보험 광고)Bokito Viewers Campaign for FBTO Insurance", 2007

오카피의 얕은 잠

존 케이지John Cage, '4분 33초4'33"', 1956

줄리언 도드Julian Dodd, "존 케이지의 '4분 33초'가 음악인가?Is John Cage's 4'33" music? (TED×맨체스터 대학 공개강좌)", 2013

와일드라이프 디렉트Wildlife Direct, "오카피 보호구역 영상Video : Okapi, Okapi Wildlife Reserve, Congo", 2007

전쟁 중의 동물원

에밀 쿠스트리차Emir Kusturica, 〈언더그라운드Underground〉, 1995

코노 케이타河野圭太, 〈코끼리 하나코ゾウのはな子〉, 2007

5 동물들의 단체생활 · (동)베를린동물공원

볼프강 베커Wolfgang Becker, 〈굿바이, 레닌Good bye, Lenin!〉, 2003

루 리드Lou Reed, 〈베를린Berlin〉, 1973

벨벳 언더그라운드The Velvet Underground, 〈벨벳 언더그라운드 앤 니코The Velvet Underground & Nico〉, 1967

어미 곰 토스카의 우울

비암바수렌 다바아Byambasuren Davaa, 루이기 팔로니Luigi Falorni, 〈낙타의 눈물The Story of the Weeping Camel〉, 2003

새뮤얼 암스트롱Samuel Armstrong 외, 〈덤보Dumbo〉, 1941

율리아나 하트코프Juliana Hatkoff 외, 《크누트 : 작은 북극곰 한 마리가 어떻게 세상을 사로잡았나Knut : How One Little Polar Bear Captivated the World》, 2007

6 느림의 즐거움 · 몽펠리에동물원

살바도르 달리Salvador Dali, 〈페르피냥 철도역La Gare de Perpignan〉, 1965

조지 오웰, 《카탈로니아 찬가Homage to Catalonia》, 1938

윌리엄 포크너William Faulkner, 《내가 죽어 누워 있을 때As I Lay Dying》, 1930

밀란 쿤데라Milan Kundera, 《느림La Lenteur》, 1994

유니콘, 코뿔소 그리고 패티 스미스

무라카미 하루키村上春樹, 《세계의 끝과 하드보일드 원더랜드世界の終りとハードボイルド・ワンダーランド》, 1985

도메니키노Domenichino, 〈처녀와 유니콘The Virgin and The Unicorn〉, 1602

작자 미상, 〈패티 스미스 팬클럽 저널The Patti Smith Fan Club Journal〉, 1977

수상한 토끼들

헬렌 베아트릭스 포터Helen Beatrix Potter, 《피터 래빗 시리즈The World of Peter Rabbit》, 1902~1930

간자와 도시코神澤利子, 《은색 불꽃의 나라銀のほのおの国》, 2003

루이스 캐럴Lewis Carroll, 《이상한 나라의 앨리스Alice's Adventures in Wonderland》, 1865

데이비드 린지 어베이르David Lindsay-Abaire, 〈래빗 홀Rabbit Hole〉, 2006

루이스 캐럴 외, 장화張華 옮김, 《토끼 굴을 파헤치며Well in the Rabbit Hole : A New and Closer Look at Alice's Adventures in Wonderland》, 2010

존 업다이크John Updike, 《달려라, 토끼Rabit, Run》, 1960

세라 윈먼Sarah Winman, 《신이 토끼였을 때When God was a Rabbit》, 2011

7 어둠 속의 사파리 · 싱가포르 야간동물원

윌리엄 서머싯 몸William Somerset Maugham, 《달과 6펜스The Moon and Sixpence》, 1919

고양이 푸딩 레시피

미무라 준이치三村順一, 〈북극여우 이야기キタキツネ物語〉, 1978

찰스 포티스Charles Portis, 《트루 그릿True Grit》, 1968

나쓰메 소세키夏目漱石, 《나는 고양이로소이다吾輩は猫である》, 1905

너구리가 바라는 행복

왕국유王國維, 《송원희곡사宋元戲曲史》, 1915

관한경關漢卿, 《감천동지두아원感天動地竇娥寃》, 대략 1210~1300

기군상紀君祥, 《원보원조씨고아寃报寃赵氏孤儿》, 약 1400년대

볼테르Voltaire, 〈중국의 고아L'Orphelin de la Chine〉, 1755

석옥곤石玉崑, 《칠협오의七俠五義》, 1879

다카하타 이사오高畑勲, 〈폼포코 너구리 대작전平成狸合戦ぽんぽこ〉, 1994

상상 타이푼上々颱風, '언제나 누군가가いつでも誰かが', 1994

8 값비싼 도시의 녹지 · 상하이동물원

장아이링張愛玲, 《반생연半生緣》, 1948

장아이링, 〈붉은 장미와 흰 장미紅玫瑰与白玫瑰〉, 1944

싼마오三毛, 〈곤곤홍진滾滾紅塵〉, 1990

개 같은 사랑

헨리 로손Henry Lawson,《레트리버 토미The Loaded Dog》, 1901

스파이크 리Spike Lee, 〈25시25th Hour〉, 2002

아치 웰러Archie Waller,《개 같은 날Day of the Dog》, 1981

모리야마 다이도森山大道,《개의 기억犬の記憶》, 1982

가이 리치Guy Ritchie, 〈스내치Snatch〉, 2000

알레한드로 곤살레스 이냐리투Alejandro González Iñárritu, 〈아모레스 페로스Amores Perros〉, 2000

왕자웨이王家衛, 〈중경삼림重慶森林〉, 1994

라이언 고슬링의 캥거루 같은 매력

데릭 시엔프랜스, 〈블루 발렌타인Blue Valentine〉, 2010

니콜라스 윈딩 레픈Nicolas Winding Refn, 〈드라이브Drive〉, 2011

조지 클루니George Clooney, 〈킹 메이커The Ideas of March〉, 2011

데릭 시엔프랜스, 〈플레이스 비욘드 더 파인스〉, 2005

니콜라스 윈딩 레픈, 〈온리 갓 포기브스Only God Forgives〉, 2013

P.R.O.U.D, '너는 나의 꿈Tur Kue Kwam Fun', 2013

9 만주의 봄날을 기억하는 곳 · 창춘동식물공원

리처드 콘돈Richard Condon,《맨츄리안 캔디데이트Manchurian Candidate》, 1959

베르나르도 베르톨루치Bernardo Bertolucci, 〈마지막 황제The Last Emperor〉, 1987

코이소 쿠니아키小磯國昭 외, 〈다신징도시계획大新京都市計畫〉, 1932

무라카미 하루키,《하루키의 여행법遠境 · 近境》, 1998

통신용 비둘기의 퇴근

어니스트 헤밍웨이 외,《작가란 무엇인가(1)The Paris Review : The Art of Fiction No. 21》, 1954

단 고팔 무커지Dhan Gopal Mukerji,《비둘기 전사 게이넥Gay Neck : The Story of a Pigeon》, 1927

게리 채프먼Gary Chapman, 〈발리언트Valiant〉, 2005

어니스트 톰슨 시튼Ernest Thompson Seton, 《아름답고 슬픈 야생동물 이야기Wild Animals I Have Known》, 1898

어니스트 톰슨 시튼, 《뒷골목 고양이Animal Heroes》, 1905

10 코끼리의 출장 · 하얼빈 북방삼림동물원

구청顧城, 〈타이핑후太平湖〉, 1993

츠쯔젠遲子建, 《흰 눈과 까마귀白雪烏鴉》, 2010

장멍張猛, 〈철피아노鋼的琴〉, 2010

가오췬서高群書, 〈일촉즉발千鈞 · 一髮〉, 2008

런던 거리의 붉은 코끼리

이탈로 칼비노Italo Calvino, 《보이지 않는 도시들Le città invisibili》, 1970

마돈나Madonna, 헝업Hung Up, 2005

매튜 풀러Matthew Fuller, 《커뮤니티 : 엘리펀트 앤 캐슬Community : Elephant & Castle》, 2012

어니스트 헤밍웨이, 흰 코끼리 같은 언덕들Hills Like White Elephants, 1927

어니스트 헤밍웨이, 《여자 없는 남자들Men Without Women》, 1927

모비딕의 부활

허먼 멜빌Herman Melville, 《모비딕Moby Dick》, 1851

너새니얼 호손Nathaniel Hathorne, 《주홍 글씨The Scarlet Letter》, 1850

모비Moby, 〈에브리싱 이즈 롱Everything Is Wrong〉, 1995

모비, 〈애니멀 라이츠Animal Rights〉, 1996

모비, 〈플레이Play〉, 1999

11 동물을 길들인다는 것 · 바다링야생동물세계

에밀 쿠스트리차, 〈집시의 시간Time of the Gypsies〉, 1988

시드 플라이슈만Sid Fleischman, 《왕자와 매 맞는 아이The Whipping Boy》, 1987

흐느끼는 낙타

왕자웨이王家衛, 〈동사서독東邪西毒〉, 1994

데이비드 린David Lean, 〈아라비아의 로렌스Lawrence of Arabia〉, 1962

라오서老舍, 《낙타 샹즈駱駝祥子》, 1939

에르제Hergé, 《땡땡의 모험 : 태양의 신전Les Aventures de Tintin : Le Temple du Soleil》, 1949

싼마오, 《흐느끼는 낙타哭泣的駱駝》, 1977

죽음의 땅, 마지막 눈표범

우르나 차하르투구치Urna Chahar-Tugchi, '자장가Hodoo', 1995

작자 미상, '아름다운 아라산美麗的阿拉善', 연대 미상

12 동물원이 역사를 기억하는 방식 · 베이징동물원

베이징동물원北京動物園, 《베이징동물원에 들어가다走進北京動物園》, 2006

시나닷컴Sina News, "베이징동물원 이전Relocating Beijing Zoo", 뉴스 센터News Center, 2004

늑대의 심플 라이프

미야자키 하야오宮崎駿, 〈모노노케 히메もののけ姫〉, 1997

티엔좡좡田壯壯, 〈낭재기狼災記〉, 2009

돈 드릴로Don DeLillo, 《코스모폴리스Cosmopolis》, 2003

토니 힐러먼Tony Hillerman, 《코요테가 기다린다Coyote Waits》, 1990

옌거링嚴歌苓, 《푸상扶桑》, 1996

잭 런던Jack London, 《야성의 부름The Call of the Wild》, 1903

잭 런던, 〈불을 지피다To Build a Fire〉, 1902

잭 런던, 《바다 늑대The Sea-Wolf》, 1904

당나귀를 탄 멋진 남자들

정샤오룽鄭曉龍, 〈옹정황제의 여인後宮甄嬛傳〉, 2011

미겔 데 세르반테스 사아베드라Miguel de Cervantes Saavedra, 《돈키호테Don Quijote de la

Mancha》, 1605

두광정杜光庭,《규염객전虯髥客傳》, 대략 850~993

나관중羅貫中,《삼국연의三國演義》, 대략 1300년대

유후劉昫,《구당서舊唐書》, 945

모옌莫言,《인생은 고달파生死疲勞》, 2006

린하이인林海音,《북경 이야기城南舊事》, 1960

후안 라몬 히메네스Juan Ramón Jiménez,《플라테로와 나Platero y yo》, 1914

로버트 루이스 스티븐슨Robert Louis Stevenson,《당나귀와 떠난 여행Travels with a Donkey in the Cévennes》, 1879

작자 미상,《나스레딘 호자 이야기Tales of Nasreddin Khoja》, 대략 1200년대

진장기陳藏器,《본초습유本草拾遺》, 739

판다의 정치 인생

스티븐 제이 굴드Stephen Jay Gould,《판다의 엄지The Panda's Thumb》, 1980

루스 엘리자베스 하크니스Ruth Elizabeth Harkness,《여인과 판다The Lady and the Panda》, 1938

안톤 후쿠아Antoine Fuqua, 〈트레이닝 데이Training Day〉, 2001

13 100년을 이어온 생태공원 · 로마동물원

리들리 스콧Ridley Scott, 〈글래디에이터Gladiator〉, 2000

검은 백로

샘 멘데스Sam Mendes, 〈자헤드Jarhead〉, 2005

아론 소킨Aaron Sorkin, 〈뉴스룸Newsroom〉, 2012

뉴 포모사 밴드New Formosa Band, '선장이 미치려고 해船長要抓狂', 1992

뉴 포모사 밴드, '디젤유가 분명해應該是柴油的', 2012

철새가 텃새가 될 때

제시 도나휴Jesse Donahue, 에릭 트럼프Erik Trump,《정치적 동물들 : 동물원과 아쿠아

리움의 공공 예술Political Animals : Public Art in American Zoos and Aquariums》, 2007

프란시스 포드 코폴라Francis Ford Coppola, 〈대부2The Godfather : Part II〉, 1974

차이인줴안蔡銀娟, 〈철새가 오는 계절候鳥來的季節〉, 2012

14 한 도시의 기억 · 타이베이동물원

타이베이시립동물원 잡지 129호, "지금 그리고 미래Taipei Zoo Quarterly No. 129 Now and the Future", 2013

동물원 기행

초판 1쇄 발행 2016년 8월 3일

지은이 | 나디아 허
옮긴이 | 남혜선
발행인 | 김형보
편집 | 서지우, 박민지, 강태영, 김수경
마케팅 | 이상호

발행처 | 도서출판 어크로스
출판신고 | 2010년 8월 30일 제 313-2010-290호
주소 | 서울시 마포구 월드컵로14길 29 영화빌딩 2층
전화 | 070-8724-0876(편집) 070-8724-5877(영업) 팩스 | 02-6085-7676
e-mail | across@acrossbook.com

한국어판 출판권 ⓒ 도서출판 어크로스 2016

ISBN 978-89-97379-96-5 03900

이 책은 저작권법에 따라 보호를 받는 저작물이므로 무단 전재와 무단 복제를 금지하며, 이 책의 전부 또는 일부를 이용하려면 반드시 저작권자와 도서출판 어크로스의 서면 동의를 받아야 합니다.

이 도서의 국립중앙도서관 출판시도서목록(CIP)은 e-CIP홈페이지(http://www.nl.go.kr/ecip)에서 이용하실 수 있습니다. (CIP제어번호 : CIP2016017800)

만든 사람들
편집 | 박민지
교정교열 | 윤정숙
디자인 | 여상우
본문조판 | 성인기획